# Tränen und Brot



## Sieben ausgewählte Psalmen

Einführung und Auslegungen von
Manfred Oeming

Materialien und Vorschläge zur Gestaltung von
Rosemarie Micheel

Filmvorschläge von
Bettina Eltrop, Martin Dellit, Waldemar Wolf

Bilder von
Uwe Appold
mit Meditationen von
Jörg Meuth

Redaktion
Rosemarie Micheel, Waldemar Wolf

neukirchener
aussaat

Bibliografische Information der Deutschen Nationalbibliothek

Die Deutsche Nationalbibliothek verzeichnet diese Publikation in der Deutschen Nationalbibliografie. Detaillierte bibliografische Daten sind im Internet über http://dnb.d-nb.de abrufbar.


Umschlaggestaltung: Andreas Sonnhüter, Düsseldorf,
unter Verwendung eines Bildes von © Uwe Appold
Lektorat: Waldemar Wolf, Stuttgart und Dr. Rosemarie Micheel, Berlin
DTP: frechdruck, Stuttgart
Gesamtherstellung: frechdruck, Stuttgart
Printed in Germany
ISBN 978-3-7615-5849-2

www.neukirchener-verlage.de

INHALT

# Vorschau auf die 75. Bibelwoche 2012 / 2013

| | |
|---|---|
| **I** | **Markus 1,1-15** |
| **II** | **Markus 2,1-12** |
| **III** | **Markus 4,3-20** |
| **IV** | **Markus 7,31-37** |
| **V** | **Markus 8,27 – 9,1** |
| **VI** | **Markus 14,55-64** |
| **VII** | **Markus 16,1-8** |

# Zum Geleit

In den Psalmen begegnet einem das ganze Panorama menschlicher Stimmungen. Der Mensch wird in allen seinen Höhen und Tiefen geschildert, und Menschen finden sich so auch heute noch in unterschiedlichen Situationen und Phasen ihres Lebens wieder: Bekenntnisse und Fragen, Klagelieder und Lobgesänge, Fluch und Segen, Hoffnung und Verzweiflung, „Tränen und Brot". Als Gebete, Gedichte und Lieder spiegelten sie die Lebens- und Glaubenserfahrungen konkreter Menschen wider.

Psalmen können mit ihrer dichten Sprache jenen helfen, die nicht in jeder Lebenssituation kreativ sind und zu eigenen Gebetsworten finden. Wer sich mit diesem Gebetbuch der Bibel befasst, wird merken, dass Psalmen auch für heutige Menschen eine Hilfe zum Glauben sind und Veränderung des Lebens bewirken können. Und nicht zuletzt sei daran erinnert, dass die Psalmen als das eigentliche Gebetbuch des gläubigen Juden Jesus von Nazareth gelten und folglich uns auch heute eine besondere Nähe zu Jesus vermitteln könnten.

Wer sich diesen Texten anvertraut, kann die Erfahrung machen, dass Beten eine befreiende Wirkung hat. Wer sich auf diesen geistlichen Weg einlässt, dem eröffnet sich nicht nur ein reicher Gebetsschatz, sondern – aus der besonderen Nähe zu Jesus heraus – eine wirkliche Wegweisung und Erneuerung des Lebens.

So nah bei dem Geschick der Menschen, geht es in den Psalmen doch um das eigentliche Ziel: das alles umfassende Lob des Schöpfers. Und das hat seinen tiefen Grund. Wenn wir Menschen einander ein ehrliches und echtes Lob spenden, dann übersteigen wir unsere eigenen Grenzen und begegnen in geheimnisvoller Weise dem anderen. Wir sprengen gleichsam die engen Grenzen unseres Ichs und erfahren in der Begegnung erfüllendes Leben. Wenn wir nun Gott loben, dann übersteigen wir ebenfalls unser endliches und begrenztes Leben und kommen mit ihm in Berührung. Kann es für uns Menschen überhaupt Größeres geben, als mit der Quelle unseres Lebens in Berührung zu kommen?

So erschließen uns die Psalmen zuerst und zuletzt, worin das Geheimnis unseres Lebens begründet liegt, nämlich, dass es ein Leben aus Gottes Kraft und seiner Barmherzigkeit ist.

Sicher, die Erfahrungen, die sich in den Psalmen spiegeln, rühren so unmittelbar an, dass man sie gern als persönliches Gebet aufnimmt. Aber bei vielen Psalmen wird deutlich, dass der Beter mit seinen Tränen und seinem Lobpreis nicht allein bleiben kann und will. Die Psalmen sind Gebete der Gemeinde, Lebensäußerung der Gemeinschaft der Glaubenden.

Deswegen wird es einen besonderen Reiz ausmachen, sich mit den Psalmen in der kleinen Gruppe, sei es in einem Hauskreis oder bei einem Bibelabend, zu beschäftigen – oder sogar in einer größeren Gemeindeversammlung. Nicht nur Textarbeit darf das dann sein, sondern dazu kommen andere Impulse, die die Gemeinde zum Lobpreis führen sollen. Das vorliegende Textheft gibt dazu hilfreiche Anregungen: Illustrationen aus der Kunst, Materialhinweise und methodische Ideen.

Ich danke allen, die die ausgewählten Psalmen bearbeitet haben und nenne dabei besonders Professor *Dr. Manfred Oeming*, Ordinarius für Alttestamentliche Theologie an der Universität Heidelberg, und *Dr. Rosemarie Micheel*. Kompetenz und Sorgfalt ist der Arbeit an den Texten jederzeit abzuspüren, aber auch die Leidenschaft, sie für die Gemeinde aufzubereiten und fruchtbar zu machen. Für *Rosemarie Micheel* wird es das letzte Heft in der Reihe „Texte zur Bibel" sein, das sie bis zum Schluss begleitet, bevor sie nach vielen Jahren, ja Jahrzehnten der Mitarbeit in der Arbeitsgemeinschaft Missionarische Dienste in den wohl verdienten Ruhestand treten wird.

Pfarrer *Dr. Erhard Berneburg*
Generalsekretär der
Arbeitsgemeinschaft Missionarische Dienste

Berlin, im Mai 2011

# Vorwort

„Ohne Tränen sein, das bedeutet, in einer ausdrucksarmen und gefühlsunfähigen Kultur zu leben. Wir verleugnen das Bedürfnis nach dem Geist, der tröstet und zur Wahrheit führt, wir bilden uns ein, wir können ohne Geist leben, ohne ausgedrückten Schmerz und ohne Trost. Wir haben die Bitte um die Gabe der Tränen vergessen" (*Dorothee Sölle*: Das Fenster der Verwundbarkeit. Theologisch-politische Texte, Kreuz-Verlag 1987, [Lob der Tränen], S. 234f). Dorothee Sölle fügt dann ein Gedicht, ein Gebet, an, das mit der Bitte beginnt:

> „gib mir die gabe der tränen gott
> gib mir die gabe der sprache"

Wenn unsere Tränen strömen, fließen Trauer, Enttäuschung, Verzweiflung, manchmal auch Wut und Hass aus uns heraus. Wenn wir sie zulassen, kann das, was unser Leben bedrängt und bedrückt, aus uns herausquellen. Wir lassen von unserem Inneren etwas nach außen, halten es nicht fest und verschlossen, sondern bekunden mit unseren Tränen uns selbst und manchmal auch anderen: Ich bin traurig, enttäuscht, verzweifelt, wütend ... – der erste Schritt, um mit den Gefühlen umzugehen, die unsere Tränen hervorgerufen haben.

Für die Beterinnen und Beter der Psalmen gehören die Tränen und die damit verbundenen Empfindungen in das Gespräch mit Gott. Ehrlich, ohne religiöse Skrupel, sprechen sie vor Gott aus, was in ihnen laut oder leise rumort. Sie tun es in dem Vertrauen und in der Hoffnung, dass Gott sie hört und sich ihrer annimmt – ihre Tränen zerrinnen nicht in ein Irgendwo, sie fließen zu Gott hin. Und dadurch werden sie zu „Brot", zu geistlicher Nahrung. Diese Erfahrung wünsche ich allen Gemeindegliedern in der Psalmenbibelwoche.

Wir sind bemüht, jeweils die genaue Quelle (das gilt für Texte und für Karikaturen) anzugeben. Leider ist das nicht in allen Fällen möglich gewesen. Für Hinweise sind wir dankbar.

**„Tränen sind mein einziges Brot,
am Tag und in der Nacht.
Ja, die ganze Zeit sagt man zu mir:
‚Wo ist denn nun dein Gott?'
An meine Tränen will ich denken
und meinem Gott das Herz ausschütten."**

(Psalm 42,4.5a; Übersetzung: BasisBibel)

Der guten Tradition entsprechend, ist dies Heft das Ergebnis eines Vorbereitungsprozesses, an dem viele mit Rat und Tat beteiligt waren. Die Exegesen zu den Psalmen hat Professor *Dr. Manfred Oeming*, Heidelberg, erarbeitet. Ihm wie den Teilnehmerinnen und Teilnehmern an der Bibelwochenkonferenz 2009 in Lutherstadt Wittenberg sei herzlich gedankt.

Für ihre kreative und engagierte Mitarbeit bei den Workshops zu den Psalmen danke ich *Wolfgang Baur* (Stuttgart), *Bernd Gärtner* (Kiel), *Hartmut Griewatz* (Witten), *Dr. Matthias Krügel* (Dresden), *Paul-Ulrich Lenz* (Schotten), *Jörg Meuth* (Vallon Pont d'Arc, Frankreich), *Klaus Teschner* (Kaarst), *Kerstin Dominika Urban* (Nürnberg), *Dr. Katharina Wiefel-Jenner* (Berlin), *Fridrun Weinmann* (Hall in Tirol), *Waldemar Wolf* (Stuttgart). Ein herzlicher Dank geht auch an die VerfasserInnen der didaktischen Entwürfe für die einzelnen Abende.

Für die guten Gespräche und die erfahrene Gemeinschaft in der Vorlaufbibelwoche zu den Psalmen danke ich herzlich der Gemeinde „Zu den vier Evangelisten" in Berlin-Pankow.

Wer in der Bibelwoche audiovisuelle Medien einsetzen will, sei auf die mit methodischen Hilfen versehene Auswahl von *Martin Dellit* (Leiter der Evangelischen Medienzentrale Württemberg), *Dr. Bettina Eltrop* vom Katholischen Bibelwerk, Stuttgart, und *Waldemar Wolf* hingewiesen (s.u. S. 107).

Die Meditationen zu den Bildern von *Uwe Appold* hat in bewährter Weise *Jörg Meuth* geschrieben. Ihm sei für das gute Miteinander in besonderer Weise gedankt. Wie in den vergangenen Jahren steht ein Separat-Druck des Bildanhangs zur Verfügung. Die Bilder, einschließlich der Meditationen, werden zusätzlich auf einer CD veröffentlicht. Außerdem gibt es in diesem Jahr auf der CD einen Briefwechsel zwischen Jörg Meuth und Uwe Appold über die Entstehung der Bilder.

Die gewohnten Liedvorschläge sind jeweils mit den Nummern des Evangelischen Gesangbuchs (EG) und denen aus dem Gotteslob (GL) versehen.

Druckvorbereitung und Layout lagen in den erfahrenen und bewährten Händen von *Waldemar Wolf*, der Setzerin *Katrin Röhlig* und den MitarbeiterInnen der Druckerei frechdruck. Auch ihnen sei an dieser Stelle herzlich gedankt.

**In eigener Sache:**
Zum 1.9. 2011 gehe ich in den Ruhestand. Die ersten Texte zur Bibel, die in meiner Verantwortung veröffentlicht wurden, standen 1993 unter dem Titel „Wege wagen". Die Verantwortung für „Texte zur Bibel" geht zum September 2011 an Pfarrerin *Kerstin Offermann* (Greifenstein) über. Ich wünsche ihr Kraft und Fantasie, Bewährtes aufzunehmen und neue Wege zu wagen.

*Dr. Rosemarie Micheel*

# Tränen und Brot – zur Psalmenbibelwoche

Bei der Festlegung der Psalmen für die Bibelwoche haben wir bewusst solche gewählt, die nicht so geläufig sind. Die Überschriften, die wir den einzelnen Psalmen gegeben haben, lassen erkennen, welche Aspekte uns bei der Auswahl wichtig gewesen sind: Lebensangst, Lebenskraft, Lebensdurst, Lebensbilanz, Lebensgrund, Lebensziel, Lebensmittel.

In der vorliegenden Veröffentlichung sind wir bei der numerischen Reihenfolge der Psalmen geblieben, haben also keine Abfolge der Psalmen und der damit verbundenen Themen vorgegeben. In der Vorbereitung auf die Bibelwoche ist zu entscheiden, welche Psalmen / Themen in der Gemeinde „dran" sind und in welcher Abfolge sie aufgegriffen werden sollen.

Psalmen sind Gebete, in denen sich Gottes-, Glaubens- und Lebenserfahrungen verdichtet haben. Wenn wir uns mit den Psalmen beschäftigen, dürfen wir diese Dimension nicht vernachlässigen. So empfiehlt es sich, zu Beginn des Bibelwochenabends den betreffenden Psalm gemeinsam zu beten oder den Abend immer mit dem Beten, Singen des Bibelwochenpsalms zu beginnen.

**Wichtiger Hinweis**

**Seit 2010 erscheinen die didaktischen Begleithefte (Ökumenische Bibelwoche) nicht mehr als gesondertes Heft. Die Deutsche Bibelgesellschaft (DBG) und das Katholische Bibelwerk (KBW) hatten darum gebeten, dass die didaktischen Entwürfe in Texte zur Bibel integriert werden. Aus diesem Grund gibt es neben den Bausteinen zur Gestaltung zu jedem Abend einen ausgeführten Entwurf, der auch auf der CD enthalten ist. Die Teilnehmerhefte zur Ökumenischen Bibelwoche werden weiter erscheinen. Sie korrespondieren mit den ausgeführten didaktischen Entwürfen in Texte zur Bibel.**

## Was tun wir, wenn wir Psalmen beten?

- Wir tauchen in den Jahrtausende währenden Strom der Beterinnen und Beter des alten und neuen Bundes ein. Wir begeben uns in Gottes Gespräch mit seinen Menschen – wir sind Hörende. Aus diesem Anteil nehmenden Hören erwächst unser Gespräch mit Gott.
- Ich formuliere nicht meine eigenen Themen. Mir werden Themen vorgegeben: zum Beispiel Bekenntnisse, in denen sich Glaubenserfahrungen verdichtet haben: Dank, Lob, Klagen, Bitten, Zweifel, Hadern mit Gott, Gefühle des Hasses und der Rache. Die ganze Bandbreite von den Höhen bis zu den abgründigen Tiefen menschlichen Lebens wird vor Gott ausgebreitet und ausgesprochen.
- Die Psalmen geben mir für mein betendes Dasein vor Gott Themen vor. Das bewahrt mich vor dem frommen Kreisen um mich selbst, vor dem Wiederkäuen meiner Lieblingsthemen. Gott lädt uns je einzeln zum betenden Hören ein: Welche Themen klingen in meiner Seele nach? Welche rufen meinen Widerstand hervor? Aus diesem betenden Hören erwächst der Dialog mit Gott.
- Beim Psalmbeten kann es durchaus passieren, dass mich keine Themen ansprechen oder herausfordern. Dann bin ich einfach nur vor Gott da, eingefügt in den Strom der Beterinnen und Beter, schauend und betrachtend, wie es der Bauer tut:

Der Pfarrer von Ars ging eines Tages in seine Kirche und sah dort einen einfachen Bauern knien. Er dachte sich nichts dabei. So viele Menschen kamen den Tag über in seine Kirche, um „dem lieben Gott“ von ihren Sorgen zu erzählen. Als er aber nach einer Stunde wieder in die Kirche kam und den Bauer immer noch knien sah, ging er auf ihn zu und fragte ihn: „Sag mal, was sagst du dem lieben Gott da eigentlich die ganze Zeit?“ Darauf entgegnete der Bauer ihm nur: „Eigentlich gar nichts, Herr Pfarrer.“ Auf den Tabernakel deutend fuhr er nur fort: „Ich schaue ihn an – und Er schaut mich an (Quelle unbekannt).

## Literaturempfehlungen

*Manfred Oeming:* **Das Buch der Psalmen. Psalm 1 – 41, Neuer Stuttgarter Kommentar. Altes Testament 13/1, Verlag Katholisches Bibelwerk 2000, 22,50 € (D)**

*Manfred Oeming / Joachim Vette:* **Das Buch der Psalmen. Psalm 42 – 89, Neuer Stuttgarter Kommentar. Altes Testament 13/2, Verlag Katholisches Bibelwerk 2010, 24,90 € (D)**

Die vorliegenden zwei Bände sind in der Reihe Der Neue Stuttgarter Kommentar – Altes Testament erschienen. In dieser Reihe werden die jeweiligen biblischen Bücher wissenschaftlich fundiert in einer für Laien verständlichen Sprache kommentiert. Im ersten Band werden unter der Rubrik Einleitung Fragen zur Methodik der Psalmenexegese entfaltet. Danach folgen Ausführungen zu den Einleitungsfragen. Zum Schluss dieser Rubrik werden Gedanken zur theologischen Bedeutung des Psalters entfaltet. Die Einzelauslegungen der Psalmen orientieren sich an der Endgestalt der Texte („Synchrone Auslegung"). Anregend sind die in beiden Bänden enthaltenen zahlreichen Exkurse zu Themen wie zum Beispiel Krankheit und Leid im Alten Testament (Ps 6), Gott als Richter (Ps 7), Gott und Schlaf (Ps 4), Der Tod und die Hoffnung gegen den Tod in den Psalmen (Ps 16), Opfer und Opferkritik im Alten Testament (Ps 50), Vergeltungspsalmen (Ps 58) – um nur einige zu nennen.

**Bibel aktuell. Impulse für lebensbezogene Bibelarbeit, Hefte 115 – 122, hrsg. vom Amt für missionarische Dienste der Evangelischen Landeskirche in Württemberg, Referat Hauskreisarbeit**

In den vorliegenden Heften werden die Psalmen 1 – 96 in Auswahl für Hauskreisabende aufbereitet. Die Entwürfe zu den jeweiligen Psalmen werden unter folgenden Aspekten entfaltet: Am Anfang steht ein Zitat, das einen Gedanken des Psalms aufnimmt. In der Annäherung werden Fragen formuliert, die ein Stichwort bzw. einen Gedanken des Psalms aufnehmen und zum Nachdenken über deren Sitz in unserem Leben anregen. Der Text (im Kontext, im Überblick, unter der Lupe) bereitet den Psalm exegetisch auf und gibt Gesprächsimpulse. Der Text – nahe am Leben – hier wird darüber nachgedacht, welche Anregungen der Psalm für das Bedenken unserer Lebens- und Glaubenspraxis bietet. Am Schluss des Entwurfs werden Impulse zur Bündelung vorgeschlagen.

*Klaus von Mering:* **Gottesdienste mit Psalmmeditationen I, Advent bis Pfingsten, Vandenhoeck & Ruprecht, Göttingen 2008**

Aus der Reihe Gottesdienst und Gemeindearbeit bietet dieser Band von Klaus von Mering Gottesdienstentwürfe, die auf Nachdichtungen von Psalmen basieren. Seine Nachdichtungen haben das Ziel, Psalmen für heutige Menschen zu erschließen. Wer Gottesdienstentwürfe mit Psalmmeditationen sucht, sei auf diese Publikation hingewiesen.

**Psalmen, hrsg. vom Ökumenischen Arbeitskreis für Bibelarbeit, Friedrich Reinhardt Verlag, Basel / Benziger Verlag, Zürich-Köln 1982**

Wenn die Publikation auch schon fast 30 Jahre alt ist, bietet sie nach wie vor hilfreiche und anregende Vorschläge für die Auseinandersetzung mit Psalmen in Gemeindegruppen. Das Buch enthält ausgeführte Entwürfe zu folgenden Texten: Ps 22; 46; 104; 126; 139; Lk 1,46-55.

*Dietrich Bonhoeffer:* **Das Gebetbuch der Bibel. Eine Einführung in die Psalmen, Hänssler-Verlag, Neuhausen-Stuttgart 1976**

Für die Vorbereitung auf die Psalmenbibelwoche ist die Lektüre dieser Schrift sehr zu empfehlen. Wie es der Titel schon signalisiert, betrachtet Dietrich Bonhoeffer den Psalter unter dem Aspekt Beten bzw. Beten lernen.

*Egbert Ballhorn / Georg Steins (Hrsg.):* **Der Bibelkanon in der Bibelauslegung. Methodenreflexion und Beispielexegesen, Verlag W. Kohlhammer, Stuttgart 2007**

Wer sich einen Überblick über die Weiterentwicklung der kanonischen Auslegung in der deutschsprachigen Bibelwissenschaft verschaffen möchte, dem sei dieser Band sehr empfohlen. Der Teil 1 des Buchs Kanonische Exegese – Methodenreflexionen enthält acht Beiträge zu diesem Thema, u.a. auch einen von Beat Weber: Kanonische Psalterexegese und -rezeption. Forschungsgeschichtliche, hermeneutische und methodologische Bemerkungen. Der Teil 2 Kanonische Exegese bietet unter diesem Aspekt Beiträge aus dem Alten und Neuen Testament. Für die Vorbereitung auf die Psalmenbibelwoche sind zwei Beiträge anregend: Beat Weber: „Herr, wie viele sind geworden meine Bedränger ..." (Ps 3,2a). Psalm 1 – 3 als Ouvertüre des Psalters unter besonderer Berücksichtigung von Psalm 3 und seinem Präskript und Matthias Millard: Die „Mitte des Psalters". Ein möglicher Ansatz einer Theologie der Hebräischen Bibel.

*Barbara D. Leicht:* **Passion und Auferstehung Jesu, Werkbuch für Bibelarbeit mit Erwachsenen, Katholisches Bibelwerk GmbH 2010, 14,90 €**

Diese Publikation ist eine separate Veröffentlichung der Kursteile 3 und 4 aus Grundkurs Bibel. Neues Testament 1 (Verlag Katholisches Bibelwerk, Stuttgart 2002). In bewährter Weise bietet dieser Band biblisch fundiertes Arbeits- und Kursmaterial für Gemeindegruppen, die sich intensiv mit dem Thema Passion und Auferstehung Jesu auseinandersetzen wollen. In jeweils sechs Einheiten werden die beiden Themen der Passion und Auferstehung Jesu methodisch aufbereitet und entfaltet. Dazu bietet der Band hilfreiche Arbeitsblätter und Kopiervorlagen, Anregungen für Gottesdienste, eine breite Methodenpalette für die Bearbeitung der beiden Themen in Gemeindegruppen.

*Franz-Josef Ortkemper (Hrsg.):* **Jetzt verstehe ich die Evangelien, Verlag Katholisches Bibelwerk GmbH, Stuttgart 2008**

Wie es der Titel nahe legt, werden in vier Abschnitten die Evangelien anhand von exemplarischen Texten behandelt. Am Anfang des jeweiligen Abschnitts steht eine kurze Einführung in das entsprechende Evangelium. Anliegen der AutorInnen ist es, die Texte – ausgehend vom heutigen Stand der historisch-kritischen Exegese – in einer verständlichen Sprache auszulegen und sie für Gemeindeglieder und am Evangelium interessierte Menschen zu erschließen.

*Klaus Haacker:* **Paulus, der Apostel. Wie er wurde, was er war, Verlag Katholisches Bibelwerk GmbH, Stuttgart 2008, 18,90 €**

In der Einleitung werden zwei Aspekte aufgegriffen: Unter *Fragestellung* werden in einem kurzen Gang durch wesentliche Veröffentlichungen Meinungen zum Zusammenhang von Theologie und Biografie bei Paulus aufgezeigt. Unter *Zur Quellenlage* finden sich Ausführungen zu dem Verhältnis von Selbstaussagen des Paulus und Fremdberichte über ihn. Die folgenden sieben Abschnitte gehen verschiedenen Aspekten des Lebens und Wirkens von Paulus nach: 2. Herkunft und Status des Paulus, 3. Sozialisation und Bildungsweg des Paulus, 4. Religiöse Einstellungen vor der Bekehrung bzw. Berufung, 5. Lebenswende, 6. Der Apostelbegriff als Fazit der Berufung des Paulus, 7. Die ersten Schritte und die frühen Jahre, 8. Ausblick. Das Buch ist anregend und gut lesbar und vor allem auch für interessierte Gemeindeglieder zu empfehlen, die an Paulus Interesse haben.

# Einführung

Der Psalter gehört zur großen Weltliteratur. Er ist ein *sprachliches Kunstwerk* von überragender Qualität und außerordentlicher Wirkungsgeschichte. Zahlreiche Nachdichtungen in den verschiedenen Nationalliteraturen zeigen ebenso seine enorme Bedeutung wie umfangreiche Vertonungen zu allen Epochen der Musikgeschichte – viele Psalmen waren ursprünglich Musikstücke. Zugleich ist dies Buch auch *Reflex historischer Situationen* und somit Quelle für die Rekonstruktion der Geschichte und Religionsgeschichte Israels mit zum Teil konkreten historischen Angaben (z.B. Ps 137).

Schließlich stellt der Psalter ein *theologisches Buch* dar, das das Leben und den Glauben von Generationen von Menschen vor Gott ausbreitet. Es ist eine reiche Quelle des Denkens über Gott und des Betens zu Gott. Nirgendwo in der Bibel wird so intensiv und vielseitig direkt mit Gott „per Du" gesprochen. Wer also die Psalmen verstehen will, muss sie in ihren drei Dimensionen beleuchten:

1. als sprachliches Kunstwerk;
2. als historische Quelle;
3. als theologisches Zeugnis.

## 1. Der Psalter als sprachliches Kunstwerk

### 1.1. Kennzeichen hebräischer Dichtung

Anders als etwa in der deutschen Poesie, deren Kennzeichen der lautliche Gleichklang der Endworte zweier Zeilen, d.h. der Reim, und ein bestimmtes Versmaß ist (bzw. war), ist der Grundbaustein der hebräischen Dichtung der Satz, *Stichos* oder *Kolon* („Zeile, Vers"), genannt. Dabei gibt es aber keinen Gleichklang der Laute, also *keinen Reim*, und auch *kein festes Versmaß* im Sinne von regelmäßig wechselnder Betonung der Silben. Vielmehr ist jeder Satz in zwei Hälften aufgeteilt (*„Hemistichos"* genannt), die zumeist drei Hebungen, d.h. drei betonte Silben, aufweisen und zueinander in einem bestimmten logischen Verhältnis stehen. Man spricht hierbei vom *Parallelismus membrorum* („die gleichlaufende Anordnung der Glieder" eines Verses).

> „Lobe den HERRN, meine Seele, und vergiss nicht, was er dir Gutes getan hat" (Ps 103,2).

Die Kunst des Dichters besteht darin, einen Gedanken mit anderen Worten neu zu formulieren, um ihn durch diese Wiederholung, die zugleich eine Variation ist, eindrücklicher zu machen, oder ihn durch sein Gegenteil zu profilieren. Es handelt sich also nicht um einen lautlichen Reim, sondern um eine Art *„Gedankenreim"*. Die Halbverse sind durchdacht aufeinander bezogen. Die Art der logischen Beziehung kann man genauer unterteilen.

● Wenn die erste Vershälfte inhaltlich mit der zweiten identisch ist, nur der Ausdruck variiert wird, spricht man von einem *synonymen* Parallelismus:

> „Barmherzig und gnädig ist der HERR, geduldig und von großer Güte" (Ps 103,8).

● Wenn die zweite Vershälfte den Gedanken inhaltlich weiter entfaltet und vollendet, nennt man dies einen *synthetischen* Parallelismus:

> „Der dir alle deine Sünde vergibt und heilet alle deine Gebrechen" (Ps 103,4).

● Steigert das zweite Versglied das erste, nennt man dies einen *klimaktischen* Parallelismus:

> „Der Herr hat seinen Thron errichtet im Himmel, seine königliche Macht beherrscht das All" (Ps 104,19).

● Stehen die beiden Vershälften in einem logischen Gegensatz, nennt man diese Sprachfigur einen *antithetischen* Parallelismus:

> „Denn der Herr kennt den Weg der Gerechten, der Weg der Frevler aber führt in den Abgrund" (Ps 1,6).

Das Denken in Antithesen ist in der Weisheit sehr beliebt. Ganze Kapitel der Sprichwörter enthalten nichts anderes als solche Gegensatzsprüche (Spr 10 – 15). Manchmal kann man – wie bei einem Gleichnis – die Bild- und die Sachhälfte auf die Hemistichen verteilen, wobei man dann von einem *parabolischen* Parallelismus spricht:

„Wie ein Vater sich seiner Kinder erbarmt, so erbarmt sich der Herr über alle, die ihn fürchten" (Ps 103,13).

Die Zusammenfassung von Versen zu *Strophen* ist manchmal durch Kehrverse angedeutet (z.B. Ps 42,6.12; 43,5):

„Was betrübst du dich, meine Seele, und bist so unruhig in mir?
Harre auf Gott; denn ich werde ihm noch danken, dass er meines Angesichts Hilfe und mein Gott ist."

Zumeist aber ist die Zusammenfassung umstritten. Auch die Abtrennung durch das Wort „Sela" (Die genaue Bedeutung dieses hebräischen Worts ist unsicher; eventuell „Zwischenspiel" oder „Wiederholung") ist keine verlässliche Unterteilung der Gedankenabschnitte.

Eine besondere Kunstform ist der Alphabetpsalm, das so genannte *Akrostichon* (Ps 9; 10; 25; 34; 37; 111; 112; 119; 145), bei dem die 22 Buchstaben des hebräischen Alphabets untereinander geschrieben werden und als Anfangsbuchstaben der jeweiligen Zeile fungieren. Durch diese Vorgabe ist der Gedankengang manchmal nicht besonders logisch, sondern folgt dem Zwang, den Satz mit einem bestimmten Buchstaben anfangen zu müssen.

„Das Alphabet soll – wie vielfach erkannt wurde – als Symbol von Totalität dem Gedanken der Vollständigkeit Ausdruck geben. Der Verfasser will andeuten, dass er sein Thema vollständig behandelt und alles von A-Z ... erfasst hat. Ps 111 und Ps 145 wollen Gott in umfassender Weise preisen, Ps 112 und Spr 31,10ff erheben in ihrer lobenden Beschreibung des Gerechten bzw. der Frau Anspruch auf Vollständigkeit. Die Verfasser der Klagelieder Jeremias wollen vielleicht sogar ausdrücken, dass nicht nur die Beschreibung, sondern die Sache selbst vollständig, die Not somit zu Ende ist" (*Klaus Koenen*, 2006, WiBiLex, Artikel/Akrostichon).

Das Alphabet übt dadurch noch einen indirekten Einfluss aus, dass manche Psalmen 22 Verse haben, d.h. ebenso viele wie das Alphabet Buchstaben hat. Die Deutung dieses Phänomens ist umstritten. M.E. verweist es darauf, dass die Psalmen etwas mit Schule zu tun haben.

Die gedichtete und rhythmisch akzentuierte Sprache der Psalmen ruft geradezu nach musikalischer Umsetzung. Das gesungene Wort, das musikalisch begleitete Gebet, hat eine andere emotionale Kraft und Tiefe als das nüchtern gesprochene. Zahlreiche Hinweise auf Melodien oder Instrumente, die bei der Intonation eines Psalms zu berücksichtigen sind, lassen vermuten, dass Psalmen nur als *Lieder* angemessen zu verstehen sind.

Lieder lernt und singt man aber nicht nur in der Kirche, sondern auch in der Schule, zu Hause und unterwegs. Auch die Bezeichnungen „Psalm/Psalter" verweisen auf diesen Umstand, denn das griechische Grundwort bedeutet: „ein zum Saiteninstrument vorgetragenes Lied". Leider ist über den ursprünglichen Klang und über die Aufführungsarten sehr wenig bekannt.

## 1.2. Die Gattungen des Psalters und das Problem ihrer Mischformen

Die Gattungen des Psalters sind aus den elementaren Grundfunktionen des Glaubenslebens hervor gewachsen. Die für den Psalter wichtigsten Äußerungen des Glaubens sind Klagen und Bitten, Loben und Danken (Anderes ist weniger präsent, z.B. die Fürbitte für andere, die Beichte oder das Segensgebet). Die zugehörigen Gattungen ergeben sich wie von selbst aus diesen Grundvollzügen:

Klagen ⟹ Klagepsalmen;
Loben ⟹ Hymnus;
Danken ⟹ Danklied;
Bitten ⟹ Bittgebet.

Diese Gattungen finden sich sowohl im Mund von Einzelnen als auch in der Gemeinschaft, so dass sich die Unterteilung in individuelles Klagelied und Volksklagelied, individueller Hymnus oder Gemeindehymnus usw. leicht ergibt.

Die Gattungen weisen einen relativ festen Satz von Bausteinen auf, der auch in den Gebeten der Umwelt Israels ähnlich begegnet.

**Das Klagelied**

Die zahlenmäßig am stärksten vertretene Gattung ist das *Klagelied*; bei Gott darf der Mensch vor allem klagen, und die Psalmen sind eine Schule dazu, wie man das praktizieren soll:

1. Anrufung Gottes: Die Klage ist kein richtungsloses Gejammer, sondern ein zielgerichtetes Angehen JHWHs, des Gottes Israels;
2. Darbietung der Not: Beschreibung von Krankheitssymptomen, Feinden – wobei auch Gott als Feind erlebt werden kann – oder von Schuldgefühlen;
3. Heilsgeschichtliche Rückblicke: Sie steigern die gegenwärtige Not – „Früher hast du doch geholfen, Gott unserer Väter, warum nicht jetzt?“ – und motivieren zugleich die Hoffnung auf eine Wende;
4. Bitten um helfendes Eingreifen, häufig mit Fragen verbunden: Warum? Wie lange?;
5. Unschuldsbeteuerungen;
6. Vertrauensäußerungen;
7. Gelübde für den Fall der Errettung;
8. Dank für die erfolgte Errettung.

Dies Element begegnet häufig in einem völlig unerwarteten Umschwung der Gefühle von Elend zu Jubel. Wie es zu diesem so genannten „Stimmungsumschwung“ kommt, ist in der Forschung umstritten. Jedenfalls enden fast alle Klagen mit sehr optimistischen fröhlichen Aussagen.

**Schreib dich nicht**
**zwischen die Welten,**
**komm auf gegen**
**der Bedeutungen Vielfalt,**
**vertrau der Tränenspur**
**und lerne leben.**

*Paul Celan*

(aus: Ders.: Gesammelte Werke. Band 7: Die Gedichte aus dem Nachlaß. © Suhrkamp Verlag, Frankfurt/Main 1997)

## Das Loblied

Das Loblied, der *Hymnus,* ist folgendermaßen aufgebaut:

1. (Selbst)Aufforderung zum Lob Gottes als Aufgesang, d.h. als besonders betonter Anfang des Singens;
2. Ausführung des Lobs durch häufig in Partizipienform aufgereihte Beschreibungen der Eigenschaften JHWHs, besonders seiner Größe, Barmherzigkeit und Gerechtigkeit, oder seiner mächtigen Taten in der Schöpfung und der Geschichte, als das Hauptstück. Häufig werden die einzelnen Lobelemente mit einem „Denn“ eingeleitet, das man zumeist besser mit „Ja! Fürwahr!“ übersetzen würde;
3. Abgesang, d.h. als betonter Abschluss des Singens, der häufig an den Aufgesang anknüpft.

**Das Danklied**

Der Aufbau eines *Danklieds* ergibt sich in der Regel aus der Kombination der Elemente:

1. Retrospektive: Erzählung von der Not und den damals ausgesprochenen Gebeten und Gelübden. Gott wird in der zweiten Person angesprochen;
2. Jubel über die erfahrene Errettung und Einladung der Gemeinde, sich am Dank an Gott zu beteiligen. Gott steht jetzt in der dritten Person.

**Das Bittgebet**
Ein *Bittgebet* ist komponiert aus:

1. Bitten (zumeist am Anfang und als Hauptteil in der Mitte);
2. Unschuldsbekenntnissen;
3. Lobversprechen.

Neben diesen vier Hauptgattungen Klagelied, Hymnus, Danklied und Bittgebet kann man kleinere Untergattungen unterscheiden, die weniger formal als inhaltlich zu einer Gruppe zusammengehören:

1. Königspsalmen: 2; 20; 21; 45; 72; 89; 101; 110; 132;
2. Zionslieder: 46; 48; 76; 84; 87;
3. Liturgien: 15; 24; 118;
4. Litanei: 132;
5. Prozessionslieder (Wallfahrtslieder, Maalot-Psalmen: 120 – 134; 15?; 24?);
6. Weisheitslieder (1; 19B; 37; 49; 73; 112; 119; 127; 128; 133; der Anteil der weisheitlichen Bearbeitung ist aber wesentlich höher zu veranschlagen);
7. Geschichtspsalmen: 78; 81; 105f;
8. Schöpfungspsalmen: 8; 19A; 29; 104;
9. Rachepsalmen z.B. 55; 59; 69; 94; 109; 137, 8 – 9; als Unterelement in manchen anderen Psalmen);
10. Vertrauenslieder: 23; 121.

Den unterschiedlichen Gattungen werden unterschiedliche „Sitze im Leben“ zugeordnet. Je nach Ausrichtung der Ausleger, sind dies nahezu ausschließlich kultische Anlässe (z.B. Bußtage des Volks bei anhaltender Dürre, Festprozessionen, Inthronisationen von Königen, Vergegenwärtigung der Nationalgeschichte an Gedenktagen oder Dankfeiern nach errungenem Sieg für den Bereich des Volks oder aber spezielle sakrale Gerichtsverhandlungen im Tempel, Dankfeiern nach überstandener Krankheit, Wallfahrtsrituale oder Bittgebete bei Unfruchtbarkeit für die individuelle Privatsphäre).

Die Formgeschichte hat sich im Blick auf die Erforschung der Struktur der Psalmen große Verdienste erworben und hat wesentlich dazu beigetragen, dass die Psalmen eine lebendige Funktion in einer realen gottesdienstlichen Situation zu bekommen schienen. Dies hat viele Predigten befruchtet.

Mit einem grundlegenden Problem aber ist sie nicht zu Rande gekommen, nämlich mit der Tatsache, dass nahezu kein Psalm eine reine Form aufweist, sondern Gattungsmischungen die Regel sind. Warum gibt es aber die reinen Formen nicht, wenn ein Lied zu einer bestimmten Situation gebraucht wurde? Warum werden wieder und wieder Elemente aus verschiedenen Bereichen gemischt?

M.E. zeigt dies, dass die Einteilung der Psalmen nach liturgischen Gesichtspunkten nicht textgemäß ist. Die unterschiedlichen Situationen, die im Hintergrund der Texte stehen mögen, sind nicht das Eigentliche, worauf es den Autoren ankam, sondern eher ein Nebenaspekt. Die Suche nach Verbindungslinien zwischen den oftmals in ihrem Sinn schwer durchschaubaren Kompositionen unterschiedlicher Elemente führt zu folgender Einsicht: Es ging den Verfassern darum, allgemein gültige Wahrheiten, die auf die Lebenssituationen vieler Menschen anwendbar sind, zu erheben. Die diversen „Bausteine“ aus dem kultischen Leben dienen dazu, der Weisheit ein Haus zu bauen.

Der Psalter steht mit guten sachlichen Gründen zwischen Hiob und Sprüchen. Es ist keineswegs nur die Chronologie, die die Psalmen als Produkt Davids zwischen einen in die Mosezeit datierten Hiob und Salomos Sprüchen einordnet. Dahinter steht dic Absicht, den Psalmen die gleiche lebensweisheitliche Funktion zuzuweisen wie den anderen „Schriften“. Manche Handschriften setzen vor den Psalter die Bücher der Chronik. Dadurch wird der Psalter stärker an die Geschichtsschreibung angelehnt, wobei aber hier wie in der Chronik der Akzent auf der Zeit Davids liegt.

## 1.3. Der Aufbau des Psalters

Die Anordnung der Psalmen erweist sich als äußerst schwer durchschaubar. Thematisch sind sie bunt gemischt, ihre Stimmungen pendeln hin und her. Mögliche Gliederungsgesichtspunkte, die für die Anordnung von Liedern in modernen Gesangbüchern angewendet werden, greifen im Psalter nicht. Es gibt keine durchgängige Ordnung nach Themen, keine erkennbare Orientierung an einem Ablauf der Liturgie, keine systematische Anordnung nach dem jährlich wiederholten Festzyklus, keine Strukturierung nach dem menschlichen Lebenszyklus, keine Zusammenstellung nach musikalisch-melodischen Gesichtspunkten.

Diese Gesichtspunkte greifen immer nur für kleinere Untergruppen. Selbst die Zusammenstellung nach Personen ist nicht durchgehalten. Obgleich dieser Gesichtspunkt nach Ausweis der Überschriften zu überwiegen scheint und zweifellos Gruppenbildung am stärksten durch die Zuordnung zum gleichen Autor passierte. So werden z.B. zahlreiche Davidpsalmen zusammengestellt. Als Ganze gesehen, sind sie jedoch wieder unsystematisch verstreut.

Wenn der Psalter das „Gesangbuch der Gemeinde des zweiten Tempels" wäre, dann machte er einen unfertigen Eindruck. Die Sammler hätten ihn nicht durchsystematisiert, sondern hätten die Lieder so aufgenommen, wie sie sich eben aus der Geschichte entwickelt haben. Als Gesangbuch wäre der Psalter ein verwirrend ungeordnetes, schwer zu handhabendes, verunglücktes Produkt, das dringend überarbeitet werden müsste.

Wenn man aber annimmt, dass er gar kein Gesangbuch sein soll, sondern ein Lese- und Gebetbuch für die häusliche Erbauung und religiöse Meditation, dann wäre er zwar immer noch schwierig, aber der Wechsel der Inhalte und Stimmungen würde sich viel leichter erklären. Der Beter wird – losgelöst von allen gottesdienstlichen Ordnungen und jahreszeitlichen Wechseln – in die Fülle und den Abwechslungsreichtum der Existenz vor Gott hineingenommen. So gesehen, sind der permanente Wandel und die Unordnung ein adäquater Spiegel des Lebens.

Es gibt in der gegenwärtigen Forschung einen starken Trend, das bislang unentschlüsselte Geheimnis des Aufbaus der Psalmen doch noch zu lüften. Man muss abwarten, was davon wirklich Bestand haben wird. Seit langem bekannt und für bedeutsam gehalten ist folgende Beobachtung: Über den Psalter verstreut finden sich vier Texte, die nicht fest zum jeweiligen Psalm gehören, sondern angehängt und eingefügt wirken. Wenn man sie zusammenstellt, fallen erhebliche Gemeinsamkeiten auf:

41,14: „Gepriesen sei der Herr, der Gott Israels, von Ewigkeit zu Ewigkeit. Amen, ja Amen".

72,18f: „Gepriesen sei der Herr, der Gott Israels! Er allein tut Wunder. Gepriesen sei sein herrlicher Name in Ewigkeit! Seine Herrlichkeit erfülle die ganze Erde. Amen, ja Amen [Ende der Gebete Davids, des Sohnes Isais]."

89,53: „Gepriesen sei der Herr in Ewigkeit. Amen, ja Amen".

106,48: „Gepriesen sei der Herr, der Gott Israels, / vom Anfang bis ans Ende der Zeiten. Alles Volk soll sprechen: Amen. Halleluja!"

Auch wenn jeder dieser Texte sein eigenständiges Profil hat, fiel doch recht früh auf, dass nur an diesen vier Stellen im Psalter das Wort „Amen" vorkommt. Die These lag nahe, dass dies Amen – verbunden mit dem Lobpreis – eine Abschlussfunktion hat und als Unterschrift unter eine Teilsammlung des Psalters fungiert, was durch die zusätzliche Bemerkung in Ps 72,19 („Ende der Gebete Davids") noch nachhaltig unterstützt wurde.

Durch gewisse Analogien im Amosbuch und bei Deuterojesaja – auch dort finden sich Reihen von jetzt getrennten Texten, die wohl auf eine Hand zurückgehen – wurde schon in der Antike, im Midrasch Tehillim (etwa 7.Jh.n.Chr.) die These vertreten, dass die vier Doxologien den Psalter in fünf Bücher aufteilen sollen. Der Sinn der Fünfteilung ist deutlich: Den fünf Büchern Mose sollten die fünf Bücher Davids entsprechen:

Ps 1 – 41: das erste Buch;
Ps 42 – 72: das zweite Buch;

Ps 73 – 89: das dritte Buch;
Ps 90 – 106: das vierte Buch;
Ps 107 – 150: das fünfte Buch.

Diese Theorie der „Pentateuchimitation" sollte noch dadurch verstärkt werden, dass man die Psalmen mit der Leseordnung im synagogalen Gottesdienst zu verbinden suchte – so ähnlich wie im christlichen Gottesdienst Evangelium- und Epistellesung aufeinander bezogen sind –, was sich aber als unhaltbar erwiesen hat und mittlerweile völlig aufgegeben wurde.

Die beabsichtigte Fünfteilung ist zudem nicht sicher, denn es ist durchaus möglich, dass die betreffenden Psalmen dies Element schon hatten, bevor es im Psalter diese (vermeintliche?) Gliederungsfunktion bekam. Wenn 1 Chr 16,36 einen Text bietet, der später Ps 106 sein wird, dann gehört der Schluss mit Lobpreis und Amen schon in 1 Chr dazu. Das bedeutet, dass die Doxologie älter war, eine Antwort der Gemeinde auf den Gesang der Vorsänger darstellte und gar nicht zur Bucheinteilung diente. Manche Ausleger halten deswegen die Fünfteilung des Psalters nicht für gegeben und sehen über die vermeintlichen Büchergrenzen hinweg feste Zusammenhänge. Über diese Einteilung in fünf Bücher kann man folgende *Teilsammlungen* festhalten:

3 – 41 erster Davidpsalter;
42 – 49 Korach-Psalmen;
51 – 72 zweiter Davidpsalter;
  42 – 83 Elohistischer Psalter (Gottesname Elohim, nicht JHWH);
73 – 83 Asaphpsalmen;
93; 96 – 99 JHWH-Königspsalmen;
104 – 106; 111 – 117; 135; 146 – 150 Halleluja-Psalmen;
108 – 110 dritte Gruppe David-Psalmen;
119 größter Einzelpsalm, der in sich eine Sammlung darstellt;
120 – 134 Wallfahrtslieder (Maalot = Stufenlieder);
138 – 145 vierte Gruppe von David-Psalmen.

**Fazit**

Ich gehe davon aus, dass die Psalmen erst in später Zeit (um 100 bis 80 v.Chr.) ihre Endgestalt bekommen haben. Die geistigen und theologischen Gegebenheiten dieser Epoche sind der Rahmen, in dem die Psalmen gedeutet werden müssen. Die Aufbauprinzipien des Psalters im Ganzen sind uns weithin nicht mehr durchschaubar. Gattungsmäßig sind fast alle Psalmen nicht „rein", sondern gemischt, was man nicht durch literarkritische Operationen *ändern* darf, sondern zu *erklären* hat.

Die plausibelste Lösung ist die Annahme, dass es den Endgestaltern darauf ankam, aus den diversen Einzelelementen verallgemeinerbare Einsichten in die Realitäten des Lebens zu gewinnen. Der Psalter ist ein ausgesprochen abwechslungsreiches, bunt gemischtes Spätwerk der Glaubensgeschichte Israels, mit dem wir nah an die geistigen und geistlichen Rahmenbedingungen der Zeit Jesu herankommen.

**schaffe in mir gott**
**ein neues herz**
**und gib mir**
**einen neuen geist**
**daß ich dich loben kann**
**ohne zu lügen**
**mit tränen in den augen**
**wenns denn sein muß**
**aber ohne zu lügen**

*Dorothee Sölle*

(aus: loben ohne lügen.
Fietkau Verlag, Berlin 2000)

## 2. Der Psalter als historische Quelle

### 2.1. Die Autoren der Psalmen

103 Psalmen nennen in der Überschrift den Namen eines Menschen, dem das jeweilige Gebet zugeschrieben wird, 47 bleiben anonym. Ordnet man die acht namentlich genannten Verfasser nach den biblischen Angaben chronologisch, dann ergibt sich folgendes Bild:

1x *Mose* (Ps 90);
72x (!) David (Ps 3 - 41; 51 - 71; 108 - 110; 138 - 145);
1x *Etan* (Ps 89, nach 1 Kön 5,11 war Etan, der Esratiter, ein bekannter Intellektueller, der als Maßstab für Salomos überragende Weisheit fungieren kann; nach 1 Chr 2,6 war er eine Gestalt der Frühzeit Judas; nach 1 Chr 6,29; 15,17ff gab es ein Mitglied der Sängergilden namens Etan; dieser Zeitgenosse Davids wird als Psalmenautor gemeint sein);
1x *Heman* (Ps 88, wie Etan in 1 Kön 5,11 als Weiser genannt, in 1 Chr 2,6 als Gestalt der Frühzeit, in 1 Chr 15,17ff als Mitglied einer Sängerfamilie, in 1 Chr 16,41ff als Musiker, in 2 Chr 5,12 mit Asaph und Jedutun genannt);
3x *Jedutun* (39; 62; 77; vgl. 1 Chr 16,41f: Sänger, die David für den Tempel engagiert hat, und die nach 2 Chr 5,12 zur personellen Grundausstattung des salomonischen Tempels gehörten);
11x *Korach* (Ps 42; 44 - 49; 84; 85; 87; 88; der Levit, der nach Num 16 mit Mose konkurrierte und grausam bestraft wurde, kann nicht gemeint sein, ist aber wohl der Enkel Levis);
12x *Asaph* (Ps 50; 73 - 83; nach 1 Chr 6,7 ebenfalls - wie Korach - von David als Sänger engagiert);
2x *Salomo* (Ps 72; 127).

Offensichtlich herrschte die Vorstellung, dass die Psalmen sehr alt sind und in die frühe Königszeit gehören. Als Autoren werden nur Figuren benannt, die entweder in der Geschichte Israels eine *herausragende Rolle* gespielt haben – der Religionsstifter Mose, die beiden großen Gründergestalten der Monarchie in Israel – oder aber zum Kreis der von David bestellten und von Salomo in Dienst genommenen *Sängerfamilien* gehörten. Kein Psalm wird einem unbedeutenden König oder gar einer Person zugeschrieben, die nach dem Zeugnis der Erzählungen in ihrem Leben gescheitert wäre.

Nahezu jeder zweite Psalm wird David zugeschrieben. Die Stellung im griechischen Kanon verrät, dass man davon ausging, der Psalter gehöre in die Zeit Davids: Er steht nach Hiob, den die ältere Tradition in die Zeit des Mose datiert, und vor den Salomo zugeschriebenen Schriften. Durch die Überschriften sollte das Bild erzeugt werden, dass sie in das goldene Zeitalter Israels gehören. Nach Salomo, also nach 926 v.Chr., wird kein Psalmenautor mehr namentlich erwähnt. Vielfache sprachliche Indizien und sachliche Schwierigkeiten weisen darauf hin, dass die Psalmen zeitlich viel später anzusetzen sind.

Das Problem, dass zur Zeit Davids noch gar kein Tempel existierte, in dem die vielfältigen Anspielungen auf kultische Vollzüge einen Anhalt an der Realität hätten haben können, wird nicht reflektiert. In der jüdischen und christlichen Tradition wird daher David als Prophet im Sinne von „Vorausschauer" verstanden. Diejenigen, die dem Psalter seine Endgestalt gaben, verliehen ihnen durch die Zuordnung zudem Glanz, Würde des Alters und erhebliche Anschaulichkeit.

Die meisten Psalmen ohne Überschrift sind zu Gruppen zusammengefügt: Wallfahrtspsalmen 120 – 134, Hallelujapsalmen 104 – 106; 111 – 117; 135; 146 – 150.

Die Forschung driftet in der Beurteilung des wirklichen Alters der Psalmen ziemlich weit auseinander. Auf der einen Seite gibt es Forscher, die den Überschriften viel zutrauen und mit der vorkritischen Schriftauslegung in Judentum und Christentum damit rechnen, dass David tatsächlich um 1000 v.Chr. etliche Psalmen verfasst habe (z.B. *Ravasi*). Auf der anderen Seite gibt es extreme Spätdatierer (z.B. *Duhm*), die den Psalter ins 1.Jh.v.Chr. datieren. Die Menge der Ausleger liegt in der vermeintlich goldenen Mitte und nimmt erste größere Sammlungen in der Zeit vor dem Exil an, die dann im Exil redaktionell überarbeitet und nach dem Exil allmählich abgeschlossen wurden.

Die Frage der Datierung ist wahrlich kein Glasperlenspiel! Wie die Kommentierung immer wieder zeigen wird, hängt von der zeitlichen Ansetzung und den damit angenommenen theologie- und geistesgeschichtlichen Rahmenbedingungen entscheidend ab, welchen Sinn man den Worten zutrauen darf oder auch nicht. Was wir sicher wissen, ist nicht viel. Fest steht,

- dass um 40-30 v.Chr. in Qumran Psalmenrollen existierten, die heute – trotz ihres sehr fragmentarischen Erhaltungszustands – größere Textabschnitte bezeugen. Das Buch der Psalmen ist also – zumindest in seinen Grundzügen oder wesentlichen Teilen – sicher vorchristlich;
- dass im 1.Jh.n.Chr. zur Zeit des Neuen Testaments die Psalmen als erstes Buch des dritten Kanonteils existierten (Lk 24,24 lässt den auferstanden Christus den Emmausjüngern erklären, was über ihn „im Gesetz des Mose, in den Propheten und in den Psalmen“ steht);
- dass im 1.Jh.n.Chr. eine, wenn auch vielleicht von der heutigen Einteilung abweichende Zählung der Psalmen existierte (in Apg 13,33 wird „aus dem zweiten Psalm“ zitiert);
- dass es nach dem Zeugnis der Qumrantexte um die Zeitenwende herum noch möglich war, Psalmen in ihre Einzelbausteine zu zerteilen und diese frei zu neuen Kompositionen zusammenzufügen. Dies Verfahren bezeugt der Psalter selbst, der 1 Chr 16,8-36 in kleineren Portionen auf die Ps 105; 96 und 106 verteilt;
- dass nach den Qumrantexten die Abfolge der Psalmen in den hinteren Passagen festzustehen scheint, während in den vorderen Psalmen bis etwa Ps 100 die Verknüpfungen nicht so deutlich greifbar sind.

Aus der Zeit vor Qumran, also vor 150 v.Chr., haben wir keine sicheren Belege für die Existenz des Psalters. Nur Sir 47,8-10 bezeugte um 190 v.Chr. die Anschauung, dass David religiöse Dichtungen zu Harfenmusik komponiert und durch seine Sänger habe aufführen lassen. Älteres Material für die gottesdienstliche Verwendung von Liedern bieten die Bücher der Chronik (um 300 v.Chr.), Ps 137 für die Existenz von „Zionsliedern“ zur Zeit des Exils (um 589) bis hinauf zu Amos 5,23 (um 750 v.Chr.) und 6,5:

> „Ihr grölt zum Klang der Harfe, ihr wollt Lieder erfinden wie David.“

Wie sich aber die damaligen Lieder zu den jetzt vorliegenden Psalmen verhalten, ist gänzlich unsicher. Man muss damit rechnen, dass im Lauf der Jahrhunderte Ergänzungen, Umschreibungen oder Kombinationen mit anderen Liedern stattgefunden haben, so dass der jetzt vorliegende Text mit jenen alten Kultliedern vielleicht nur noch partielle Gemeinsamkeiten aufweist.

Die Konsequenz ist, dass alle Datierungen, die sich vor das Jahr 100 v.Chr. hinauf bewegen, hypothetisch und durch keine Texte abgesichert sind. Das ist für das Alte Testament zwar keine besondere Situation, weil die Datierung *aller* Schriften vor 100 v.Chr. hypothetisch ist, aber es kommt noch eine zweite Erwägung hinzu:

Gesicherten Boden für eine Datierung auf der Grundlage von Indizien kann man nur aus der Beschreibung des Profils des Psalters gewin-

**Lieder außerhalb des Psalters:**
1. Siegeslieder (Ex 15,1-18 = Moselied; Ex 15,21 = Miriamlied; Ri 5 = Deboralied);
2. Leichenlieder (2 Sam 1,19-27 = Davids Lied über Jonathan; Am 5,2 sowie in den Klageliedern Jeremias);
3. Liebeslied (Jes 5,1-7 = *Weinberglied*);
4. Hochzeitslieder (Hohelied in Teilen);
5. Trinklied (Jes 22,13);
6. Spottlied (Jes 23,16; Jer 22,14f);
7. Wächterlied (Jes 21,11f);
8. Arbeitslied (Num 21,17f).

nen. Wie die Kommentierung im Einzelnen aufzeigen wird, entstammt der Psalter Kreisen, die folgende Komponenten in sich vereinen:

- eine ausgeprägte Schriftgelehrsamkeit, die sich im anthologischen Stil der Psalmen zeigt; Anspielungen auf unterschiedliche Bereiche des gesamten Kanons lassen sich aufzeigen;
- eine stark weisheitlich geprägte Weltsicht, gepaart mit der intellektuellen Kraft, aus Einzelerfahrungen und kultisch-liturgischen Besonderheiten allgemeinere Lebensregeln abzuleiten; dabei scheinen die Verfasser bereits Hiob und Kohelet gekannt zu haben (bes. Ps 49 und 73);
- ein nationales Hochgefühl, das sich in zahlreichen Königspsalmen artikuliert;
- eine z.T. heftige Auseinandersetzung mit der griechischen Kultur;
- frühapokalyptische Erwartungen eines baldigen Umschwungs der Verhältnisse;
- Ansätze zu einem anthropologischen Dualismus (z.B. Ps 14 mit seiner Gegenüberstellung von Gerechten und Frevlern).

Die Zusammenstellung aller so unterschiedlichen Komponenten lässt sich nur in der Spätzeit denken. Als unter den hasmonäischen Fürsten die innerjüdische Auseinandersetzung um die angemessene Haltung sowohl gegenüber der Tradition als auch gegenüber den kulturellen Neuerungen der Zeit (Theater, Gymnasium, Rhetorikschulen in Jerusalem) wie auch den neuen religiösen Anschauungen der Zeit (Auferstehungshoffnung, Engellehre, Dualismus) ausgefochten wurde, erhielt der Psalter seine jetzige Gestalt.

Die Position des Kurzkommentars lautet entsprechend: Der Psalter enthält gewiss älteres Material, das bis in die Frühzeit Israels zurückreicht. Dies lässt sich aber kaum mehr sicher heraus präparieren. Für die Nachzeichnung der Entstehungsgeschichte fehlen uns weithin sichere Indizien. Die real existierenden Psalmen sind das Produkt von uns namentlich nicht bekannten Theologen der Spätzeit. Der Psalter als Buch dürfte um etwa 100, eventuell noch etwas später, vorgelegen haben.

Ich werde mich im Folgenden ganz auf die *Interpretation des Endtextes* konzentrieren. Ohne damit die lange Entstehungsgeschichte einzelner Psalmen leugnen zu wollen – manches Material des Psalters geht gewiss in die frühe Königszeit, vielleicht sogar noch weiter zurück –, scheint es mir aus mancherlei Gründen fragwürdig, jeweils eine angebliche „Urgestalt" oder „Grundschicht" in den Psalmen rekonstruieren und diese als die *eigentliche* Botschaft behaupten zu wollen.

## 3. Der Psalter als theologisches Zeugnis

In der Hochschätzung der Psalmen ist man sich quer durch die christlichen Konfessionen einig, auch im interreligiösen Gespräch mit dem Judentum. Worin ist diese Wertschätzung begründet?

1. Der tiefste Grund dafür, dass sich Christen heute mit den Psalmen des antiken Israel beschäftigen, ist *die große Nähe im Daseinsverständnis damaliger und heutiger Beter.* Das Menschenbild und das Gottesbild sind über die Jahrtausende sehr nah beieinander. Es ist daher eine Forderung an die Methodik der Auslegung, immer wieder deutlich zu machen, wo sich das sich in den Psalmen artikulierende Daseinsverständnis mit den Grundproblemen der Moderne berührt.

2. Der Vergleich mit den religiösen Zeugnissen der Nachbarkulturen zeigt, dass Gedanken aus der Umwelt einen starken Einfluss ausübten. Auch wenn der Psalter sich sehr kritisch gegenüber den anderen Göttern gebärdet, z.B. die Wendung vom Tod aller Götter in Ps 82, so werden doch immer wieder umfangreiche Texte und Gedanken – wenn auch in ausgewählter Form – aus anderen Religionen übernommen, vgl. z.B. Ps 104 mit dem Echnatonhymnus (s.u.S. 22f) oder Ps 29 mit den Baalhymnen. Der Psalter ist ein Dokument des interreligiösen Dialogs. Auch das gibt ihm Tiefe.

3. Zur kanonisch gewordenen Endgestalt gehört die Zusammenordnung der beiden Testamente. Das Alte Testament bildet mit dem Neuen eine in sich äußerst spannungsreiche Einheit,

die christliche Bibel. Von daher werde ich immer wieder die neutestamentliche Rezeption von Psalmen in die Betrachtung einbeziehen. Den Psalmen sind Dimensionen zugewachsen, die den Autoren selbst nicht bewusst waren, und die man auch ihnen nicht unterschieben darf. Die christliche Perspektive entdeckt im Psalter eine Fülle von Verstehensmöglichkeiten, die über die Ursprungsbedeutung bewusst hinausgehen. Sie erschließen sich als Aussagen über das Wesen und Wirken Jesu, der Sakramente oder der Kirche.

Ebenso haben die Psalmen in der jüdischen Tradition durch veränderte Rahmenbedingungen eine Anreicherung und fortschreibende Auslegung erfahren, die für das Verständnis fruchtbar gemacht werden sollte. Zum Beispiel ist die kollektive Deutung des Ichs immer wieder mit zu bedenken.

Ich habe mich bemüht, im vorgegebenen knappen Rahmen sowohl *die gesamtbiblische wie die jüdische Rezeptionsgeschichte* zur Geltung zu bringen. Den Einwand, dass die Aufgabe der Exegese rein darauf beschränkt sein müsse, die Bedeutung eines Textes in seiner Entstehungssituation zu beschreiben und sich von späteren „Umdeutungen" fernzuhalten, kann ich nicht gelten lassen. Zum Verständnis eines Textes gehört auch das Bewusstsein von seiner Wirkungsgeschichte.

4. *Thomas von Aquin* nannte die Psalmen „Summe der ganzen Bibel". *Martin Luther* sah im Psalter die Leben der Heiligen in vorzüglicher Weise dargestellt, und zwar das ganze Leben mit Höhen und Tiefen. *Robert Bellarmin*, ein Führer der Gegenreformation, nannte die Psalmen „quasi compendium et summa totius veteris testamenti" („gleichsam eine Zusammenfassung und Summe des gesamten Alten Testaments").

Eine erste Begründung für die Wertschätzung ist damit offenbar dem Umstand zuzuschreiben, dass der Psalter so vielseitig ist. Er berührt so unterschiedliche Stimmungen von verzweifelter Klage und abgründiger Anfechtung bis hin zu höchstem Glaubensglück und selig machender Gottesgemeinschaft. Er bedenkt so viele Themen von der Schöpfung und Geschichte bis zur Zukunft, die Gott bringen wird, vom einfachen Leben der Hirten bis zum prunkvollen Hofstil des Königs, von der Wanderschaft bis zur Ankunft und Ruhe, vom Hass bis zur Liebe und vieles andere mehr, dass der Eindruck des Umfassenden, Kompendienhaften gut nachvollziehbar ist.

Diese Empfindung, die sich jeder Leserin, jedem Leser des Psalters aufdrängt, lässt sich auch mit den Mitteln der historisch-kritischen Bibelwissenschaft untermauern. Wenn man sich vergegenwärtigt, welche unterschiedlichen theologischen Strömungen das Alte Testament insgesamt thematisiert, wird deutlich, dass sie alle im Psalter mehr oder weniger repräsentiert sind. Wer den Psalter kennt, kennt die Vielfalt der biblischen Theologien, und umgekehrt: Wer die Psalmen verstehen will, muss den Facettenreichtum biblischer Traditionen mitbringen. Eine kleine Grafik soll verdeutlichen, wie sich die Plu-

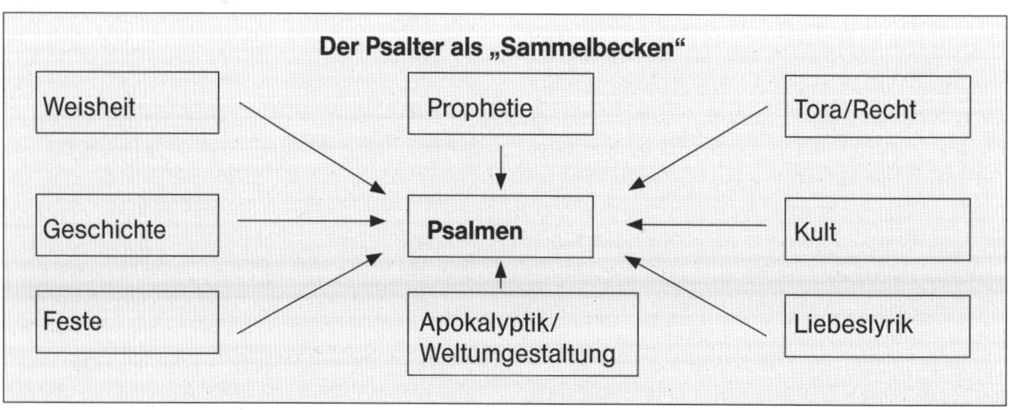

ralität alttestamentlicher Theologien im Psalter zusammenfindet (siehe Kasten S. 20).

5. Die Psalmen sind größtenteils Gebete. Sie sind Rede zu Gott. In dieser Form der Gott-Rede entscheidet sich die Wahrheit aller Theologie. Theologie ist nicht das distanzierte Spekulieren über Gott und die Welt. Gott ist nicht aus gleichsam neutraler Position heraus zu erforschen, sondern nur in der Begegnung erschließt er sich oder nicht. Im unmittelbaren Nahesein der Anrede Gottes wird Gott „mein Gott", oder er ist ein Stück Ideologie.

*Sören Kierkegaard* schrieb 1840 in sein Tagebuch (in der Übersetzung von *Hajo Gerdes* 1962, Band 1, 261f): „Damit das Recht der Erkenntnis seine Gültigkeit habe, muss man sich ins Leben hinauswagen, hinaus aufs Meer, und muss seinen Schrei erheben, ob Gott ihn nicht hören wolle; nicht am Strand stehenbleiben und die anderen kämpfen und streiten sehen – erst dann bekommt die Erkenntnis ihre wahre Beglaubigung, und es ist in Wahrheit etwas ganz anderes, auf einem Bein zu stehen und Gottes Dasein zu beweisen, oder ihm auf seinen Knien zu danken."

Wer von Gott reden will, muss beten. Hier ist der Ort, wo es zur Begegnung zwischen Mensch und Gott kommt. Die Bedeutung der Psalmen als Schule des Betens, als Hilfe zur Sprachfindung im Gespräch mit Gott, ist überhaupt nicht zu überschätzen.

6. Gedichte haben eine besondere Kraft. Das gereimte Wort verdichtet, da es nicht einfach nur so dahingesagt ist, sondern wohl überlegt. In durchgearbeiteter Form werden Themen zur Sprache gebracht. Vor allem aber entspricht jeder Sprache ein Weltbild: Sprache ist nicht nur ein Etikett, das einer unabhängig von ihr existierenden Wirklichkeit aufgeklebt würde, sondern die Wirklichkeit wird sprachlich strukturiert und damit geschaffen. Die Gebetssprache der Psalmen eröffnet eine bestimmte Sicht Gottes und des Menschen und der Beziehung der beiden zueinander im Gebet. Wer Psalmen betet, dem wird eine neue Realität erschlossen.

7. Ähnliches gilt für die Musik. Wir kennen die lautliche Gestalt der gesungenen Psalmen nicht mehr. Dennoch ahnen wir – darin unterstützt z.B. durch den Gebetsgesang benediktinischer Mönche oder moderner jüdischer Künstler –, welche Qualitäten in diesen Liedern schlummern. Musik eröffnet einen Zugang zur Welt Gottes, den bloße Vernunft nicht finden kann. Diese emotionale Kraft der Psalmen darf man spüren und so *Joseph von Eichendorffs* Gedicht frei auf diese Texte übertragen:

> „Schläft ein Lied in allen Dingen,
> die da träumen fort und fort,
> und die Welt fängt an zu singen,
> triffst du nur das Zauberwort."

Wer Psalmen betet, kann diese Musik hören, und ihre Zauberworte werden seine Seele anrühren, neu aufbauen und bereichern.

8. Als Christenmenschen können wir den Psalter nicht vom Neuen Testament abgelöst betrachten. Der Psalter hat von Anfang an die Kirche mitgeprägt. Wenn sich die Kirche das Gebet Israels zu Eigen macht, wird Israel damit nicht enteignet, sondern es wird umgekehrt eine Brücke gebaut. Wenn zwei dieselben Gebete sprechen, denken sie sich gewiss in nicht unbeträchtlichem Umfang bei den gleichen Worten Anderes, aber sie denken gewiss auch in nicht unbeträchtlichem Umfang Gleiches. Für mich ist der Psalter ein wesentlicher Bestandteil des christlich-jüdischen Dialogs, weil er ein Bestandteil des Dialogs von Christen und Juden mit dem einen Gott ist. Zugespitzt kann man sagen: Wer Psalmen betet, ist mitten im jüdisch-christlichen Dialog.

## 4. Einblicke in die wissenschaftliche Erforschung der Psalmen

### 4.1. Übersicht über die Methoden

Schon die frühe Kirche zieht aus den Psalmen Gewinn. In der patristischen Auslegung wird auch mit Hilfe der Theorie vom vierfachen Schriftsinn die gesamte christliche Glaubenslehre aus den Psalmen entwickelt. Zumeist werden die Lieder so gelesen, als ob sie von Jesus selbst gebetet

# Hymnus des Echnaton

Schön erstrahlst du am Himmelshorizont,
du lebender Aton, du Anfang des Lebens.
Wenn du am östlichen Horizont aufgegangen bist,
dann hast du jedes Land mit deiner Vollkommenheit erfüllt.
Du bist schön und groß, licht und hoch über jedem Lande,
deine Strahlen umarmen die Lande bis hin zu alledem,
was du geschaffen hast.

Du schaffst den Nil in der Unterwelt
und holst ihn herauf nach deinem Belieben,
um das Ägyptervolk am Leben zu erhalten,
so, wie du sie geschaffen hast,
du, ihrer aller Herr, der sich abmüht mit ihnen,
du Herr des ganzen Landes, der du für sie aufgehst,
du Aton des Tages, groß an Ansehn.

Aber auch die Gebirgsländer in der Ferne,
du machst, dass sie leben können,
denn du hast einen Nil an den Himmel gegeben,
und er steigt für sie herab;
er schafft Wasserfluten auf den Bergen wie ein Meer,
ihre Felder zu befeuchten bei ihren Siedlungen.
Wie wohltätig sind doch deine Pläne,
du Herr der Ewigkeit!

Deine Strahlen ziehen alle Pflanzen groß:
Wenn du aufgehst, so leben und wachsen sie für dich.
Du schufst die Jahreszeiten, um alles gedeihen zu lassen,
was du geschaffen hast:
den Winter, um sie zu kühlen,
die Hitze, dass sie dich kosten.
Du hast den Himmel fern gemacht,
um an ihm aufzugehen und alles zu schauen,
was du gemacht hast, du ganz allein,
wobei du in deinen Wandelformen
als lebendiger Aton aufgehst,
erscheinend und leuchtend, fern und doch nah.

Alles Vieh freut sich über sein Futter,
Bäume und Kräuter grünen.
Die Vögel flattern in ihren Nestern,

ihre Flügel erheben sich in Anbetung vor deinem Geist.
Alle Lämmer hüpfen umher,
die Vögel und alles, was flattert,
sie leben, denn du bist aufgegangen für sie.
Alle Löwen sind aus ihren Höhlen gekommen,
alles Gewürm beißt ... die Erde liegt in Schweigen,
(denn) der sie schuf, ist in seinem Horizonte
zur Ruhe gegangen.

Die Sonnenmenschen sind erwacht und haben
sich auf die Füße gestellt, du hast sie aufgerichtet.
Sie waschen ihren Leib und nehmen die Kleider,
ihre Arme beugen sich in Anbetung, weil du erscheinst.
Das ganze Land geht an seine Arbeit.
Wie mannigfaltig sind doch deine Werke!
Sie sind verborgen vor dem Gesicht (der Menschen),
du einziger Gott, außer dem es keinen mehr gibt!
Du hast die Erde geschaffen nach deinem Herzen,
du ganz allein, mit Menschen, Herden und allem Getier,
was immer auf der Erde auf Füßen geht,
was immer in der Höhe ist und mit seinen Flügeln fliegt.

Die Fische im Strom springen vor deinem Angesicht,
denn deine Strahlen dringen in die Tiefe des Meeres.
Die Schiffe fahren stromab und auch stromauf,
jeder Weg ist offen, weil du erscheinst.
Du setzt jedermann an seine Stelle und sorgst
für seine Bedürfnisse; ein jeder hat sein Essen,
berechnet ist seine Lebenszeit.

Die Welt befindet sich auf deiner Hand,
wie du sie geschaffen hast.
Wenn du aufgegangen bist, leben sie;
gehst du unter, so sterben sie,
denn du bist die Lebenszeit selbst, man lebt in dir.
Die Augen schauen die Vollkommenheit, bis du untergehst.
Es ruhen alle Arbeiten, wenn du untergehst zur Rechten.
Wenn du wieder aufgehst,
so lässt du jeden Arm sich rühren für den König,
und Eile ist in jedem Bein,
seit du die Erde gegründet hast.

wären oder doch zumindest prophetisch auf ihn vorausverweisen.

Das Verständnis der Psalmen hat sich im Lauf der Geschichte jedoch stark gewandelt. Durchgängig ist eine *eschatologisch-messianische Deutung,* die in den Psalmen das kommende Reich Gottes und den mit Leiden verbundenen Herrschaftsantritt des Gesalbten Gottes prophetisch vorhergesagt findet, so schon in den Schriften aus Qumran, im Neuen Testament und der frühen Christenheit bis in die Gegenwart. Z.B. wird Ps 22 zum Deutungsschlüssel für die Passion Jesu. Die folgenden Sätze (V 17-19) erschienen wie exakte Voraussagen des Leidens des Messias:

> „Eine Rotte von Bösen umkreist mich.
> Sie durchbohren mir Hände und Füße.
> Man kann all meine Knochen zählen;
> sie gaffen und weiden sich an mir.
> Sie verteilen unter sich meine Kleider
> und werfen das Los um mein Gewand."

Zumeist war mit dieser prophetischen Leseweise die Auffassung verbunden, dass die Psalmen die Grundprobleme jedes einzelnen Menschen ansprechen. Die Leserinnen und Leser aller Zeiten machten die Erfahrung, dass man sich selbst in den Psalmen entdecken kann, so als ob diese Gebete gerade nur für einen selbst geschrieben wären. Dies erstaunte Gefühl, das Buch enthalte Prophezeiungen der jeweiligen eigenen Lebenslage des Benutzers, drückt *Martin Luther* in seiner berühmten Vorrede auf den Psalter trefflich aus: Der Psalter bietet einen „feinen, reinen, hellen Spiegel, der dir zeigen wird, was die Christenheit sei. Ja, du wirst auch dich selbst drinnen und das rechte Gnothiseauton finden" (griech. = „Erkenne dich selbst!").

Daneben existierte schon früh ein *historisches* Verständnis, das versucht, für jeden Psalm eine Situation in der realen Geschichte Israels aufzuspüren, in der er „uraufgeführt" wurde. Diese Tendenz zeigt sich schon im Buch der Psalmen selbst, besonders in den Überschriften, die solche Umstände angeben, etwas in Ps 3 die Flucht Davids vor seinem Sohn Abschalom oder in Ps 51 die Buße Davids nach der Strafpredigt Nathans. In der neueren Forschung haben die Kommentare von *Bernhard Duhm* oder *Moses Buttenwiese* ähnliche Gedanken entfaltet.

Ferner gibt es ein primär *ästhetisches Verständnis,* das die hohe Sprachkunst der Psalmen in den Vordergrund stellt (was heute mit den Mitteln formalisierter, so genannter strukturalistischer Textanalytik versucht wird) oder *formgeschichtliche* und *kultgeschichtliche* Zugänge, die in unserem Jahrhundert lange Zeit absolut vorherrschend waren und sich darum bemühten, die Funktion der Psalmen im Leben der Individuen und Gemeinschaft zu erfassen (s.u.). Daneben steht die *sozialgeschichtliche* Interpretation, die augenblicklich stark im Kommen ist und kritisch untersucht, wem bestimmte Psalmentexte „nutzten" (z.B. den Priestern, den Männern, der Oberschicht, den Armenkreisen).

### 4.2. Der Psalter als Spiegel des gesellschaftlichen Lebens in Israel

In der Erforschung der Psalmen ist eine Methode lange Jahrzehnte beherrschend gewesen, die von zwei Exegeten entwickelt wurde: *Hermann Gunkel* (1862-1932) und *Sigmund Mowinckel* (1884-1965) haben die *Methode der Formkritik* entdeckt und auf die Psalmen angewendet:

*Gunkels* grundlegende Einsicht lautet, „dass uns eine innere Ordnung unter den einzelnen Psalmen im ganzen nicht überliefert ist", dass vielmehr im jetzigen Psalter die meisten Psalmen verstreut, nahezu vereinzelt stehen. In der jetzt vorliegenden Anordnung ist festzustellen, dass „kein einziger Psalm mit dem andern der Gattung nach überein(stimmt)". „Nun ist es aber ein unverbrüchlicher Grundsatz der Wissenschaft, dass nichts ohne seinen Zusammenhang verstanden werden kann. Es wird demnach die eigentliche Aufgabe der Psalmenforschung sein, die Verbindungen zwischen den einzelnen Liedern wieder aufzufinden ... Sind wir erst imstande, die innerlich zueinander gehörigen Psalmen zusammenzustellen, so dürfen wir hoffen, vermittels einer durchgehenden Vergleichung ein gesichertes Verständnis der Gedichte zu gewinnen" (*Gunkel / Begrich,* 3f).

Entsprechend hat Gunkel in seiner berühmten umfassenden „Einleitung in die Psalmen“ (1930) und in seiner heute noch lesenswerten Kommentierung aller Psalmen die Zuordnung der verstreuten Exemplare zu bestimmten Gruppen, die er „Gattungen“ nannte, vorgenommen und die Gattungskritik und -geschichte durch Analyse der Formen, Themen und Stimmungen der unterschiedlichen Psalmengruppen begründet. Mit der aus der Soziologie entlehnten, schon am ersten Buch Moses erprobten, Theorie vom „Sitz im Leben“ jener Gattungen hat Gunkel die Psalmen in der gesellschaftlichen Wirklichkeit Israels verortet.

Nach dieser grundlegenden Anschauung gibt es in jeder Gesellschaft für den Vollzug bestimmter immer wiederkehrender Anlässe fest geprägte Formen, z.B. für Geburt, Hochzeit, Bestattung, Krankheit oder Dankfeier im privaten Bereich; Hungersnot, Kriegsnot oder Königseinsetzung im öffentlichen Bereich.

Für diese festen Gelegenheiten – vergleichbar vielleicht mit den Amtshandlungen der heutigen Kirche – mussten die damaligen Menschen nicht jeweils neu nach Ausdrucksmöglichkeiten suchen, sondern die Gattungen standen als eine gesellschaftliche Konvention, als eine Art Formular, zur Verfügung.

Wenn der Exeget, die Exegetin die geprägten Formen analysiert und dadurch die gesellschaftliche Situation durchschaut, in der der Psalm „funktionierte“, dann hat er / sie ihn verstanden. Die Masse der Psalmen hielt Gunkel freilich für nachexilisch. Vorexilische Wurzeln (etwa im Königskult oder in Ritualen des ersten Tempels) sind aufgrund der jetzt vorliegenden spiritualisierenden, eschatologisierenden und theologisch-reflektierenden Umgestaltung meist nur noch zu erahnen. Erst sekundär sind seiner Meinung nach diese geistlichen Lieder wieder im Kult benutzt worden.

### 4.3. Der Psalter als Reflex des Gottesdienstes in Israel – die kultorientierte Psalmenanalyse

*Sigmund Mowinckel* baute auf Gunkel auf, widersprach seinem Lehrer aber in der Ansicht, dass die jetzt vorliegenden Psalmen ihren ursprünglichen Sitz im Kultleben verlassen hätten und „nur“ noch spiritualisierte geistliche Dichtungen frommer Laien mit schwachen Reminiszenzen an den früheren realen Gottesdienst darstellten. Dagegen setzte er seine radikal kultische Interpretation. Für ihn ist nahezu jeder Psalm ein Kultlied mit einer besonderen Funktion in der Liturgie der Tempelgemeinde.

Mit Hilfe seiner Hypothesen von einem „Thronbesteigungsfest Jahwes“, von dem im Alten Testament zwar nirgendwo die Rede ist, das Mowinckel aber aus den diversen Andeutungen bis in alle Einzelheiten farbig rekonstruiert und nachgezeichnet hat, wollte Mowinckel die Psalmen insgesamt (wie auch die Prophetie und Ethik) vom vorexilischen Kult her entschlüsseln. In enger Anlehnung an das babylonische und ugaritische Neujahrsfest, entwarf er das Bild eines Jerusalemer Kults, der (bis auf den in Geschichte umgesetzten Mythos vom Exodus aus Ägypten und dem Bundesschluss JHWHs mit Israel) auch sonstwo in Kanaan hätte gefeiert werden können. Dabei wurde die Bedeutung des irdischen Königs sehr hoch veranschlagt.

Die Thesen von *Gunkel* zu den Gattungen und ihrem Sitz im Leben sowie von *Mowinckel* zur kultischen Verortung der Psalmen sind für mehrere Generationen nahezu selbstverständlich gewesen. In der neueren Forschung hat man sogar versucht, die Formgeschichte von ganzen Psalmengruppen, ja des Psalters insgesamt, aufzudecken. Zudem ist das Repertoire von möglichen Gottesdiensten durch die Theorie von privaten Kultfeiern fernab vom Tempel im Kreis der Familie und der Nachbarschaft erweitert worden.

### 4.4. Der Psalter als Buch – die kanonische Psalmenanalyse

In der neueren Psalmenforschung wurde mit diesem methodischen Ansatz mehrfach gebrochen und eine *Kritik der Formkritik* entwickelt. Es zeigt sich nämlich, dass nahezu sämtliche Psalmen keine reine Form darstellen, sondern eine Mischung aus Elementen unterschiedlicher Gattungen bieten. Dies mit spätem „Verfall“ oder

allmählicher „Zersetzung“ zu erklären, erscheint vielfach unbefriedigend. Eine Auslegungsmethode, die auf diese Weise mit der Tatsache fertig werden muss, dass ihr Gegenstand ganz anders ist, als sie selbst es behauptet, kann kaum die angemessene sein.

Statt also zwanghaft ein kultisches Ritual zu suchen, bei dem ein Psalm jeweils eine Funktion gehabt haben könnte, statt mit viel Fantasie Entstehungsgeschichten zu konstruieren, an deren Anfang dann doch eine reine Form gestanden haben soll, die später verwässert wurde, sollte man lieber eine andere Methode wählen.

M.E. ist der entscheidende Ansatzpunkt zur Kritik der Formgeschichte schon bei *Gunkel* selbst angelegt, wenn er mit großem Recht das „Auswandern der Psalmen aus dem Kult“ konstatiert. Die jetzt tatsächlich vorliegenden Psalmen sind gar nicht Niederschlag *mündlicher* Verkündigung im Kult, sondern *literarische* Produkte auf der Ebene der *Schriftlichkeit.* Es lassen sich zahlreiche Anzeichen für einen hohen Grad an Schriftgelehrtheit bei den Verfassern der Psalmen angeben, die offenbar schon die Tora, die Propheten und die Schriften vor sich hatten und darauf vielfach anspielten.

Die Psalmen sind eine Summe der wichtigsten Gedanken (modern gesagt: „The Best of 1000 Years of Israelite Prayers“). Diesem anthologischen (= „Blüten lesenden“) Charakter muss die Auslegung gerecht werden. Dabei lassen sich erdrückende Indizien dafür benennen, dass die Verfasser zum Umfeld intellektuell hoch stehender „Weiser“ gehörten.

Viele der ursprünglich kultischen Elemente sind nunmehr – wie meine Auslegungen zeigen werden – zu „Bausteinen“, zu Beispielen geworden, mit deren Hilfe allgemeine Lebenshilfen und *weisheitliche* Lehren illustriert werden. Klage, Dank oder Hymnus verbinden sich mit Reflexionen, um theologische Einsichten zu vermitteln. Das Lebensgefühl der Psalmen besteht darin, dass alles, was Menschen erleben, wie liturgische Akte erfahren werden, sei es als fröhliches Fest, sei es als traurige Klagefeier. Die Atmosphäre des Gottesdienstes dringt in den Alltag vor und verbreitet überall das Gefühl, das ganze Leben im Angesicht Gottes zu führen.

Es ist überflüssig und verfehlt, die ursprünglichen Sitze im Leben der nunmehr nur noch als Bausteine verwendeten Teilstücke eines Psalms zu ermitteln. Der Psalm als Ganzer ist eine Mischgattung, die zur Vermittlung einer Lehre, zur Einweisung in ein geistliches Leben dient. Wenn man die Frage nach dem Sitz im Leben aufrechterhalten will, dann kommen für viele moderne Forscher eher die Schule und das Lehrhaus, die private Gebetsfrömmigkeit und der synagogale Predigtgottesdienst in Betracht als der Kult am Tempel von Jerusalem.

Die Fixierung auf den einen Sitz im Leben stranguliert die Gebete. Was in bewusst weiter Formulierung als *Formular für viele Beter und Beterinnen* gemeint war, wird unter dem Zwang der Formgeschichte auf eine einzige Situation hin gepresst (sei es z.B. das vermeintliche Tempelasyl, sei es die angenommene Situation eines Gerichtsverfahrens am Tempel oder Ähnliches) und damit für viele „unbrauchbar“ gemacht.

Die Aufgabe der Auslegung besteht darin, den Psalm so zu erklären, wie er jetzt vorliegt. Der Psalter ist ein Buch und muss wie ein Buch gelesen werden. Dies impliziert, die Endgestalt des Textes sehr ernst zu nehmen und möglichst auf Umstellungen, freie Korrekturen am Text (so genannte „Konjekturen“) zu verzichten. Auch die Überschriften sollen wieder ernst genommen werden. Die literarischen Beziehungen zwischen den Psalmen müssen sorgfältig ausgeleuchtet werden.

Diese Lesart hat mehrere Vorbereiter und Vertreter (*Brevard Childs, Rolf Rendtorff*). Sie hat in dem monumentalen Kommentar von *Frank-Lothar Hossfeld* und *Erich Zenger* eine reife Frucht gefunden. Durch hermeneutische Studien (besonders *Dorothea Erbele-Küster*) ist deutlich geworden, dass der Psalter ein Buch ist, das man *lesen* muss, so wie man Gedichte sonst auch liest.

Die Psalmen verwenden in sehr hohem Maß bildliche Rede. Die Feinde z.B. werden mit Raubtieren oder Jägern, Kriegsgegnern oder Prozessgegnern, Spöttern und Lästermäulern, mit Krankheiten und Leiden verglichen. Es ist wichtig, die Weite der Metaphorik in den Psalmen festzuhalten bzw. umfassend zurück zu gewin-

**Am Strand hat sich ein Mann zu weit hinausgewagt. „Hilfe, Hilfe!“ schreit er. „Ich kann nicht schwimmen.“ Ein Spaziergänger am Ufer schüttelt unwillig den Kopf: „Ich kann auch nicht schwimmen. Schrei ich deswegen?“**

nen, um auf diese Weise die künstliche Engführung auf eine bestimmte Situation abzuwehren. Metaphern sind eine Einladung in die Weite der Sprache.

Bilder haben eine „semantische Unschärfe“, d.h. ihre Bedeutung ist nicht eng festgelegt, sondern bewusst weit und für Deutungen offen. Dadurch eröffnen sie jedem Betenden eine Fülle von Assoziationsmöglichkeiten und Freiräumen, um die eigene Biografie in den vorgegebenen Worten des Gebets mitzuhören und unterzubringen. Diese Kraft der Psalmen, Menschen einzuladen, sich selbst in den weiten Sprachraum hineinzubegeben, soll zur Geltung kommen und nicht beschnitten werden.

So schlägt *Martin Luther* in seiner Vorrede zum Psalter (ab der Bibelausgabe von 1528) vor, den Psalter als „eine kleine Biblia“, als ein „Handbuch“ oder ein „Exempelbuch“ zu betrachten: „Wer die ganze Bibel nicht lesen könnte, hätte hierin fast die ganze Summa, verfasset in ein klein Büchlein.“

Mit *Luther* wird der Psalter von vielen als Kompendium und als theologischer Schlüssel zur ganzen Bibel begriffen (*Janowski, Oeming*).

## Fazit

Der Psalter ist ein Sammelbecken der gesamten Glaubensgeschichte Israels, eine Summa theologiae. Die in ihm zusammengetragenen Schätze sind sprachlicher und musikalischer Art, vor allem aber spiritueller Natur. Wer diese Gebete und Klänge in seinem Herzen und Kopf bewegt, dem wird seine eigene Lebenswirklichkeit wie auch Gottes heilvolle Wahrheit aufgeschlossen. „Dieses Verständnis des Daseins ist aber das gleiche wie das des Neuen Testaments“ (*Rudolf Bultmann*: Glauben und Verstehen, I, 322). Zugleich stimmt die Lektüre dieses Buchs in eine jüdisch-christliche Ökumene ein.

*Dorothee Sölle* ist es gelungen, den Wert der Psalmen in beeindruckender Weise in Worte zu fassen:

**Psalmen essen**
Die Psalmen sind für mich eins der wichtigsten Lebensmittel. Ich esse sie, ich trinke sie, ich kaue auf ihnen herum, manchmal spucke ich sie aus, und manchmal wiederhole ich mir einen mitten in der Nacht. Sie sind für mich Brot.

Ohne sie tritt die spirituelle Magersucht ein, die sehr verbreitet unter uns ist und oft zu einer tödlichen Verarmung des Geistes und des Herzens führt. Materieller Reichtum und technologisches Wissen stellen in unserem Teil der Erde die Bedingungen für den spirituellen Tod der Überentwickelten dar. Und so möchte ich als erstes sagen: Esst die Psalmen. Jeden Tag einen. Vor dem Frühstück oder vor dem Schlafengehen, egal. Haltet euch nicht lang bei dem auf, was ihr komisch oder unverständlich oder bösartig findet, wiederholt euch die Verse, aus denen Kraft kommt, die die Freiheit, Ja zu sagen oder Nein, vergrößern.

Findet euren eigenen Psalm. Das ist eine Lebensaufgabe und viel zu groß für uns, aber lasst euch nicht unnötig verkleinern. „Meine Seele singe zu Gott" – so haben Menschen, die innerhalb furchtbarer Verkleinerungszwänge lebten, gebetet. Hungrige, Verkrümmte, Geängstigte, an Geist und Seele verkümmerte Frauen haben das gewusst und gesungen. „Lobe den Herrn, meine Seele", haben sie zu ihrer Seele gesagt. Esst den Psalm, Gott hat schon Brot gebacken, die Väter und Mütter des Glaubens haben schon für uns vorgesorgt. Esst und lernt, Brot zu backen.

Was man davon hat, fragt wohl mancher. Ja, was bringt das eigentlich, diese merkwürdige veraltete Tätigkeit, die man „beten" nennt oder meditieren oder Psalmen essen? „Bibelarbeit" ist unbezahlte Arbeit für alle, die sich daran beteiligen. Es bringt also nichts. Oder?

Andere Christen in der Ökumene, zum Beispiel die Leute in Brasilien, nennen das „die Bibel beten". Bringt das was? Diese Art von Arbeit, diese Art von Beten? Ich will mich nicht vor dieser Frage drücken, aber ehe ich sie zu beantworten versuche, will ich noch etwas zu den Psalmen sagen, das ganz bestimmt für Psalm 104 gilt: Sie sind Gebetsformulare, du sollst sie ausfüllen. Ein Formular, das ist ein Ding, in das du deinen Namen reinschreibst, dein Geburtsdatum, deine Adresse, und so möchte ich euch alle bitten, dass ihr da, wo „meine Seele" steht, euren Namen einsetzt, von Adelheid bis zu Zwetlana und von Anton bis zu Xaver, und das ist natürlich nur der Anfang. Der Psalm ist ein Formular, und du sollst deinen Namen eintragen und deinen Schmerz, deine Freude und dein Glück und deine Ängste und deine Erde und deine Bäume und alles, was du liebst.

(Aus: *Dorothee Sölle:* Erinnert auch an den Regenbogen. Texte, die den Himmel auf Erden suchen. Herder Spektrum, Freiburg-Basel-Wien 1999).

# Auslegungen der einzelnen Abschnitte, Gedanken und Texte zum Nachdenken und Besprechen, Didaktische Entwürfe

## I Psalm 13

## Lebensangst

### Auslegung

Der Aufbau des kleinen, zunächst recht unscheinbaren Lieds ist klar dreigliedrig:

1. eine Anrufung Gottes und vier Klagefragen: „Bis wann?" (V 2f);
2. eine Bitte an JHWH, die Nöte zu beenden, unter Angabe von Motiven, die ihn dazu veranlassen könnten (V 4f);
3. ein Vertrauensbekenntnis und ein Gelübde zukünftigen Lobgesangs für JHWH (V 6).

Der *Weg* geht klar von der Anfechtung und Unsicherheit hin zu Trost und Vertrauen.

**Datierung**

Die Datierung von Ps 13 ist schwierig. Da der Psalm in sich selbst so wenig Konkretes hat, hat man ihn gern für alt gehalten. Auch die Überschrift „von David" scheint in diese Richtung zu weisen. Das ist aber ein durchaus anfechtbarer Schluss. Im Unterschied zur älteren Formgeschichte à la *Gunkel*, die am Anfang die reinen Formen vermutete, die sich im Lauf der Zeit vermischt haben und sich allmählich auflösten, hat der Gedanke zunehmend Anhänger gewonnen, dass die einfachen Formen das Endergebnis längerer Prozesse sind. Z.B. stehen die Zehn Gebote, der Dekalog, nicht am Anfang der ethischen Bewusstseinsbildung, sondern sind eher das Endergebnis einer längeren Überlieferungsgeschichte, in der das Wesentliche aus der Tradition „herausgefiltert" wurde.

Von daher könnte es auch möglich sein, dass Ps 13 ein Spätprodukt ist. Dass Bitten und Rachewünsche gegen die Feinde fehlen, besagt m.E. für die Datierung nichts Sicheres. Der Geist, der Gott alles anheim stellt, auch die Rache, ist eher jung. Insgesamt aber ist der Psalm gewissermaßen „zeitlos".

**Psalmenüberschriften**

Die *Überschriften* der Psalmen sind allgemein schwer zu datieren. Dass David selbst Lieder komponiert hat, ist eine alte Tradition. „Ihr grölt zum Klang der Harfe, ihr wollt Lieder erfinden wie David", heißt es schon in Amos 6,5 (EÜ) (8.Jh.v.Chr.). David wird als Musiktherapeut an den Hof Sauls gebracht (1 Sam 16,23): „Sooft nun der böse Geist von Gott über Saul kam, nahm David die Harfe und spielte darauf mit seiner Hand. So wurde es Saul leichter, und es ward besser mit ihm, und der böse Geist wich von ihm." Dass David in den Überschriften des Psalters auftaucht, kann allerdings unterschiedlich interpretiert werden.

Das übliche Verständnis geht dahin, dass David als der historische Verfasser der Psalmen anzusehen sei. Daraus ergibt sich allerdings das Problem, dass in den Davidpsalmen viele Dinge angesprochen sind, die erst aus viel späterer Zeit stammen, z.B. der Tempel und seine Einrichtungen, die aber schon innerbiblisch nach den Erzählungen der Königsbücher, erst ab Salomo in die Welt kamen.

Nicht historisch Denkende behelfen sich mit der Notauskunft, dass David Prophet gewesen sei und die späteren Verhältnisse klar vorausgesehen habe. Andere verstehen den Ausdruck als eine Widmung: Das Lied wäre „dem David zugeeignet".

In der neueren Forschung ist daher ein wichtiger Vorschlag gemacht worden (*Martin Kleer*: Der liebliche Sänger der Psalmen Israels. Untersuchungen zu David als Dichter und Beter der Psalmen [Bonner Biblische Beiträge 108], Bodenheim 1996, 78-86): Das Hebräische lautet wörtlich: „ein Psalm dem David". Das hebräische Pronomen le kann man zwar durchaus mit „von" oder „für" übersetzen, man kann aber auch übertragen: „im Blick auf", „in Erinnerung an".

Damit würden die Überschriften nicht eine Verfasserangabe machen, sondern einen Deutehorizont eröffnen, innerhalb dessen der Psalm interpretiert werden soll. Wer den bestimmten Psalm liest, soll sich in die Situation und die Stimmung hineinversetzen, die damals bei ihm herrschte, als David in dieser oder jener Lebenslage steckte. Die Überschriften wären dann Interpretationshilfen, nicht Verfasserangaben.

Dies Verständnis hat aber schon früh an Zustimmung verloren. Bereits in Qumran wird David neben Mose als Verfasser wichtiger Bibelteile angegeben. Aber egal, ob David der Verfasser ist, was nicht sicher ausgeschlossen werden kann, oder aber ein Späterer den Psalm mit Gedanken an David betete (was ebenso nicht sicher bewiesen werden kann), die Überschrift des Psalms eröffnet – trotz ihrer Knappheit – einen Deutungshorizont: Es geht hier um einen öffentlichen musikalischen Auftritt. Es geht um einen königlichen Menschen David. Auch der große David steckt im Zweifel fest.

## „Wie lange?" – zur Klagefrage

Charakteristisch für Ps 13 ist die gehäufte Klagefrage. In dem viermaligen „Wie lange?" ist einerseits anerkennend impliziert, dass Gott sehr wohl helfen könnte. Insofern steckt in der Form der Klagefrage ein großes Hoffnungspotenzial. Gott kann und will das Chaos und das Böse begrenzen.

Zweitens enthält die Frage – beeinflusst durch prophetische Überlieferung – das Wissen davon, dass momentanes Leid als Strafe Gottes für früher begangene Sünden verstanden werden kann. Gerade im Nachdenken über die Geschichte Israels, kommt die prophetische Schau zu der Einsicht, dass der Niedergang und Untergang des Staats und des Tempels Folge des Tuns des Gottesvolks sind. Grundsätzlich hat Gott ein Recht, über die Untreue und die Verfehlungen Israels zu zürnen. Aber er ist ein gnädiger Gott und wird nicht für immer zürnen. Dass die Zeit des Gerichts auch vorbei sein wird, davon weiß vor allem Deuterojesaja (Jes 40,1ff) eindrucksvoll zu predigen.

Zugleich aber ist die Frage „Wie lange?" auch Kritik gegenüber Gott und wagt es, Gott im wahrsten Sinn in Frage zu stellen. Solch eine „Chuzpe" (jiddisch = Unerschrockenheit, Frechheit) ist für die Psalmen charakteristisch. Der Klagende findet sich nicht stumm mit den Plänen Gottes ab („Wir können's nicht ergründen, wir können nur vertrauen"), sondern ist frech und mutig darin, Gott anzugehen und ihn zum rettenden Eingreifen zu bewegen.

## Der Gottesname

Eine kurze Erläuterung zum Gottesnamen „Herr" oder Luther „HERR": In der Hebräischen Bibel hat Gott einen Eigennamen, den er dem Mose am Sinai offenbart hat (Ex 3,14; 6,2): JHWH. Der Gottesname hat vier Buchstaben, genauer, vier Konsonanten, das so genannte Tetragramm. Mit diesem Eigennamen kann man Gott gleichsam per Du anreden. Wie man ihn auszusprechen hat, d.h. welche Vokale man einfügen muss, ist allerdings umstritten. Korrekt ist auf Grund der griechischen Umschreibungen wohl *Jahwe*.

Aus Angst, den Gottesnamen zu missbrauchen, hat man ihn aber schon im antiken Judentum bewusst entfremdend ausgesprochen, indem man die Konsonanten JHWH (= Jahwe) mit den Vokalen des hebräischen Worts *$^{a}$donaj* (= „Herr") versehen hat. Diese „falsche" Aussprache als Jehowa, die den richtigen Gottesnamen schützen soll, haben manche Gruppen übernommen, z.B. die Zeugen Jehovas. Die jüdischen Frommen sprechen den Namen aus Ehrfurcht gar nicht aus, auch nicht als Jehowa, sondern umschreiben den Namen auch beim Vorlesen der Bibel z.B. mit *$^{a}$donaj* = „der Herr", *haschem* = „der Name" oder *ha'olam* = „der Ewige"). Die alte griechische Übersetzung, die so genannte Septuaginta, die Heilige Schrift der ersten Christen, überträgt mit *kyrios* = „der Herr".

Luther hatte die Idee, den Namen mit vier großen Buchstaben zu umschreiben: der HERR (Dies macht auch die Identifikation von Jesus und Gott einfach, weil Herr auch ein christologischer Hoheitstitel ist). Aber mit der Anrede HERR fällt das Persönliche, das Vertraute, ja geradezu Intime des Eigennamens weg und wird durch ein strenges und betont männliches Wort verstellt.

Viele Christen vollziehen diese Ehrung des Namens zwar nach und sagen in der Aussprache auch Adonaj, aber man sollte in der Schrift nur die Konsonanten schreiben: JHWH. Und: Man sollte das von Gott in der Namenoffenbarung angebotene Du durchaus aufnehmen und eine eigene persönliche Anrede finden.

## Die Not des Betenden

Die Not wird mit allgemeinen Gegenbegriffen zum Heil ausgemalt: Gott hat des Beters nicht gedacht, sondern ihn „vergessen", er hat ihm nicht sein Angesicht segnend zugewandt (vgl. Num 6,26), sondern hat ihm seine Aufmerksamkeit entzogen. Die Formulierung von V 3 könnte – anders als in der EÜ – als Sinnspitze nicht die Dauer („Tag für Tag") haben, sondern den Zeitpunkt (sogar „am Tag").

Während die gleichsam „normale" Zeit für das Sorgen die Nacht ist, wenn die Betriebsamkeit des Tags aufhört und sich die verborgenen bzw. verdrängten Probleme ins Bewusstsein drängen (vgl. Hiob 4,13ff; 33,14ff), ist der Tag als Zeit der Sonne und des Lichts nicht die Zeit des Kummers, es sei denn, man steckt so tief in Nöten wie der Beter. Das Elend bleibt aber „überkonkret". D.h. die Bitten benutzen Metaphern, die man nicht auf eine konkrete Krankheit engführen *darf*: Dass JHWH die Augen leuchten lassen soll, meint gewiss viel mehr, als dass er eine Augenkrankheit heilen möge. Wie Kummer die Augen matt und trübe macht, so bringen Freude, Erlösung und Genuss Glanz in die Augen (1 Sam 14,27.29).

## Der Feind (V 3 und 5)

Viel diskutiert ist die Frage, wer hinter „mein Feind" in V 3 und 5 stecken könnte. Die Existenz von zahlreichen Feinden, mit denen sich der Glaubende und die Gemeinde auseinandersetzen müssen, gehört zum Weltbild des Psalters. Der Feind / die Feinde des Einzelnen, die mit unheimlicher Energie gegen den Beter kämpfen und ihn zu vernichten suchen, werden mit sehr vielen Farben gezeichnet. Die Vergleiche kommen zum einen aus dem Bereich der Tierwelt und der Jagd, zum anderen aus dem Militär, der Medizin und der Magie.

So sind die Feinde brüllende Löwen, kläffende Hunde, schnaubende Stiere und Büffel, zischelnde Schlangen, heimtückische Nattern. Ihre gemeinen Attacken führen sie so überraschend und brutal durch, wie Raubtiere ihren Opfern auflauern oder wie ausgebuffte Jäger Fallen aufstellen und Netze werfen. Sie liegen wie Partisanen oder Räuber mit gezücktem Schwert im Hinterhalt, schlagen den Beter nieder, wollen ihn ausplündern. Sie sind wie Krankheiten, die ihr Opfer heimtückisch überfallen, sind wie Zauberflüche, die die Lebenskraft des Opfers abschneiden.

Ohne Bild gesagt: Es geht um üble Nachrede bis hin zur skrupellosen Falschanklage, um Bedrohung von Leib und Leben, körperlicher und seelischer Gesundheit. Die Gegner haben Macht und Einfluss, sie sind keineswegs Outsider der Gesellschaft, sondern „Säulen" und Meinungsmacher. In den Feinden wird alles Negative an Lebenserfahrung verdichtet. Die *Feinde des Volks* begegnen besonders in den Königspsalmen Ps 2; 18; 20; 21; 72; 89; 110. Es handelt sich um Völker, aber auch um Naturgewalten wie die Chaoswasser (Ps 93) oder fremde Götter (Ps 96; 135,15ff).

Hier wird das düstere Bild gezeichnet, dass Israel einsam gegen den Rest der Welt kämpfen müsse. Aber durch die Hilfe seines Gottes trägt Israel wunderbarerweise den Sieg davon. Gegen die Schrecken der anbrandenden Fremdvölker, -götter und Naturmächte, ist die Erwählung Israels und seines Gesalbten durch JHWH ein wirksamer Schild. Der Gott Israels ist der Richter der Völker, der seinem Volk beisteht.

Lassen sich diese vielfältigen Bilder und Aktivitäten konkret auf eine reale geschichtliche Größe deuten? In der intensiven Erforschung dieser Frage sind unterschiedliche Antworten entwickelt worden. Man kann zwei große Richtungen unterscheiden.

**• Es handelt sich um *äußere* Feinde**

Die Hypothesen zur Deutung derer, die „Sünde tun“ (EÜ: „Übeltäter“), gehen auf Gerichtsgegner, die den Einzelnen zutiefst bedrohen, oder auf *Zauberer und Magier,* gegen deren unheimliche Mächte man sich nur durch Rezitation von Psalmen schützen kann, oder auf eine Partei in Israel, z.B. die griechenfreundlichen Hellenisten, die von der Tradition abweichen, oder auf ausländische Fremdmächte, assyrische, babylonische, persische oder griechische Besatzungskräfte (je nachdem wie man die Psalmen datiert), oder auf Krankheiten und Dämonen zurück.

**• Es handelt sich um Bilder für *innere* Kräfte**

Danach wären die Feinde die in mir selbst wütenden Kräfte der Sünde, die Triebe, die Aggressionen und üblen Gedanken. Gegen diese Feinde muss ich kämpfen, sie sollen mit JHWHs Hilfe „erschlagen“ und „getötet“ werden.

Die zweite Deutung auf Kräfte im Beter selbst erleichtert zwar deutlich den Umgang mit den Feindpsalmen, es handelt sich aber wohl doch um eine Spiritualisierung und Umdeutung, die dem Wortlaut nicht gerecht wird.

**• Ein Vermittlungsvorschlag**

In den vielfältigen Aussagen über die Feinde haben wir es mit einer Mischung aus realen Erfahrungen und verallgemeinernden Ausweitungen zu tun, die man aber nicht künstlich auf eine bestimmte Gruppe pressen darf. In dieser reich entfalteten Bilderwelt artikuliert sich ein Lebensgefühl:

Der Glaubende und auch das Volk der Glaubenden steht in einer feindlichen Welt des Unglaubens. In der Weltgeschichte tobt der Kampf von zwei Gruppen, die nicht friedlich koexistieren können, weil sie wesensverschieden sind. Dieser Dualismus als Lebensgefühl zeigt protoapokalyptische Elemente: Die Welt wird immer schlechter, die Auseinandersetzung drängt auf eine Entscheidung, die letztlich nur Gott herbeiführen kann. Auf diese Wende hofft der einzelne Beter wie das Volk. Es finden sich ferner protognostische Elemente: Es gibt zwei Arten von Menschen, was folgerichtig zu einer starken Polarisierung innerhalb der Menschheit führen muss. Zwischen Glaubenden und Feinden gibt es keine Vermittlung, keine Toleranz. Der Gang der Geschichte ist nicht der hin zur Solidarität, sondern vielmehr hin zu abgrundtiefer Trennung und Vernichtung.

## Der Tod (V 4)

V 4 bittet darum, dass JHWH seine Sinne („schaue und höre“, also Augen und Ohren) dem Betenden zuwende und damit seinen Leben spendenden Segen verleihe. Der Tod erscheint dabei (beschönigend?) als Schlafes Bruder. Wörtlich heißt es: „damit ich nicht den Tod schlafe!“ Die Bitte um Verschonung vor dem Tod ist typisch. Allgemein ist für das hebräische Denken eine sehr hohe Wertschätzung des Lebens charakteristisch. Selbstmorde sind daher sehr selten. Der Tod wird gefürchtet. Vor allem der unzeitige Tod gilt als „König der Schrecken“ (Hiob 18,14).

Der Tod wird allerdings anders verstanden als in der Moderne. Leben ist nicht nur das Funktionieren aller Organe, besonders des Stammhirns, sondern es hat eine starke soziale Komponente. Leben heißt in die Gemeinschaft integriert sein, Tod bedeutet entsprechend den Verlust von Beziehungen bis hin zur völligen Beziehungslosigkeit.

In der Erfahrung des Ausschlusses aus der gelebten Gemeinschaft kann der Einzelne den Tod schmecken, d.h. modern gedacht „(vor)kosten“. Die Ursachen für solche Todesisolation können Krankheiten, Anklagen, politische Verfolgungen, religiöse Auseinandersetzungen und anderes mehr sein. Insofern sprechen viele Psalmen von „Tod“ und „Errettung aus dem Tod“, wo wir heute von Krankheit und Heilung, von Ablehnung und Versöhnung oder von Anklage und Freispruch sprechen würden.

Aber der Tod hat in Israel natürlich auch eine physische Komponente. Kriterium für den „medizinischen“ Tod ist die Atmung. Wenn Gott den Lebensodem zurücknimmt, ist der Tod eingetreten (Ps 104,29). Jedoch ist mit dem Aufhören der Atmung die Existenz des Menschen nicht völlig beendet. Nach dem Tod steigt die „Seele“ in das unterirdische Totenreich, die Scheol, hinab.

Die Scheol entspricht dem griechischen Hades. Der Aufenthalt dort ist aber kein wirkliches Leben, sondern nur ein freudloser, dumpfer Dämmerzustand, wie ein Vogel, der in einen fensterlosen Kasten gesperrt ist und nichts tut, als regungslos auf der Stange herumzusitzen. Vor allem gibt es dort keine Beziehung zu Gott.

**Exkurs: der Tod**

Weithin gilt der Tod als „Weg aller Welt“ (1 Kön 2,2), als Weg ohne Wiederkehr (Weish 2,5). Allenfalls konnte man sich damit trösten, dass die vom verwesten Fleisch befreiten Knochen zu den Knochen der Väter gelegt wurden, was der Ausdruck „zu den Vätern versammelt werden“ (Gen 25,8.17; 35,29 u.ö.) festhält. Erst relativ spät bricht der Glaube auf, dass es nach dem Tod ein Weiterleben geben könne. Die Anstöße zu dieser neuen Hoffnung, die bis zur Zeit des Neuen Testaments für weite Kreise des Judentums festes Element des Glaubens wurde – nicht aber z.B. für das Tempelestablishment der Sadduzäer (vgl. Mk 12,18ff) – sind vielfältig:

- die Vorstellungen, die sich um die „Entrückung“ und „Himmelfahrt“ Henochs (Gen 5,24) und Elijas (2 Kön 2) rankten (vgl. z.B. Sir 48,11): Danach wurde ein Mensch am Tod vorbei direkt aus diesem Leben in jene Welt Gottes überführt.
- die Frage nach dem Schicksal der Märtyrer: Es kann nicht sein – so glaubten viele im 2.Jh. v.Chr. –, dass sie ihr Leben für den Glauben gaben und dafür ohne Lohn blieben (Dan 12,1-3; 2 Makk 7,23.29.36).
- die Logik der Weisheit, die für die guten Taten einen angemessen Lohn erhoffte: Wurde dieser nicht in diesem Leben zuteil, dann muss es ein anderes Leben geben, in dem der gerechte Ausgleich von Glückswürdigkeit und Glückseligkeit stattfindet (vgl. den Reichen und den armen Lazarus Lk 16,28ff).
- die mystische Erfahrung der Nähe Gottes: Es kann nicht sein, dass es für den Frommen eine dauernde Trennung von Gott gibt.
- mit Einflüssen aus den Religionen der Umwelt, in denen die Hoffnung auf das Leben nach dem Tod einen wesentlichen Teil darstellte, wird man rechnen müssen:
  - vor allem aus Ägypten, wo das Leben nach dem Tod als das eigentliche Leben galt;
  - vielleicht aber auch aus Persien, wo Zarathustra ein Totengericht und eine postmortale verklärte Leiblichkeit gelehrt zu haben scheint (aufgrund der Quellenlage kann man auch dies nicht sicher sagen);
  - sicher aber auch aus Griechenland, wo vor allem Platon die Unsterblichkeit der Seele philosophisch begründete. Von der Vorstellung einer Seelenwanderung (Metempsychose) – wonach eine Seele in immer neue Leiber schlüpft, dabei aber alles früher Erlebte vergisst, hat sich Israel immer nachdrücklich ferngehalten. Dafür war der Leib als konstitutiver Bestandteil einer Person viel zu hoch angesehen.
- das vermutlich stärkste Movens ist die innerisraelitisch gewachsene theologische Einsicht, dass es keinen Bereich gibt, der der Macht und der Gegenwart Gottes entzogen sein könnte (Ps 139): Der Glaube an eine Trennung von JHWH und Scheol ist Unglauben, weil es Gottes Wesen endlich und begrenzt werden lässt.

Man muss also für die Spätzeit des Alten Testaments und das Frühjudentum, d.h. für die Zeit, in der die Psalmen ihre Endgestalt erhielten, annehmen, dass die Hoffnung gegen den Tod eine erhebliche Bedeutung bekommen hatte. In der Weisheit Salomos, der jüngsten Schrift des griechischen ATs, ist sie jedenfalls voll entfaltet (vgl. *Otto Kaiser / Eduard Lohse*: Tod und Leben [Biblische Konfrontationen] Band 1001, Stuttgart 1977; *Christoph Barth:* Die Errettung vom Tode in den individuellen Klage- und Dankliedern des Alten Testaments, Stuttgart 1995[3]).

Der Beter von Ps 13 appelliert in V 5 also an die Macht des Lebens, die JHWH für diejenigen darstellt, die sich an ihn halten und in Beziehung zu ihm stehen. Der Gedanke an den Jubel der

Feinde soll JHWH auf den Plan bringen. Seine göttliche Ehre steht im Geschick des Beters mit auf dem Spiel.

**Der Stimmungsumschwung (V 6)**

Mit geradezu prophetischer Grundgewissheit kann der Beter in V 6 schon jetzt den Dankpsalm anstimmen, den er – darauf vertraut er unanfechtbar – nach erfolgter Errettung anstimmen wird. Diesen Umschwung von Angst, Zweifel und Notschilderung zu gelassener Glaubensgewissheit kann man in nahezu allen Klagepsalmen beobachten (einzige Ausnahme ist Ps 88): Das Problem dieses so genannten „Stimmungsumschwungs" hat in der Forschung zahlreiche Erklärungen hervorgebracht:

1. Die simpelste Lösung besteht darin anzunehmen, dass hier ein Irrtum der Tradition vorliege. Eigentlich handele es sich um zwei getrennte Psalmen, und zwar um einen Klage- und um einen Dankpsalm, die gar nicht als Einheit gemeint seien. Diese Erklärung ist aber nicht ausreichend und versagt gerade bei kurzen Klagepsalmen wie Ps 13.

2. Eine eher an der Psychologie des Gebets orientierte Hypothese sieht in den wechselnden Stimmungen einen *„Gebetskampf"*: Der Beter habe sich aus dem Schwanken von Bangen und Hoffen, von Schmerzen und Kraft hindurchgekämpft. Unbefriedigend ist bei dieser Sicht die Kürze des Textes.

3. Der Lobvers V 6 wäre Vorausblick auf das, was sich nach der erhofften Erlösung (im Tempel?) zukünftig abspielen werde, wenn der Beter z.B. seine Gelübde erfüllen wird. Aber: Der Ausdruck des Vertrauens und der Freude ist doch viel zu präsentisch und aktuell, um als bloßes Futur betrachtet zu werden.

4. Die Situation des ganzen Gebets sei nicht die akute Notlage, sondern der *Rückblick:* Der Beter berichte in V 1-5, in welcher Krise er vormals steckte. Aber das Problem ist: Die Klagefragen sind zu brennend, die Schilderung der Not ist zu aktuell und ist nicht als bloßes Präteritum erkennbar.

5. Der Stimmungsumschwung erkläre sich durch das Auftreten eines *Priesters*, der ein göttliches *Heilsorakel* vorträgt, das aus einem Aufruf zur Furchtlosigkeit, einer persönlichen Anrede, der Mitteilung eines göttlichen Beschlusses und der Ankündigung göttlichen Heilshandelns besteht, also z.B.: „Fürchte dich nicht, Personenname xy, denn ich, (die Gottheit xy), habe dich erhört. Ich werde dir Rettung verschaffen." Das stärkste Argument für die Erklärung des Stimmungsumschwungs durch einen Priester ist V 4: „Antworte mir, HERR, mein Gott!" Relativ deutlich wird das auch in Ps 22,22: „Du hast mir geantwortet", was sich nur auf irgendeine Form der Orakelerteilung beziehen kann. Vielleicht ist ein Losorakel mit Hilfe der Lossteine Tummim und Urim gemeint. Aber vom Auftreten eines Kultbe-

---

## Kanon zur Bibelwoche

Kanon zu zwei Stimmen von *Traugott Weber*

amten steht nichts im Text von Ps 13, weshalb die Theorie vom priesterlichen Heilsorakel hier auf besonders schwachen Füßen steht.

6. Auch Klagepsalmen sind Formulare. Man darf nicht psychologisierend eine Situation voraussetzen. Als *Literatur* fassen sie vielmehr verdichtend zusammen, was im wirklichen Leben Tage, Wochen, Monate dauern kann. Die Klagepsalmen sind rein literarische Produkte, die langwierige Prozesse auf wenige Sätze zusammenraffen. Sie reproduzieren gleichsam im Zeitraffertempo die Bewegung des Glaubens von der Not zum Lob, die auch dem Psalter insgesamt die Struktur verleiht. Auch Ps 1 – 150 hat das klare Gefälle von der Klage zur Hoffnung, von der Verzweiflung zur Freude. Diese Lösung scheint mir am wahrscheinlichsten (Lit.: *Othmar Fuchs:* Die Klage als Gebet. Am Beispiel von Ps 22. Eine theologische Besinnung am Beispiel des Psalms 22, München 1982; *Augustin R. Müller:* Stimmungsumschwung im Klagepsalm. Zu Othmar Fuchs „Die Klage als Gebet“, ALW 28 [1996], 416-426).

### Fazit

*Martin Luthers* Übersetzung: „Mein Herz freut sich, dass du so gerne hilfst“, ist zwar recht frei (wörtlich: „Mein Herz soll jubeln über deine Rettung“), aber sie bringt sehr schön zum Ausdruck, worauf der Psalm insgesamt hinaus will: Die Klage bleibt nicht in sich verkantet, sondern führt aus dem Dunkel hinaus in die lebendige Hoffnung auf die Gnade Gottes. Das Sehen und Hören der Geschichte Israels ist für die Rückgewinnung der Hoffnung grundlegend. Den Versen 4 und 5 kommt eine Scharnierfunktion zwischen Anfang und Ende zu: „Mein Herz soll frohlocken über deine Rettung.“

## Gedanken und Texte zum Nachdenken und Besprechen

● Psalmen sind wie Kleider, in die wir hineinschlüpfen können (*Fulbert Steffensky*).

* Welche Lebenserfahrung, welche Situation meines Lebens animiert mich, „in das Kleid von Ps 13 hineinzuschlüpfen“?
* Welche Impulse für den Umgang mit meiner Lebenssituation kann ich ihm entnehmen?

● Wenn Gott dich nicht erhören wollte, würde er dich nicht beten heißen.

*Martin Luther*

(aus: Gebete und Sprüche Martin Luthers. Evangelische Verlagsanstalt, Leipzig 2008, S. 8)

● Dennoch: Ich werde trotz allem Kummer, aller Schmerzen nicht aufgeben, sondern kämpfen! Ich werde meine irdische Hinfälligkeit nicht einfach hinnehmen, ich will mich ihr entgegenstellen. Ich werde mein Mark, mein Fleisch und mein Blut durch die Weisheit der Geduld besänftigen, mich gegen alle Unbill verteidigen mit der Stärke des Löwen und der List der Schlange.

*Hildegard von Bingen*

● Erfahrungen, die die Nähe Gottes, sein Zugewandt-Sein in Frage stellen, das Empfinden, von Gott verlassen zu sein, sind einer Christin, einem Christen nicht fremd. Es gibt Situationen im persönlichen Leben wie in der Welt, wo Gott als abwesend erfahren, empfunden wird.

* Wie gehe ich mit solchen Erfahrungen, Empfindungen um? Klagend, zweifelnd, gleichgültig?

● Zwei Jungen im Alter, in dem man gern grübelt und auf viele Fragen wenige Antworten erhält, kamen auf die Freiheit des Menschen zu sprechen. „Ich finde es zum Heulen“, sagte der eine, „dass man scheinbar tun kann, was man will, und am Ende erwischt einen doch die Notwendigkeit“. „Ja“, bestätigte der andere, „es ist zum Verzweifeln. Mir fällt dabei immer die Situation einer Maus ein, die sich einmal in unseren Keller verirrt hatte. Jemand ließ die Katze in den Keller, und nun begann es: Die Katze sprang zu und verfehlte die Maus – aber nur zum Spiel. Sie wusste ja, die Beute war ihr sicher. Die Maus flitzte von Ecke zu Ecke im panischen Versuch, sich zu retten, aber da war ja kein Ausweg." „Und dann? Was geschah? Sie wurde gefressen?" „Nein. Vater öffnete die Tür".

(aus: *Katharina Seidel:* Moderne Gleichnisse. rex verlag, Luzern / Stuttgart 1994, S. 34)

● Im Ps 13 werden die Sehnsucht des Beters nach Ansehen bei Gott, nach Gehört-Werden von Gott und die Hoffnung auf Gnade eindrücklich benannt.

* Welche Sehnsüchte und Hoffnungen habe ich im Blick auf Gott?
* Wenn ich welche habe, wie wirken sie sich auf mein Glaubensleben, auf mein Leben in dieser Welt aus?

● O Gott, was tue ich
vor dieser kalten, grauen Wand,
die Zukunft heißt,
und Gott, was sage ich
zu dem zerrissnen wirren Netz Vergangenheit?
Weiß nicht, was wird, und das, was war,
kann mich nicht retten.

O Gott, du sagst doch: Ich bin da.
Sagst immer wieder: für uns Menschen.
Das einzige, was mich noch hält,
dein: Ich bin da.
Und wie Vertrauen schleicht sich ein,
o Gott, dein Name:
Ich bin da.

*Ursula Geiger*

(aus: Miteinander hoffen. Aussaat Verlag, Neukirchen-Vluyn, S. 61)

● Die Klage der Beterin hat eine „Adresse": Gott. Und diese Klage ist gleichzeitig auch Ausdruck einer Erwartung, einer Hoffnung, dass sie nicht ungehört verhallt.

* Welche Klagen richte ich an Gott? Von welchen Erwartungen und Hoffnungen sind sie getragen?

● Vielleicht ein befremdlicher – aber doch ein bedenkenswerter – Gedanke: Der Beter erinnert Gott daran, dass er seinen „guten Ruf", sein Ansehen aufs Spiel setzt, wenn er nicht helfend eingreift. Beten als Appell an die Ehre Gottes?

● Die Psalmbeterin ruft durch ihr Schreien Gott herbei. Gott soll sein Antlitz zeigen: Gott muss sich neu zuwenden, damit die Beterin leben, weiterleben kann.

## Bausteine zur Gestaltung

● Wer mit einem Kurzfilm einsteigen will, sei auf „Streit mit Gott" von *Max Kronawitter* (s.u. Medienempfehlungen S. 108) hingewiesen.

● *Gestaltete Mitte:*
In der Mitte liegen schwarze Tücher. Die TeilnehmerInnen erhalten kleine Zettel und werden gebeten, darauf zu notieren, was ihnen in ihrem Leben Sorge und Angst macht, und legen diese Zettel dann – mit oder ohne Kommentar – in die Mitte. Sorge und Angst im Blick auf das eigene Leben, im Blick auf das Leben von FreundInnen und Bekannten – diese Erfahrung wird uns nicht fremd sein.

* Was hilft Ihnen, mit Ihren Sorgen und Ängsten umzugehen?
* Welche Rolle spielt in diesem Zusammenhang Gott für Sie?

● In Dreiergruppen tauschen sich die TeilnehmerInnen über Lebenssituationen aus, in denen sie Gott als fern, abwesend oder verborgen empfunden haben.

* Habe ich in dieser Situation beten können?
* Wenn ja: Was bestimmte mein Gebet (Klage, Anklage, Fragen ...)?

● *Schreibgespräch:*
Die TeilnehmerInnen führen in Vierergruppen ein Schreibgespräch durch zu: Beten ist für mich ...
Danach werden die wichtigsten Stichworte vorgestellt und auf einem Flipchart festgehalten. Sie können nach der Textanalyse z.B. unter der Frage aufgegriffen werden:

* Welche Ihrer Stichworte und Gedanken zum Beten entdecken Sie in Ps 13 wieder?
* Welche Aspekte gehen über das hinaus, was Sie aufgeschrieben haben?
* Welche davon können Sie als hilfreich für Ihr eigenes Beten aufnehmen?

● In Kleingruppen besprechen die TeilnehmerInnen folgende Fragen:

* Wenn ich sage „Ich vertraue Gott" – welche Erfahrungen, Erlebnisse meines Lebens kommen

mir dabei in den Sinn? Worauf gründet sich mein Gottvertrauen?
* Kenne ich Zeiten in meinem Leben, in denen mein Vertrauen auf Gott gefährdet war oder mir abhanden gekommen ist? Welche Erlebnisse, Erfahrungen, Situationen haben dazu geführt? Gab es einen Neuanfang? Wodurch wurde er ermöglicht?

● *Textlesung:*
Nachdem der Text gelesen wurde, erfolgt ein kurzer Austausch über:
* Wie habe ich den Psalm erlebt? Was ist mir beim Hören durch den Sinn gegangen?
* Welcher Satz, welcher Gedanke ist mir besonders eindrücklich?

Nach dieser Momentaufnahme beginnt dann die genaue Textbeobachtung, Texterschließung.

● *Fragen zur Texterschließung:*
* Welche Empfindungen, Erfahrungen spricht der Beter in dem vierfachen „Wie lange?“ aus bzw. an?
* Was fordert der Beter von Gott? Warum (V 5)?
* Was lässt den Beter seine inneren wie äußeren Anfechtungen und Anfeindungen überwinden? Was für Lösungsansätze kommen in Ps 13 zur Sprache?

oder:
* Worüber und wie klagt die Beterin?
* Was erwartet die Beterin von Gott?
* Was tut und erfährt die Beterin?

● *Gesprächsimpulse:*
In Ps 13 klagt der Beter Gott das Empfinden, von ihm in der schwierigen Situation vergessen, allein gelassen zu sein. Die inneren und äußeren Bedränger sind dabei, sich des Beters zu bemächtigen. Er durchbricht diesen Bemächtigungsversuch durch die klagende Hinwendung zu Gott: Wie lange soll, muss ich das noch erleiden? Diese Hinwendung zu Gott kommt nicht zufällig. Sie ist aus Vertrauen gespeist und aus der Erinnerung an positive Gotteserfahrungen.
* Welche Erfahrungen, Erinnerungen sind mir hilfreich, wenn ich das Gefühl habe: Alles bricht über mir zusammen?
* Welche Bedeutung hat in diesem Zusammenhang mein Glaube, meine Glaubensgeschichte?

● Der betende Mensch in Ps 13 führt uns vor Augen, was für ihn das Gespräch mit, die Beziehung zu Gott ist: Beten als das Ringen um eine neue Sicht und das Gewinnen von Kräften für eine neue Sicht auf das eigene Leben. Er gewinnt am Ende diese neue Sicht: „Jetzt lacht mein Herz vor Freude.“ Wie lange der Weg bis zu dieser befreienden Erfahrung gedauert hat, thematisiert der Psalm nicht. Aber er konfrontiert uns mit der verheißungsvollen Erfahrung: Das Ringen mit Gott um eine neue Sicht auf das eigene Leben bleibt nicht ohne Leben spendende Früchte.

* Wo korrespondiert diese Aussage mit meinen Erfahrungen? Wo bereitet sie mir Schwierigkeiten?
* Wie kann ich die verheißungsvolle Erfahrung für mich aufnehmen?

● *Zum Abschluss:*
Neben den schwarzen Tüchern ist ein Karton mit Teelichtern gestellt. Die TeilnehmerInnen erhalten leuchtend gelbe Zettel.
* Zu Beginn haben wir unsere Ängste und Sorgen in die Mitte gelegt. Vielleicht sind Ihnen nach dem Gespräch über Ps 13 Mut machende Gedanken wichtig geworden. Wenn dem so ist, schreiben Sie einen oder zwei dieser Gedanken auf die gelben Zettel, zünden ein Teelicht an und legen Ihren Zettel - mit oder ohne Kommentar - nebst Teelicht auf die schwarzen Tücher.

Nach einer Zeit der Stille nimmt der Leiter, die Leiterin die Gedanken aus der Mitte in einem Gebet auf.

● Wer den Abend mit einer Bildbetrachtung schließen möchte, sei auf das Bild von *Uwe Appold* und die Betrachtung von *Jörg Meuth* hingewiesen (s.u. S. I)

## Lieder

| | |
|---|---|
| Die Nacht ist vorgedrungen | EG 16/GL 111 |
| Komm, o komm, du Geist des Lebens | EG 134 |
| Nun lob, mein Seel | EG 289/GL 929 (Eigenteil HH) |
| Wo Gott der Herr nicht bei uns hält | EG 297 |
| Aus tiefer Not schrei ich zu dir | EG 299/GL 163 |
| So nimm denn meine Hände | EG 376 |
| Ich steh vor dir mit leeren Händen | EG 382/GL 621 |
| Meine engen Grenzen | EG 584 (bayer. Anhang)/ GL 811(Eigenteil HH) |
| Sag ja zu mir, wenn alles nein sagt | GL 165 |
| O Herr, nimm unsre Schuld | GL 168 |
| O ewger Gott, wir bitten dich | GL 307 |

## Didaktischer Entwurf zu Psalm 13

**Verfasserin: Dr. Katharina Wiefel-Jenner**

### Thematischer Schwerpunkt

Das Klagegebet ist aus dem liturgischen Gebrauch der Gemeinde nahezu verschwunden. Die Klagepsalmen haben lediglich in den Bußzeiten des Kirchenjahrs in gekürzter Form ihren Platz. Sie stehen aber bereit, um die Not angesichts des Geschehens in der Welt und des Ergehens der Gläubigen vor Gott auszudrücken. Wegen der ausdrücklichen Erwähnung von Feinden scheuen viele davor zurück, mit den biblischen Worten zu beten. Selbst vor Gott wagt man kaum noch, die Ursachen von Leid und Elend auf das Handeln von Feinden zurück zu führen. So beraubt man sich der Möglichkeit, vor Gott zu klagen und Gottes Eingreifen konkret zu erbitten. Stattdessen bleibt nur ein „Jammern" über die Lage der Welt. Eine Annäherung an die biblischen Klagepsalmen bietet die Chance, aus dem Gejammer Klage und Gebet werden zu lassen, mit der die Betenden zu Kräften kommen.

### Gestaltete Mitte

Ein Tuch / eine Decke liegt in der Mitte, darauf ein Kreuz, eine Kerze. Außerhalb der Decke / des Tuchs liegen um die Mitte Zeitungen und Stifte mit Papier.

### Vorbereitung/Materialien

Den Psalmtext in verschiedenen Übersetzungen ausdrucken und für jedes Gemeindeglied kopieren.
Zeitungsausschnitte mit Berichten oder Meldungen von Katastrophen, Kriegen, regionale Meldungen, die in der letzten Zeit die Menschen bewegt haben. Stifte und Papier. Steine.

## Zur Gestaltung des Abends

### Liturgischer Beginn

Entzünden der Kerze
Kanon:
Gott weil er groß ist,
gibt am liebsten große Gaben,
ach, dass wir Armen,
nur so kleine Herzen haben.
(EG 411)

### Öffnen – Text trifft Wirklichkeit

*Not-wendige Antworten*
Jeweils vier bis sechs TN sitzen im Kreis um ein Pla-

kat, in dessen Mitte ein symbolisches Ohr aufgemalt ist. Rings herum ausgebreitet oder an den Wänden befestigt sind Zeitungsausschnitte zu sehen, die sich mit Not, Katastrophen oder persönlichem Leid beschäftigen. Irgendjemand muss von diesem Leid doch hören! Die TN werden gebeten, sich schreibend an das „Ohr" zu wenden – Fragen zu stellen, anzuklagen, Lösungen vorzuschlagen, was auch immer einfällt.
Nach einigen Minuten wird das Plakat gedreht, so dass andere TN das ergänzen können, was bisher geschrieben wurde. Gesamtzeit: etwa 10-15 Minuten. Anschließend können einzelne Fragen oder Aussagen laut vorgelesen werden.
Gibt es eine Tendenz der Reaktionen? Wer oder was ist für die Teilnehmer das „Ohr"?

**Begreifen – Textlektüre und Textinformation**

*Der Psalm klingt*

Psalm 13 wird in der Übersetzung und responsorialen Einrichtung des Psalms nach den „Preisungen – Psalmen mit Antwortrufen" von Godehard Joppich, Christa Reich, Johannes Sell gesungen (s. TN-Heft).
Ein Vorbeter / eine Vorbeterin singt / spricht die Psalmverse. Die TN antworten auf jeden Vers mit dem Ruf: „Ich aber baue auf deine Liebe."
*Alternativ* kann der Psalm auch in verschiedenen Übersetzungen (verfügbar über http://www.die-bibel.de/online-bibeln/) gelesen werden. Dabei liest jede/r TN einen Vers, der Nachbar/die Nachbarin setzt mit dem nächsten Vers fort.

*Gespräch:*

Wie verhält sich die Sprache des Psalms zu unseren Fragen, Klagen und Bitten (auf den Plakaten der ersten Phase)?

*Erarbeitung der Struktur in Partnerarbeit:*

Die TN erhalten folgenden Auftrag:

* Untersuchen Sie den Aufbau des Psalms: Klagepsalmen folgen in der Regel einem Dreischritt. Versuchen Sie, die Abschnitte zu erkennen.
* Worin liegt aus ihrer Sicht die Mitte des Psalms?

*Plenum:*

Die Ergebnisse werden verglichen und gemeinsam die Struktur dargestellt:

1. Klage mit 4 x „Wie lange?";
2. Bitte an Gott um Ende der Not. Dazu werden auch Gründe genannt, die Gott davon überzeugen sollen, einzugreifen;
3. Bekenntnis des Vertrauens zu Gott und die Ankündigung, Gott zu loben.

Es werden Feinde erwähnt. Sie sind nur allgemein benannt, und das Entscheidende an ihrer Erwähnung ist die Gefahr, die von ihnen ausgeht. Der Tod, als Feind Gottes, ist der größte Feind.
Die Bitte um Liebe und Treue Gottes, ist der Kern des Psalms. Der Psalm mündet im Bekenntnis zum Vertrauen auf Gottes Hilfe.

*Gespräch über die Themen, die Gott geklagt werden können*

(Bei mehr als zehn Teilnehmenden sollte die Gruppe geteilt werden):
Dazu können auch die Zeitungsausschnitte herangezogen werden. Themen, die nicht erwähnt werden, können auf die vorhandenen leeren Blätter aufgeschrieben werden.

*Fragen für das Gespräch:*

* Wie klingt es, wenn von der Not gesprochen und sie „nur" geschildert wird?
* Wie klingt es, wenn sie vor Gott geklagt wird?
* Wie unterscheiden sich beide Formen des Sprechens?
* Was löst es in mir aus, wenn ich vor Gott von der Not spreche?

*Der Psalm klingt*

Erneutes Singen bzw. lesen des Psalmtextes nach dem Gespräch.

**Mitnehmen – Mit dem Text weitergehen – Was trägt der Text aus?**

*Gespräch (ganze Gruppe bzw. geteilt) über die „Feinde".*

*Fragen für das Gespräch:*

* Die biblischen Psalmen sprechen von „Feinden". Können wir heute noch von Feinden sprechen?
* Was hindert uns?
* Wie verändert sich das Bild vom „Feind", wenn ich ihn in Beziehung zu Gott setze?

*Der Psalm klingt*

Erneutes Singen bzw. lesen des Psalmtextes nach dem Gespräch.

*Einladung an dieTN:*

Sie sind eingeladen, sich einen Zeitungsausschnitt oder ein beschriftetes Blatt zu nehmen. Lesen Sie das Thema oder die Schlagzeile laut vor. Sprechen Sie anschließend den letzten Vers unseres Psalms:
„Ich aber traue darauf, dass du so gnädig bist; /mein Herz freut sich, dass du so gerne hilfst. Ich will dem HERRN singen, dass er so wohl an mir tut."

*Alternativ* den Kehrvers:
„Ich aber baue auf deine Liebe."
Legen Sie dann das Blatt in die Mitte auf das Tuch und legen Sie einen Stein darauf.

**Liturgischer Abschluss**
Gott, du bist nahe,
du wendest dich uns zu.
Deine Gegenwart ist unsere Hilfe.
Du bewahrst uns.
Du lässt uns singen.
Auf dich verlassen wir uns.
Dir vertrauen wir uns an
durch Jesus Christus,
unseren Bruder und Herrn. Amen.

Kanon:
Gott weil er groß ist (EG 411)
Vater unser
Segen

**Beten heißt nicht, sich selbst reden hören, sondern verstummen und so lange schweigen und warten, bis der Betende Gott hört.**

*Sören Kierkegaard*

## II Psalm 27

# Lebenskraft

## Auslegung

Wie viele andere Psalmen, ist auch Ps 27 aus unterschiedlichen Elementen zusammengefügt, die sich nicht leicht als eine Einheit erschließen: Anklänge an Kriegsereignisse, an kultische Tempelpraktiken, an Krankheitserfahrungen und an Szenen im Gerichtssaal liegen hier durchmischt vor und stellen vor die umstrittene Frage, welches geistige Band diese Teile zusammenhält.

Viele Ausleger kommen zu dem Ergebnis, dass es sich nicht um eine ursprüngliche Einheit handele, sondern um eine nachträgliche Zusammenstellung disparater Einzelteile oder um das Produkt von mehrfachen Fortschreibungen, die sich über mehrere Jahrhunderte gezogen haben könnten.

So wird etwa angenommen, dass es sich im Kern um das Gebet eines unschuldig Angeklagten handele (*Klaus Seybold*), der im Heiligtum auf einen kultisch vermittelten Freispruch hoffte. Als Struktur des vermuteten Grundgebets ergebe sich: Bekenntnis (V 1-3), Gesuch (V 4-5), Gelöbnis (V 6). Später seien der Hilferuf (V 7-10), die Bitten (V 11-13) und der Zuspruch (V 14) angefügt worden. Sekundär sei das ganze Gebet durch Hinzufügung von V 4 zu einem Pilgergebet umgedeutet worden:

„Eins habe ich vom HERRN erbeten, danach trachte ich: zu wohnen im Haus des HERRN alle Tage meines Lebens, um anzuschauen die Freundlichkeit des HERRN und nachzudenken in seinem Tempel."

Viele andere Ausleger (z.B. *Bernhard Duhm, Hermann Gunkel*) nehmen sogar an, dass es sich um zwei ursprünglich völlig selbstständige Gebete handele: V 1-6 der Vertrauenspsalm einer hochgestellten Persönlichkeit, V 7-14, mit „Höre, Herr" beginnend, das Bittgebet eines zu Unrecht angeklagten Gerechten. Wegen einiger Stichwortverbindungen oder sogar „nur aus Versehen" seien die Teile sekundär zusammen-

# Choral zur Bibelwoche

## Bleib bei mir, Herr (EG 488)

2. Wie bald verebbt der Tag, das Leben weicht,
die Lust verglimmt, der Erdenruhm verbleicht;
umringt von Fall und Wandel leben wir.
Unwandelbar bist du: Herr, bleib bei mir!

3. Ich brauch zu jeder Stund dein Nahesein,
denn des Versuchers Macht brichst du allein.
Wer hilft mir sonst, wenn ich den Halt verlier?
In Licht und Dunkelheit, Herr, bleib bei mir!

4. Von deiner Hand geführt, fürcht ich kein Leid,
kein Unglück, keiner Trübsal Bitterkeit.
Was ist der Tod, bist du mir Schild und Zier?
Den Stachel nimmst du ihm: Herr, bleib bei mir!

5. Halt mir dein Kreuz vor, wenn mein Auge bricht;
im Todesdunkel bleibe du mein Licht.
Es tagt, die Schatten fliehn, ich geh zu dir.
Im Leben und im Tod, Herr, bleib bei mir!

Text: *Theodor Werner* 1952 nach dem englischen „Abide with me"
von *Henry Francis Lyte* 1847
Melodie: *William Henry Monk* 1861
Satz: *Traugott Weber* 2011

gefügt worden. Nach meinem Verständnis bildet der Psalm eine Einheit.

## Auswirkungen der Datierung

Auch wenn seine Bausteine eine separate Vorgeschichte haben mögen, muss man doch weniger fragen, was vor dem Text gelegen haben mag, als vielmehr, wie das jetzt vorliegende Endprodukt zu verstehen ist. Wiederum wirkt sich die Datierung dabei auf das Verständnis aus. Datiert man Ps 27 in vorexilische Zeit, als Juda noch ein eigenständiges Königtum bildete, dann erscheint er als Gebet im Mund eines Königs oder Fürsten, der Krieg führt. Mitten in den Grausamkeiten des Kampfs (V 2a heißt es wörtlich: „Feinde dringen wider mich, um mein Fleisch zu fressen") artikuliert der König sein Vertrauen auf den Beistand des Nationalgottes JHWH, der auf dem Zion residiert (V 1-6), und bringt seine Bitten um Beistand im Kampf vor (V 7-14). Das Verlangen nach Wegweisung (V 11) und Hilfe wider die „Verleumder" erscheint dann als eine Metapher für geschickte Kriegsführung und glaubwürdige Herrschaftslegitimation.

Gewiss könnte der Text bereits in dieser Zeit auch metaphorisch gemeint sein. Versteht man den Psalm aber als nachexilisch und setzt ihn in eine königslose Zeit, als Juda eine persische Provinz war und keine eigenen Kriege mehr führen konnte, dann muss man umgekehrt die militärische Sprache wie auch die tempeltheologischen Anschauungen als metaphorisch begreifen, und das Gebet erhält ein völlig anderes Gesicht. Letzteres Verständnis will ich im Folgenden begründen.

## Das Lebensgefühl des Beters (V 1-3)

Der Beter entfaltet in V 1-3 ein Lebensgefühl voller innerer Sicherheit im Vertrauen auf Gott, das dem von Ps 23 sehr nah ist („Der HERR ist mein Hirte"), benutzt dafür aber ganz andere Bilder. „Licht" ist (neben Wind) der wichtigste aus der Natur stammende Vergleichspender für das Wesen Gottes: Licht ist immateriell und doch äußerst wirksam. Es ist hell und freundlich, aber auch feurig heiß und verbrennend, unfassbar und doch unverzichtbar, in seinem Wesen unerforschlich und doch zum Finden des Wegs und der Wahrheit unersetzlich. Es gibt wohl kein geeigneteres Bild, um das Einbrechen der Transzendenz in die Immanenz zu versprachlichen: „Gott ist mein Licht."

Mit dem Possessivpronomen „mein" rückt diese göttliche Wirklichkeit ganz nah an den Beter heran. Sie umfängt ihn, taucht ihn in ihre Sphäre ein. Der Begriff „Heil" ist die umfassendste Vokabel für die Erfahrung der positiven Nähe Gottes. Es gibt auch eine gefährliche Nähe Gottes, die den Menschen zur Rechenschaft zieht und ihn ins Unheil hinein reißt. Der Beter aber fühlt sich völlig geborgen. Die Fragen nach möglichen Gründen für Angst und Sorge gehen angesichts der freundlichen Nähe Gottes völlig ins Leere, sie werden zu bloß rhetorischen Äußerungen von ungläubiger Verkennung der Realität.

Die Frage „Vor wem sollte mir grauen?" ist ein Lobpreis Gottes als der unüberwindlichen Schutzmacht, als unerschöpflicher Quelle des Vertrauens. Aber der Beter ist kein Schwärmer, der im religiösen Hochgefühl die Welt vergisst. Er weiß ganz genau, dass das Leben ein Kampf ist: Auch der Glaubende – jeder und jede – muss sich in diesem „Krieg aller gegen alle" durchschlagen. Dabei vertraut er auf dem „Schlachtfeld des Lebens" auf Gott.

Mit Furcht erregenden Bildern aus der Kriegspraxis entfaltet er seine innere Haltung: Selbst wenn ihn ein feindliches Heer umlagerte, wäre sein Herz, sein Personzentrum, unangefochten. Gegenüber der Nähe Gottes verliert die Welt mit ihren Kriegsschrecken alle Macht. Das Beten schafft eine Oase, den Zugang zu der Kraftquelle, und schenkt eine Beruhigung für das aufgewühlte Herz.

## Ort der Geborgenheit (V 4-6)

In V 4-6 ändert sich die Bilderwelt und wechselt vom Heerlager in den Tempel. Mitten im Kampf gibt es einen Ort, wo der Beter geborgen ist. Eines ist es, was die Not wendet und daher absolut notwendig ist: das Verweilen im Tempel. Der Tempel ist hier als Metapher zu verstehen. Das „Haus JHWHs" ist der Glaube. Überall, wo die Gegenwart und Menschenfreundlichkeit

Gottes erfahren werden, ist Gottes Heiligtum. Das Vertrauen auf den sich zuwendenden Gott ist das „Zelt“ und der „Fels“. Dahinter stehen Erfahrungen aus dem Kult am realen Heiligtum, aber diese Kultsprache ist Symbol für das geistliche Leben geworden.

Für die Annahme einer solchen Spiritualisierung und allegorischen Umdeutung der Kultsprache sprechen vor allem die Formulierungen in V 4, der Beter wolle „alle (!) Tage“ seines Lebens im Tempel „wohnen, (visionär) schauen und (reflektierend) meditieren“. Das lässt sich real kaum vorstellen. Wie in Ps 23 ist „das Heiligtum“ daher im übertragenen Sinn als Gottesgemeinschaft zu verstehen, vielleicht sogar als ein „sprachliches Heiligtum“, in das der meditierende Schriftausleger (vgl. Ps 1) alle Tage einzieht. Die Praxis des Tempelasyls, auf die in V 5 deutlich angespielt ist (wörtlich: „Verstecken möge er mich im Versteck seines Zeltes“) wird ebenso zum Symbol für eine alltäglich gelebte, fast mystische Gemeinschaft mit Gott wie die tägliche Opferdarbringung mit Jubel.

Im jetzt vorliegenden Sprach-Kontext wird das ganze Kultvokabular zum weiträumigen Symbol. Jeder spätere Beter (auch der moderne) ist eingeladen, sich in dies erbetete Heiligtum als Schutzraum hinein zu begeben und geistige Opfer darzubringen. „Dankbare Lieder sind Weihrauch und Widder“, heißt es im Gesangbuch – in gleichartiger „Vergeistigung“: Indem wir Gott so danken und ihn loben, ist es so, als ob wir mit ihm zusammen im Heiligtum wohnen.

## Vertrauensbeziehung (V 7)

Auf der Basis dieser glaubenden Zuversicht formuliert der Beter in V 7 seine Bitten. Es ist ein modernes Unverständnis, wenn man meint, der Glaube dürfe um nichts bitten. Dass ein Hochgefühl des Gottesbewusstseins nur das Dankgebet zulasse und weiteres Bitten um Beistand ausschließe (so z.B. *Friedrich Schleiermacher*), ist neuzeitlich reduzierte Gebets„ideologie“, aber nicht Gebetstheologie und -praxis der Bibel.

Mit häufig begegnenden, recht allgemeinen, Wendungen bittet der Beter um ein Eingreifen Gottes in den Verlauf der Geschichte, um die aktive Zuwendung und um den Segen des personal gedachten Gottes. Das Zitat des göttlichen Imperativs: „Sucht mein Angesicht“ (V 7) spielt auf Stellen wie Dtn 4,29; 16,16; 31,11; 1 Chr 16,11; 2 Chr 7,14; Jer 29,13.14 oder Hos 5,15 an (vgl. Ps

24,6; 105,4). Jedenfalls ist der Beter einer, der sich an die Weisung JHWHs hält.

Die Selbstbezeichnung „dein Knecht" (V 9) hat nichts Negatives, sondern ganz im Gegenteil: Knecht ist ein Ehrentitel. Zwischen dem Herrn und seinem Knecht besteht ein besonders enges Vertrauens- und Schutzverhältnis. Bekannte Beispiele dafür sind Mose (1 Kön 8,53.56), David (1 Kön 3,6), Hiob (Hi 1,8) oder der „Gottesknecht" in Deuterojesaja (Jes 42; 49; 50; 53). Die Zuwendung des Angesichts Gottes bedeutet Segen (vgl. Num 6,25f), das Verbergen seines Angesichts dagegen Unheil.

## Gottesgemeinschaft (V 10)

In V 10 ist das Verlassenwerden durch die Eltern wohl keine Anspielung auf deren Tod oder auf eine Verstoßung durch die Eltern auf Grund einer falschen Anklage. Vielmehr gilt: Es ist sehr unwahrscheinlich, dass Eltern ihr Kind verlassen, aber immerhin ist es möglich. Viel unwahrscheinlicher ist, dass JHWH seinen Getreuen im Stich lässt, ja das ist nahezu unmöglich.

Das Einzige, was die Beziehung zu Gott gefährden kann, wäre menschliche Schuld, die Gottes Zorn und Abweisung provozieren würden (V 9). Durch die Wiederaufnahme von V 1 „Gott meines Heils" wird aber die Schutzkraft Gottes vergewissert und die Vertrauensbeziehung als intakt aktualisiert.

Das Verbum „aufnehmen" (V 10) hat eine besondere Tiefe. Es könnte besagen, dass Gott den Beter auch nach dem Tod nicht allein lässt (vgl. Ps 49,16; Ps 73,22-24; in Jes 49,15-16, wo Jerusalem als Stadt bzw. dem Volk als Beter beständige Gottesgemeinschaft zugesagt wird, wird das Bild vom individuellen Standpunkt auf die Gemeinschaft bzw. das Volk übertragen).

Aber man muss nicht an postmortale Gottesgemeinschaft denken. Der Beter argumentiert vielmehr mit Gott: Weil mich meine leiblichen Eltern im Stich gelassen haben, darf doch nicht auch noch mein geistlicher Vater und meine geistliche Mutter, JHWH, mich verlassen. JHWH ist primär ein Gott der Lebenden, die Verlassenheit des Beters soll sein Mitleid wecken und sein Wohlwollen rühren.

## Auf Gottes Wegen wandeln (V 11-14)

Diese feste Gemeinschaft mit Gott wird zu einer immer neuen Unterweisung des Beters durch Gott führen, so dass der Beter in der Lage ist, den Gegnern zu trotzen und ein seinem Gehorsam gegen Gott entsprechendes Geschick zu erfahren. Gott ist ein hervorragender Lehrer: „Wer ist ein Lehrer wie er?" fragt Elihu (Hiob 36,22). Sein Unterrichtsstoff aber ist „der gerade, bodenständige Pfad". „Dein Weg" meint das praktische Wissen von den individual- und sozialethischen Pflichten der Frommen. Wenn der Beter in diesen Willenskundgaben Gottes Bescheid weiß, dann ist er vor Verleumdern sicher. Dieser Gedankenzusammenhang ist aufschlussreich. Die Kenntnis und die Beachtung der Wege Gottes sind eine Schutzhülle. Wer auf Gottes Wegen wandelt, muss sich nicht vor falschen Anklagen fürchten.

Mit dem Ende von V 11 wechselt die Bilderwelt in den Gerichtssaal. Der Beter sitzt (in Gedanken) auf der Anklagebank und muss sich Beschuldigungen durch seine Feinde anhören. Diese sind aber frei erfunden und entbehren jeder sachlichen Grundlage.

Das relativ seltene Wort „gewiss sein, fest glauben" (V 13) macht wiederum die Innigkeit der Gottesbeziehung deutlich. Es ist das Vertrauen darauf, dass noch in diesem Leben Gottes Gegenwart nach außen hin sichtbar werden wird. V 14 ist zum einen ein Element des Selbstgesprächs der Seele (vgl. 42,6; 55,23; 103,1f), eine Selbstermahnung. Zum anderen weitet sich der Blick, und der Leser, die Leserin des Psalms kann sich angesprochen fühlen.

## Fazit

Was die Teile dieses Psalmgebets im Innersten zusammenhält, ist ein Gottvertrauen, das sich in der Anfechtung bewährt. Der geradezu „kindliche Glaube an Jahwes Fürsorge und die Freundlichkeit Gottes gehört zu den edelsten Zügen der nachexilischen Religion" (*Bernhard Duhm,* 84). Mit immer neuen Bildern wird dies Urvertrauen in das Leben und in die Güte Gottes ausgedrückt.

## Gedanken und Texte zum Nachdenken und Besprechen

● Psalm 27 – ein Ringen um Gottvertrauen und Glaubensgewissheit. Aber warum ringt die Beterin darum? Geht es um ein Gefangensein in überkommenen Lebenskonzeptionen, oder leuchtet da ein „Mehr" auf?

● Alle, die in der sicheren Hoffnung auf Gott leben, sind dadurch zu Gott emporgehoben; der Glanz des ewigen Lichtes leuchtet durch sie. Der wahrhaft Hoffende sucht nur das Reich Gottes; denn er ist überzeugt, dass alles, was wir für das zeitliche Leben nötig haben, uns gewisslich gegeben wird. Das Herz wird keine Ruhe finden, es lebe denn in solcher Hoffnung.

*Serafim von Sarow*

(aus: *Jörg Gutzwiller*: Das Herz, etwas zu wagen. Friedrich Bahn Verlag, Neukirchen-Vluyn, S. 13)

● Anfechtungen durch Weltereignisse (Sterben von Menschen durch Naturkatastrophen oder Kriege und Terroranschläge), Infragestellungen des Glaubens an den dreieinigen Gott und seiner Relevanz für das persönliche Leben gehören für den Menschen, der sein Leben in Gott gegründet hat, dessen Leben in Gott gegründet ist (durch die Taufe), zu seiner Lebens- und Glaubenswirklichkeit.
* Wie ist damit umzugehen?
* Welche Hilfen bieten dafür die Gedanken und Aussagen von Ps 27?

● Immer wieder ist Beten ein klagender Schrei aus der Tiefe. Dieses Schreien aber ist kein vage schweifendes Jammern, sondern ein Anschreien; es ist auch nicht einfach ein Wünschen – und wäre es auch noch so feurig –, sondern ein Bitten. Diese Sprache des Gebets hat eine Richtung, sie sucht ihre eigene Instanz – das schweigend verborgene Antlitz Gottes. In diesem Sinne sind das Klagen und Bitten, das Schreien und Protestieren im Gebet, aber auch die stumme Anklage, der längst wortlos gewordene Schrei nie einfach zu übertragen und aufzulösen in ein „Gespräch unter uns".

*Johann Baptist Metz*

(aus: *Johann Baptist Metz / Karl Rahner*: Ermutigung zum Gebet. © Herder Verlag, Freiburg 1980², S. 19f)

● Du bist ein Schatten am Tage
und in der Nacht ein Licht;
du lebst in meiner Klage
und stirbst im Herzen nicht.

Wo ich mein Zelt aufschlage,
da wohnst du bei mir dicht,
du bist mein Schatten am Tage
und in der Nacht mein Licht.

Wo ich auch nach dir frage,
find ich von dir Bericht,
du lebst in meiner Klage
und stirbst im Herzen nicht.

Du bist ein Schatten am Tage
und in der Nacht ein Licht.
Du lebst in meiner Klage
und stirbst im Herzen nicht.

*Friedrich Rückert*

● Der Beter erinnert sich vergegenwärtigend seiner Erfahrungen mit Gott: Heil (Erfahrung der heilmachenden Nähe Gottes), Lebenskraft (die Ermöglichung durch Gott, mein Leben neu zu sehen, aus der Beziehung zu ihm, Kraft zu finden, von seinen lebensfreundlichen [An]Geboten – individuell wie gemeinschaftlich – mein Leben zu gestalten), Wegweisung (lebens- und gemeinschaftsfördernde Lebensrichtlinien).

● *Haussegen*

Ein sicherer Ort
Wärme und Licht
Ruhe
Bücher Musik Küchengespräche
Der Blick aus dem Fenster ins Weite
Platz für die oder den
dies oder das
buntes Leben
Höhle wenn nötig
Heimat
einstweilen

*Carola Moosbach*

(Rechte bei der Autorin)

● Die Beterin hat eine Sehnsucht, von Gott angesehen zu werden. Welche Sehnsüchte habe ich im Blick auf Gott? Und: Habe ich wirklich welche?

● Wo bist du ganz du selber,
ohne Schminke, ohne Maske?
Wo ist der Raum, der dein Atem ist,
offen für deine Entfaltung?
Wo ist der Humus deiner Wurzeln,
wo die Quelle deiner Lebendigkeit,
wo das tragende Fundament,
wo der Ursprung deiner Träume?
Ich kann dir nicht antworten.
Du musst es selbst ertasten,
erspüren, erwandern, erfahren.
Komm, wir gehen miteinander ganz hinunter
zu deinen und meinen Wurzeln.
Komm, wir suchen miteinander
den festen Grund,
wo dein und mein Fundament liegt.
Komm, wir schwimmen gemeinsam
gegen den Strom,
um unser aller Quell' zu finden.

*Josef Gähwiler-Jans*



● Der Tempel ist nicht nur Quell-Ort, sondern auch Schutz-Ort. Er ist Synonym für die Erfahrung der Gegenwart und der Menschenfreundlichkeit Gottes. Wo sind für mich solche Orte, wo ich solche Erfahrungen mache bzw. gemacht habe? Aber auch: Im „Tempel ist man nicht allein. Da gibt es Mitschwestern und Mitbrüder."

● Welche Gotteserfahrung, welches Gottesbild entdecke ich in Ps 27? Fehlt mir etwas, wenn ich sie aus christlicher Sicht bedenke?

● Ich trete ein
und bin schon bald
zu Haus
die blauen Fenster
hüllen warm mich ein
und tief im Innern
blühn Gebete auf
und füllen den Raum
mit Ewigkeit –
hier bin ich gern
am Sonntagmorgen
in dieser Stunde
bin ich nah bei Gott

*Eva-Maria Leiber*



● Wenn ich unseren landläufigen Sprachgebrauch und dessen Semantik im Blick auf die Worte Heil und Glück betrachte: Worin liegt die Übereinstimmung, worin die Unterschiedenheit? Das hebräische Wort, das mit Hilfe, Rettung, Heil konnotiert ist, wird bei Luther mit „Heil", in der Bibel in gerechter Sprache mit „Befreiung", in der Basisbibel mit „Glück" wiedergeben. Was betonen die jeweiligen Übertragungen, was vernachlässigen sie?

● Wenn man/frau Ps 27 psychologisch betrachtet, geht es in ihm um den Kampf um die innere Stabilität eines Lebens. Aber auch aus diesem Blickwinkel stellt sich die Frage: Woher beziehe ich sie? Ist Gott nur ein Konstrukt, das meine Lebenskonstruktion rechtfertigt und zu deren Legitimierung dient, oder gibt es da ein „Mehr"?

## Bausteine zur Gestaltung

● Wer mit einem Kurzfilm einsteigen will, sei auf „Sores & Sirin" von *Katrin Gebbe* (s.u. Medienempfehlungen S. 108) hingewiesen.

● *Gestaltete Mitte:*
Helle und dunkle Tücher werden ineinander geschlungen und als Weg gelegt. Darauf befinden sich eine brennende Kerze, ein Brot und ein Krug mit Wasser, sowie eine aufgeschlagene Bibel. Die TeilnehmerInnen werden gebeten, jeweils ein Wort auf eine Karte zu schreiben, das dies Bodenbild in ihnen hervorruft. Sie legen die Karte zu dem „Weg" und kommentieren kurz ihr Stichwort.

● In Dreiergruppen erfolgt ein Austausch über:
* Was bedeutet mir Gott, mein Glaube an ihn, in schwierigen Lebenssituationen? Ist er mir Kraftquell? Spielt er in solchen Situationen überhaupt eine Rolle für mich?
* Welche Erfahrungen habe ich gemacht?

● Auf Karteikarten steht jeweils ein Begriff: Licht, Heil, Lebenskraft, Schutz, Hilfe, Wegweisung, Güte (Karten bitte mehrfach zur Verfügung stellen). Es werden Kleingruppen gebildet, die sich jeweils zwei bis drei Karten aussuchen und dann über die Frage nachdenken:
* Was fällt mir ein, wenn ich die Begriffe mit Gott und mit meinem Leben in Verbindung bringe?
Die Ergebnisse werden stichwortartig auf der jeweiligen Karte festgehalten. Nach der Vorstellung im Plenum werden die Karten auf den „Weg" gelegt.

© Johann Mayr

● In Kleingruppen oder im Plenum wird über die Fragen gesprochen:
* Was heißt für mich Gott vertrauen? Wie würde ich es beschreiben?
* Was verbinde ich mit Glaubensgewissheit? Worin kommt sie für mich zum Ausdruck?

● *Textlesung*:
„Klangbild“: Die TeilnehmerInnen lesen Ps 27 zunächst für sich. Dann werden sie aufgefordert, wenn der Psalm durch den Leiter, die Leiterin laut vorgelesen wird, jeweils mit der Passage laut einzustimmen, deren Aussage ihnen am meisten zusagt.
Danach kann ein Austausch darüber erfolgen, welche Aussagen am meisten Zustimmung erhalten haben und welche gar nicht genannt wurden, und welche Gründe das haben könnte.

● *Fragen zur Texterschließung:*
(s. auch unten didaktischer Entwurf)
* Worin sieht der Beter seine Lebensgrundlage?
* Welchen inneren Weg geht der Beter?
* Unterstreichen Sie im Text, was Gott tut, bzw. tun soll.
* Wie wirkt sich das Tun Gottes bzw. sein erhofftes Tun auf die innere Situation der Beterin aus?

oder:
Die TeilnehmerInnen lesen Ps 27 für sich und versehen die Aussagen, die ihnen wichtig sind, mit einem Ausrufezeichen, sowie diejenigen, bei denen sie Fragen haben, mit einem Fragezeichen. Danach bringen sie ihre Ergebnisse ins Plenum ein.

oder:
Die TeilnehmerInnen bearbeiten in Kleingruppen den Text unter sechs Gesichtspunkten:
1. Vertrauen: Wie bringt die Beterin ihr Vertrauen zum Ausdruck?
2. Anfechtung: Worin besteht die Anfechtung?
3. Sehnsucht: Welche Sehnsucht treibt die Beterin um?
4. Geborgenheit: Wo und wie findet die Beterin Geborgenheit?
5. Lob: Was ist der Anlass, der Grund zum Lob?
6. Ermutigung: Worin besteht die Ermutigung?

● *Gesprächsimpulse:*
(s. auch unten: didaktischer Entwurf)
Am Anfang haben wir unsere Gedanken zu den Stichworten Licht, Heil, Lebenskraft, Schutz, Hilfe, Wegweisung, Güte zusammengetragen.
* Welche neuen Gesichtspunkte sind mir nach der

Beschäftigung mit dem Psalm wichtig geworden?
* Was tragen sie für mein Glaubensleben aus?

● Glaubensgewissheit ist ein Geschenk, das zu pflegen ist. Der Beter ist sich dieses Geschenks bewusst. Gleichzeitig erlebt er, dass dies Geschenk von außen (innen) gefährdet, infrage gestellt ist. Er klagt aber nicht darüber, sondern vergegenwärtigt sich erinnernd, was er durch Gott als Lebensgrundlage hat.
* Mit welchen Worten, Bildern beschreibe ich meine Glaubensgewissheit? Wo gibt es Verbindungslinien zum Ps 27?
* Inwiefern ist mir der Umgang mit Anfeindungen, Infragestellungen des Glaubens, der Gottesbeziehung in Ps 27 eine Hilfe für meinen Glauben?

● *Zum Abschluss:*
In einer Zeit der Stille bedenken die TeilnehmerInnen für sich, was sie nach den Gesprächen und Gedanken des Abends vor Gott bringen möchten. Danach wird „Christus, das Licht der Welt“ (EG 410), gesungen. Die TeilnehmerInnen haben dann die Möglichkeit, ein Teelicht anzuzünden, es auf den „Weg“ zu stellen und ihr Gebetsanliegen laut oder schweigend vor Gott zu bringen.

● Wer den Abend mit einer Bildbetrachtung schließen möchte, sei auf das Bild von *Uwe Appold* und die Betrachtung von *Jörg Meuth* hingewiesen (s.u. S. II)

## Lieder

| | |
|---|---|
| Lob Gott getrost mit Singen | EG 243 |
| In dich hab ich gehoffet, Herr | EG 275 |
| Herr, deine Güte reicht | EG 277 |
| Befiehl du deine Wege | EG 361 |
| Wer nur den lieben Gott | EG 369/GL 296 |
| Was Gott tut, das ist wohlgetan | EG 372/GL 294 |
| So nimm denn meine Hände | EG 376 |
| Zieh an die Macht | EG 377/GL 304 |
| Es mag sein, dass alles fällt | EG 378 |
| Christus, das Licht der Welt | EG 410 |
| Mir ist ein Licht | EG 639 (bayer. Anhang) |
| Kündet allen in der Not | GL 106 |
| Auf dich allein ich baue | GL 293 |
| Herr, unser Herr, wie bist du zugegen | GL 298 |

## Didaktischer Entwurf zu Psalm 27
**Autorin: Dr. Rosemarie Micheel**

**Thematischer Schwerpunkt:**
**Gott: Lebens- und Kraftquelle**
Der Psalm entfaltet ein Gottvertrauen, „das sich in der Anfechtung bewährt“ (*Manfred Oeming*). Er beschreibt das Ringen eines Beters, einer Beterin um Glaubensgewissheit angesichts einer Wirklichkeit, die sein, ihr Leben bedroht und bedrängt. Und er gibt Auskunft darüber, wie und wo der Beter, die Beterin ihre Lebens- und Kraftquelle finden.

**Vorbereitung / Materialien:**
Karteikarten, Stifte, Flipchart.

## Zur Gestaltung des Abends

**Liturgischer Beginn**
Lied: Christus, das Licht der Welt (EG 410)
Psalm 27 wird im Wechsel gebetet.

**Öffnen – Text trifft Wirklichkeit**
In Einzelarbeit denken die Teilnehmenden darüber nach, mit welchen Begriffen sie ihr Gottesverhältnis beschreiben würden und schreiben ihre Begriffe jeweils auf eine Karte. Danach finden sie sich in Kleingruppen zusammen und tauschen sich über ihre aufgeschriebenen Begriffe aus. Am Ende des Gesprächs einigen sie sich auf maximal vier Begriffe, die sie im Plenum vorstellen wollen. Die Karten dazu werden an einen Flipchart geheftet.

*Alternative:*
Die TeilnehmerInnen bedenken die Frage: Woraus beziehe ich meine Lebenskraft – in guten und schlechten Zeiten? und tauschen sich darüber in Kleingruppen oder im Plenum aus. Die Ergebnisse werden stichpunktartig auf einem Flipchart festgehalten.

**Begreifen – Textlektüre und Textinformation**
Der Psalm wird laut gelesen. Danach suchen die TN im Text die Begriffe, die denen in der Eingangsphase gefundenen entsprechen und vergleichen sie: Welche Aussagen im Psalm passen zu den eingangs gemachten Aussagen? Welche Gedanken und Perspektiven sind neu?
*Textbeobachtung:*
Im Ps 27 werden verschiedene Bilder gebraucht, um auszudrücken, was Gott für die Beterin, den Beter ist. Außerdem werden Lebenssituationen und Orte aufge-

führt, wo der Beter, die Beterin entweder ihr Leben als bedroht, ihren Glauben als angefochten erlebt haben oder wo sie die Nähe und Zuwendung Gottes erfahren haben. Der Psalm ist von der Gewissheit geprägt, dass Gott in allen Lebenssituationen Kraft, Quelle und Wegweiser für das Leben des Beters, der Beterin ist. Er macht aber auch deutlich, dass sich die Glaubensgewissheit gerade in Situationen der Bedrohung und des Leids zu bewähren hat und sich durch das Festhalten an Gott bewähren kann.
Die Fragen zur Textbeobachtung dienen zum Herausarbeiten dieser Aspekte. Je nach Anzahl der TN werden die Fragen in Kleingruppen oder im Plenum besprochen.

* Mit welchen Metaphern wird die Nähe und Zuwendung Gottes beschrieben?
* Welche Situationen und Orte bestimmen oder prägen die Wirklichkeit des Beters, der Beterin?
* Was erwartet, erhofft der Beter, die Beterin von Gott? Was soll Gott tun?
* Welche Gewissheiten erwachsen dem Beter, der Beterin aus dem Tun, auch dem erwarteten Tun Gottes?

**Mitnehmen – Mit dem Text weitergehen – Was trägt der Text aus?**
In Dreiergruppen tauschen sich die Teilnehmenden über folgende Fragen aus:

* Welche Anfechtungssituationen kenne ich? Wie gehe ich mit ihnen um? Welche Impulse aus Ps 27 sind mir hilfreich?
* Der Beter, die Beterin von Ps 27 finden im Gespräch mit Gott die Kraft, die sie die Anfeindungen ihres Lebens bestehen lassen. Welche Lebens- und Kraftquellen habe ich? Woher gewinnt mein Herz seine innere Stabilität?
* Welche Gotteserfahrungen sind mir hilfreich für mein Leben und Glauben im „Hier und Jetzt"?

Nach dem Austausch formulieren sie Gebetsanliegen, die sie beim liturgischen Abschluss einbringen.

**Liturgischer Abschluss**
Ps 27 wird noch einmal im Wechsel gebetet. Danach ist Raum für die Gebetsanliegen der TN. Zum Abschluss kann entweder „Wer nur den lieben Gott lässt walten" (EG 369 / GL 295) oder „Befiehl du deine Wege" (EG 361) gesungen werden.

## III Psalm 42

# Lebensdurst

## Auslegung

Ps 42 besteht aus zwei Strophen: V 1-6 und 7-12. Beide Strophen schließen mit dem gleichen Vers ab: „Was betrübst du dich, meine Seele, und bist so unruhig in mir? Harre auf Gott; denn ich werde ihm noch danken, dass er meines Angesichts Hilfe und mein Gott ist." V 2-4 sprechen von Gottes Ferne und sind zugleich Selbstermahnung, daran auch im Heiligtum, dem Ort der Nähe Gottes, zu denken. Der erste Refrain „beschwört" geradezu Gottes zukünftige Nähe. V 7-11 beschreiben das Leiden an Gottes Ferne, während sich der zweite Refrain in V 12 wiederum der Nähe Gottes vergewissert.

Der Inhalt der beiden Teile ist eng verwandt, aber nicht gleich. Beide Abschnitte werden anfangs von Wasserbildern dominiert: Die erste Hälfte klagt über Wassermangel (V 2), die zweite Hälfte über eine Überfülle an Wasser (V 8), die zerstörende Flut. In der ersten Hälfte ist der Durst das bedrängende Problem, in der zweiten Hälfte die mörderischen Brecher, die über den Beter hinwegdonnern: Wüste und Tsunami entsprechen sich indirekt. Diese Wasserbilder sind deutlich erkennbar mit der Gottesbeziehung vernetzt. Der Durst steht für die Entzogenheit Gottes und für das Entferntsein von Gott, die Flutwelle für das Vergessensein durch Gott und das Hereinbrechen seines Zorns (V 10). In beiden Teilen begegnen Klagefragen (V 3: Wann? / V 10: Warum?) und Spottfragen: „Wo ist nun dein Gott?" (V 4b.11).

### Psalm 42 und 43

Ps 43 handelt von der Not vor Gericht. In der neueren Psalmenforschung wird Ps 42 aber fast durchgängig mit Ps 43 zu einem Psalm zusammengenommen. Die Gründe dafür liegen auf der Hand: ähnliche Stimmung, ähnlich verzweifelte Lage, ähnliche Gedanken an das Heiligtum, in dem Gott nahe ist, nahezu gleicher Vers 42,10 // 43,2 und gleicher Refrain 42,6.12 // 42,5.

Aber es ist schwer einsehbar, warum eine ursprüngliche Einheit in zwei Psalmen aufgesprengt worden sein sollte. Die Septuaginta bietet sogar eine neue Überschrift und nennt für Ps 43 explizit einen anderen Autor, nämlich David. Es ist daher wahrscheinlicher, dass zwei selbstständige kurze Psalmen, die ihre eigene Vorstellungswelt haben, aufgrund des gemeinsamen Refrains (und eventuell der gleichen Melodie?) zusammengestellt wurden und jetzt nahezu wie eine Einheit wirken. Zumal bei kanonischer Auslegung kann Ps 43 nicht einfach außen vorgelassen werden. Jedoch muss man sehen, dass er ein anderes Themenfeld einbringt.

## Korach

Die Überschrift in V 1 ordnet Ps 42 den „Söhnen Korach" zu. Insgesamt sind zwölf (elf?) Psalmen 42 – 49 (ohne 43?), 84f, 87f laut der jeweiligen Überschrift dieser Gruppe der Korachpsalmen zugeschrieben. Formgeschichtlich betrachtet, handelt es sich dabei um sehr unterschiedliche Lieder: Klagelieder eines Einzelnen (42, 43, 88), Klagelieder des Volks (44, 85), ein Königspsalm (45), Zionslieder (46, 48, 84, 87), ein Hymnus (47), eine geschichtstheologische Bundesreflexion (89) und ein Weisheitslied (49). Von daher stellt sich die Frage, was diese Psalmengruppe miteinander verbindet. Denkt man an Korach als möglichen gemeinsamen Verfasser, ergibt sich ein komplexes Bild.

Korach = „Glatzkopf" (?) bezeichnet im Alten Testament den Stammvater einer Menschengruppe und kann sich auf wenigstens fünf verschiedene Personen beziehen:

1. auf eins von Esaus Kinder (Gen 36,1ff);
2. auf eins von Hebrons Kinder (1 Chr 2,43);
3. auf einen Benjaminiter (1 Chr 12,7);
4. auf einen Leviten (Ex 6,21.24 (P); Num 26,58; 1 Chr 6,7; 9,17ff, hier als „Torhüter"; 26,1.19; bes. 2 Chr 20,19, hier als Tempelsänger);
5. auf einen Leviten, der – in Durchdringung von drei scheinbar unterschiedlichen Traditionen – allein oder mit Datan und Abiram oder mit 250 anderen Leviten gegenüber Mose und Aaron Gleichstellung forderte, was ihm aber als Auflehnung gegen Mose und Aaron, ja als Rebellion gegen Gott selbst ausgelegt wurde, weshalb er mit dem Tod bestraft wurde (Num 16 // 26,9-11).

Für die Korach-Psalmen kommen von diesen fünf Personen nur zwei Identifikationsmöglichkeiten näher in Betracht. Zum einen sind diese Lieder nach dem Midrasch Tehillim (einem jüdischen Kommentar aus dem christlichen Mittelalter) den Angehörigen der *Rotte Korach* zugewiesen worden. Diese hätten sie in der Situation höchster Not gedichtet.

Die Bibel berichtet: „Und es geschah, als er (Mose) alle diese Worte ausgeredet hatte, da spaltete sich der Erdboden, der unter ihnen war, und die Erde öffnete ihren Mund und verschlang sie und ihre Familien und alle Menschen, die Korach angehörten, und ihren ganzen Besitz. Und sie fuhren, sie und alles, was ihnen gehörte, lebendig in den Scheol hinab; und die Erde bedeckte sie, und sie wurden mitten aus der Versammlung weggerafft" (Num 16,31-33).

Der Midrasch zu Psalm 42 erzählt, dass sich die Korachiten im Hinabfallen an einem Felsvorsprung festhalten konnten und jetzt – vor dem totalen Absturz – an den „letzten Strohhalm" geklammert, eben diese Psalmen singen und beten. Das ist zwar eine theologisch sehr reizvolle Verortung, aber *historisch sehr viel wahrscheinlicher ist die Identifikation mit der levitischen Sängergruppe der Korachiten,* die erst beim Chronisten als Tempelsänger belegt sind, also erst nach Esra / Nehemia Karriere gemacht haben.

## „Gesangbuch" der Korachiten?

Die Psalmen 42 – 49; 84f; 87f stellen eine Art „Gesangbuch" der Korachiten dar, die als professionelle Sänger / Dichter / Vorbeter am Tempel beschäftigt waren. Wenn das so wäre, hätten wir es hier nicht mit einer uralten vorexilischen Sammlung zu tun, sondern mit einer verhältnismäßig jungen Komposition, wobei niemals auszuschließen ist, dass man in der Spätzeit auf älteres und ältestes Material zurückgegriffen hat.

Allerdings ist der Versuch, aus den spärlichen Überlieferungen die Historie der Korachiten zu rekonstruieren, sehr problematisch. Wir können nur ahnen und vermuten, dass es in nachexilischer Zeit, also zwischen dem 5. und 3.Jh. v.Chr., innerhalb der Jerusalemer Priestergruppen Streitigkeiten um die Verteilung von Kompetenzen, Einkommen und Macht gab, was nicht ohne Gewalt abgelaufen zu sein scheint.

## Historischer Hintergrund

Zum historischen Hintergrund sind die Thesen von *Michael Goulder* erwähnenswert, wonach es sich bei den Korachpsalmen um sehr alte Texte aus dem Kult des Nordreichs handelt. Sie stammten ihm zufolge aus dem Heiligtum in Dan, und ihre Abfolge spiegele bis in etliche Details hinein die liturgischen Besonderheiten einer Festwoche in Dan mit zahlreichen rituellen Stationen.

Auch wenn *Goulder* etliche Argumente dafür hat, dass einige Korachpsalmen auf Vorstellungen aus dem Nordreich rekurrieren, insbesondere die Vorstellung vom mythischen Götterberg im Norden, der uneinnehmbar ist und allen Völkerstürmen trotzt, kann er letztlich doch nicht plausibel machen, warum die jetzt vorliegenden Texte so deutlich Jerusalem-orientiert sind.

## Theologisches Profil

Das *theologische Profil* dieser Sammlung ist schwerlich als ausgearbeitete Konzeption zu erfassen. Auch die zentral wichtige Vorstellung von der Unterwelt und der Überwindung der Todesschranken (wie *David C. Mitchell* hervorgehoben hat) ist kein wirklich durchgängig entfaltetes Thema. Die Verschiedenartigkeit der Lieder wurde in der Forschung paradoxerweise zum Argument für deren planvolle Einheit, da es sich um eine bunte Sammlung handeln *soll*. „Man könnte an ein Liederbuch denken, das Gemeinde und Fromme durch verschiedene Stadien des Lebens begleitet“ (*Gunther Wanke*, 4).

Dies ist für mich wenig überzeugend. Es handelt sich vielmehr um eine lose Sammlung, bei der allenfalls thematische Schwerpunkte festgestellt werden können:

- eine Häufung von mythologischen Motiven (Gottesberg, Gottesstadt, Gottesstrom, Ansturm der Völker und der Chaosmächte, Verwandlung der Völker von Angreifern zu Verehrern JHWHs);

- weisheitliche Grundfragen nach der Bedeutung des Lebens und des Todes und eschatologische Bilder davon, dass Frieden und Gerechtigkeit sich küssen (Ps 85,11), dass alles Kriegsgerät durch JHWH vernichtet und die Erkenntnis Gottes universal werden wird (Ps 46,10f).

In der Sammlung der Korachpsalmen scheint sich ein Prozess zu wiederholen, den man auch bei Deuterojesaja und in der Priesterschrift beobachten kann: Je niedriger und bedeutungsloser Israel politisch und ökonomisch de facto ist, desto gewaltiger werden die theologischen Programme ausgebaut. Klassisch lässt sich das an der Entstehung des Monotheismus im Exil zeigen: Gerade im Untergang Israels erweist sich JHWH als der sein Volk durch die Babylonier strafende Gott, als einziger Gott überhaupt, der alle Geschichte und alle Völker lenkt.

Wenn man ferner eine starke Nähe zur eschatologischen Prophetie wie Sach 12 – 14, Joel 3f, Micha 4 feststellt, dann muss man für die Fixierung des Endtextes in spätpersische oder wahrscheinlicher hellenistische Zeit mit protoapokalyptischen Ideen bzw. voll entfalteter Apokalyptik hinaufgehen.

Bei der inhaltlichen Auslegung lassen sich verschiedene Typen des Verständnisses von Ps 42 unterscheiden:

## ● Gebet eines Individuums

Auf der einen Seite gibt es Versuche, den Psalm einer bestimmten Person in den Mund zu legen. Hierher gehören nicht nur große Teile der altkirchlichen Auslegung (das Gebet könnte demnach von Jesus von Nazareth stammen), sondern auch zahlreiche protestantische Exegeten. Um nur drei Beispiele evangelischer Auslegung zu nennen: Der liberale Theologe *Bernhard Duhm* (1847-1927) will sich zum rechten Verstehen ganz in die Situation des historischen Dichters versetzen: Dieser Beter sei fern vom Jerusalemer Tempel in der Diaspora und bitte JHWH um Rückkehr an den Ort der Gottesfülle. Vermutlich feierte man in seinem (ungeliebten) Wohnort gerade ein großes Fest, von dem er sich aber schmerzlich ausgeschlossen fühlte. Der Kehrvers sei ein Versuch des Verzweifelten, sich selbst aufzurichten und Mut zuzusprechen. Der Entstehungsort sei der Norden Israels, die Jahreszeit der Abfassung sei die Schneeschmelze, zu der Winterregen im Hermongebirge hinzukommen und Sturzbäche auslösen.

Auch *Hermann Gunkel* (1862-1932) interpretiert den Psalm als Lebensäußerung eines geschichtlichen Individuums, und zwar als Klagelied eines schwer Kranken. Metaphorisch deutet er daher in V 8 „Wellen" als Schmerzwellen, in V 11 das Stechen als Knochenkrankheit. Die Krankheit ist aber der Grund innerer Not. Hinzu trete die Verspottung durch Feinde: Jetzt – angesichts dieser Verstrickung in ein Netz vielgestaltiger Not (Krankheit, innere Anfechtung und äußere Anfeindung) – muss Gott selbst einschreiten und zeigen, dass die jüdische Religion die einzige Wahrheit ist. Der Beter lebt vorübergehend im Heidenland und erinnert sich, wie schön es früher daheim war.

Auch für *Klaus Seybold* (geboren 1937) ist das Gebet ein Krankenpsalm: Einer hat sich das Bein gebrochen und kann jetzt – für ihn sehr schmerzlich – nicht am Tempelgottesdienst teilnehmen und wird dafür auch noch verspottet. Charakteristisch ist die Doppelstruktur von Klage und Trost. Die geografischen Angaben lassen ihn an Dan denken. Der Beter durchlebt eine „Hiob-Situation": Sein Unglück deutet er als Strafe. Die Dialogstruktur ersetzt das verhinderte Gebet im Tempel. Erst sekundär wurde aus dem Gedicht ein Gebet.

## ● Gebet eines Kollektivs

Auf der anderen Seite stehen Interpretationsweisen, die nicht individuelle Fromme im Psalm suchen, sondern Kollektive. Man kann dabei an überindividuelle Frömmigkeitsströmungen denken. Besonders die katholische Exegese findet in dem Psalm entweder eine mystische Frömmigkeit, bei der ein Beter in Gott seine Ruhe sucht, oder der Psalm wird als Lied der Armenfrömmigkeit (*Erich Zenger*), d.h. als Text der Ausgebeuteten und Geschundenen beschrieben und die politische Kraft der Veränderung betont.

## ● Jüdische Interpretation

Die jüdische Auslegung geht – im Unterschied zu den individualistischen protestantischen und mystischen katholischen Auslegungen – häufig den Weg, den Beter mit einer aus der Bibel bekannten Gruppe zu identifizieren. *Rashi* (etwa 1040-1105) z.B. greift die Legende über die Söhne Korachs auf: Korachs Söhne haben bei der Rebellion ihres Vaters gegen Mose (Num 16) rechtzeitig Buße getan und bereut. Darauf wurden sie beim Absturz in die Gehenna wundersam bewahrt. Ps 42 ist aus der Erdspalte heraus gedichtet, auf der die Söhne Korach über der glühenden Magma-Hölle kauern! Die Korach-Psalmen sind insgesamt aus verzweifelter Lage gebetet, aber dennoch voller Hoffnung auf Errettung durch Buße.

*Samson Raphael Hirsch* (1808-1888), Begründer der Neoorthodoxie in Deutschland, erklärt Ps 42 so, dass Israel im Exil ist und seine Diaspora-Situation als temporäre Trennung von Gott theologisch zu verarbeiten sucht. Daraus ergibt sich eine durchgängig kollektive Deutung des Ichs in den Psalmen: Überall, wo ein „Ich" steht, ist die Nation Israel gemeint! Der dreimalige Refrain symbolisiert dann die drei Nationen, die Israel niederdrückten: die Babylonier, Griechen und Römer.

Der Vorteil der historisierenden Auslegung ist der (vermeintlich) klare Ursprungssinn. Allerdings lässt sich kaum verhehlen, dass dieser recht banal wirkt.

Der Frust eines Mannes, der wegen eines gebrochenen Beins nicht mit zur Wallfahrt kommen kann, als Resultat der Exegese – droht da nicht Trivialität? Die transindividuelle Deutung dagegen stellt den Psalm in übergreifende theologiegeschichtliche Zusammenhänge wie auch in über den einzelnen Psalm weit hinausgreifende Buchverknüpfungen hinein. Bei dieser Deutung droht die Gefahr, das Einmalige an das Allgemeine zu verlieren.

## Grundlegende Erfahrungen menschlicher Existenz

Nach meinem Urteil haben die bislang referierten Auslegungen eine Dimension noch nicht ausreichend erfasst oder hinreichend betont: Die Aussagen des Psalms – sei er nun das Produkt eines Einzelnen oder einer Gruppe – haben grundlegend anthropologische Bedeutung, d.h. sie bieten Wesensaussagen über den Menschen.

Nachdem wir den Psalm als Lied eines einzelnen Menschen in schwerer Anfechtung gelesen haben, nachdem wir ihn als Lied Israels kollektiv gelesen haben, begreifen wir ihn im dritten Durchgang als persönliches Gebet, das mit grundlegenden Erfahrungen menschlicher Existenz zu tun hat, sowohl jüdischer als auch christlicher.

Einen Beitrag zur Erfassung des symbolischen Gehalts leistet *Joachim Scharper* (evangelischer Alttestamentler, geboren 1965). Für ihn ist das Gebet Ps 42 / 43 eine vorexilische Einheit und spiegelt den historischen Tempelkult Jerusalems. Aber „‚die Klage entrollt Urbilder des Leids, in denen sich jedes Leid – und sei es noch so einmalig – wiedererkennen kann'. So ist z.B. die Erfahrung des Durstes elementar, und deshalb kann auch mit dem Bild des Durstes der elementare Wunsch nach dem Ausbruch aus dem Gefängnis der Vereinzelung und damit das Verlangen nach der Erfahrung Gottes in diesem Leben zur Sprache gebracht werden!"

Bei *Scharper* wird durch dies Transzendieren in der zeitlichen Abfolge von Vergangenheit – Gegenwart – Zukunft Vertrauen geschaffen, das wiederum Gelassenheit ermöglicht. Darin begründet er auch die Möglichkeit, den Psalm in der Seelsorge zum Zweck der Leidensverarbeitung einzusetzen.

## Leiden an der Abwesenheit Gottes

Das scheint mir eine recht optimistische Leseweise des Psalms, die seine dunklen Seiten nicht recht ernst nimmt. Ps 42 stellt einen Klagepsalm dar, der – symbolisch chiffriert – die metaphysische Dürre thematisiert, der das Leiden an der Abwesenheit Gottes ausspricht. Diese negative Theologie, die m.E. auch in der Seelsorge einen wichtigen Platz haben sollte, darf man nicht vorschnell auflösen.

Die Anwesenheit Gottes wird am Handeln des Menschen gemessen. Die Abwesenheit Gottes kommt in der Verzweiflung des Beters zum Ausdruck – eine Verzweiflung, die ebenso tief wie ihr Glaube an Gott ist. In einer befremdenden (und für viele Juden vermutlich anstößigen) Form plädiert *Aaron Agus* (jüdischer Religionsphilosoph, 1920-2000) für ein Judentum, das sich vom Tempel löst und ganz auf das Tun und Denken des einzelnen Menschen abhebt. Die „Reinterpretation der Tempel-Religiosität" ist entscheidend wichtig, „insofern dieser [der Tempel, M.O.] nicht mit einem spezifischen, einzigen und absoluten Ort identifiziert, sondern überall, an jedem Ort entdeckt werden kann" (246).

## Spannungsvolle Dialektik

Die Auslegung hat sich mit der Bedeutung von V 7f schwer getan: „Mein Gott, betrübt ist meine Seele in mir, darum gedenke ich an dich aus dem Land am Jordan und Hermon, vom Berge Misar." Der Berg Mizar ist unbekannt, seine Ableitung vom Adjektiv „klein" (Gen 19,20; Hi 8,7) scheint nicht tragfähig, und die Struktur des Satzes mit der doppelten Apposition zum „Jordanland" ist holprig. Dank des Kollegen *Oded Lipschits* könnte man mizar als mizoar („vom Süden") lesen: Dann geht es nicht um die Beschreibung eines Orts, sondern um eine grundsätzlichen Haltung:

> „Ich gedenke deiner vom Jordanland
> (= vom Osten) her,
> und vom Hermongebirge her
> (= vom Norden),
> vom Berg (= vom Westen),
> von Zoar her (= vom Süden)."

Der Beter würde nach dieser Deutung von überall her zu Gott rufen. Er erlebt Gott als einen fernen Gott, der ihm nicht nahe ist, der ihm nicht freundlich zugewandt ist, der ihm vielmehr feind ist. Die Wassermassen sind Metapher für das Gericht Gottes. Und dennoch: Der Beter bleibt

Gott zugewandt. Er singt auch dem abwesenden, dem feindlich empfundenen, Gott sein Lied bei Tag und bei Nacht und bittet ihn um seine Huld. Die spannungsvolle Dialektik kulminiert in V 10 in einer doppelten Warum-Frage. Sie richtet sich an den Gott, den der Beter „mein Fels" nennt und für zuverlässig und treu hält, aber zugleich klagt er ihn an, dass er ihn vergessen hat.

„Ich will sagen zu Gott, meinem Fels:
Warum hast du mich vergessen?
Warum muss ich trauernd umhergehen,
von meinem Feind bedrängt?"

Dies „Warum" ist hier – wie sonst in den Klagepsalmen – hoch emotional. Die anklagende Frage zielt gerade nicht auf eine Mitteilung von Gründen, die für das Vergessen vorliegen könnten, sondern sie ist umgekehrt gegen Gottes Handeln gerichtet. Für den Beter ist dies Handeln Gottes im Rahmen der engen Beziehung zu Gott nicht nachvollziehbar. In diesem Warum liegt eine tiefe Enttäuschung. Es liegt darin aber auch eine Aufforderung an Gott, seinerseits wieder etwas für die Freundschaft mit dem Beter zu tun.

In dieser Spannung von Sehnsucht nach Gott und nüchterner Erfahrung der Rätselhaftigkeit und Ferne Gottes erweist sich Ps 42 als „modern". Er bringt in wunderschöner dichter Sprache zum Ausdruck, was jeder Mensch, der glaubend sein eigenes Leben betrachtet, nachempfinden kann, und erreicht so die Erfahrungen neuzeitlicher Menschen. Die Erfahrung, dass Gott ganz nah war, und die Hoffnung, dass er wieder ganz nah sein wird, das Gefühl, dass er sich auch zurückziehen und Menschen „vergessen" kann, und dass er wieder der verlässliche Fels werden kann, der er war, gehören in sachgemäßer Theologie zusammen.

### Vorauseilendes Vertrauen

Der Refrain des Psalms ist der Refrain gläubiger Existenz:

„Warum bist du betrübt, meine Seele,
und bist so unruhig in mir?
Harre auf Gott; denn ich werde ihm noch danken, meinem Gott, für das Heil seines Angesichts."

In diesem Kehrvers redet der Beter wie von einem ganz anderen Ort aus, als läge alles Ungeklärte und alle Anfechtung schon hinter ihm. Hier klingt das Gebet auf einmal, als hätte es sich selber weit überholt, als sei der Beter aller Angst und Not vorausgeeilt und sähe vom Ziel aus zurück. Diese Worte atmen eine Geborgenheit und einen Frieden, die nicht mehr von dieser Welt sind. Die Bewegung der Unruhe und Angst ist verschwunden. Die einzige Bewegung in diesen Sätzen ist jenes leichte und gütige Verwundern über all den Aufwand von Angst und Ungebärdigkeit.

Das ist Glauben: Sich in der Gegenwart, die bisweilen ohne Gotteserfahrung sein kann, auf die Vergangenheit zu besinnen, in der Gott da war, und auf die Zukunft auszurichten, in der Gott sein wird.

### Fazit

Israels Gotteserfahrungen sind ein verdichtetes Bild der Geschichte Gottes mit den Menschen. Im Anschauen dieses Bilds werden wir in das Vertrauen, in die Gotteserfahrungen des Beters hinein genommen. Im Mitbeten nehmen wir auf der existenzialen Ebene Erfahrungen des Glaubens Israels auf.

**Du magst
denjenigen vergessen,
mit dem du gelacht,
aber nie denjenigen,
mit dem du geweint hast.**

*Kahlil Gibran*

## Gedanken und Texte zum Nachdenken und Besprechen

● Fehlt euch etwas, wohlan, schüttet eure Herzen vor Gott aus, klaget's nur frei; berget ihm nichts, es sei, was es wolle. Er hört's gern, will auch gern helfen und raten. Scheuet euch nicht vor ihm und denket nicht, es sei zu groß oder zu viel. Getrost heraus, und sollten's eitel Säcke voll Mangels sein, alles heraus. Er ist größer und vermag und will auch mehr tun, er ist kein Mensch, dem man könnte zu viel Bettelns und Bittens vormachen. Je mehr du bittest, je lieber er dich hört. Schütte nur rein und alles heraus, tröpfle nicht, denn er wird auch nicht tröpfeln, sondern mit Flut dich überschütten.

*Martin Luther*

● „Ps 42 stellt einen Klagepsalm dar, der – symbolisch chiffriert – die metaphysische Dürre thematisiert, der das Leiden an der Abwesenheit Gottes ausspricht“ (*Manfred Oeming*).

● Im Herzen des Beters ist beides anwesend: die klagende Verzweiflung über das eigene Leben wie über die empfundene Abwesenheit Gottes und gleichzeitig die Sehnsucht nach Gott. Diese Spannung wird ausgehalten und nicht mit „frommen Worten“ zugedeckt.

● Halten Sie einmal still! Suchen Sie nicht möglichst vielerlei und möglichst Kompliziertes zu denken. Lassen Sie einmal diese ursprünglichen Wirklichkeiten des Geistes emporkommen: das Schweigen, die Angst, das unsagbare Verlangen nach Wahrheit, nach Liebe, nach Gemeinsamkeit, nach Gott. Stellen sie sich der Einsamkeit der Angst, der Nähe zum Tod! Lassen Sie solche letzten Grunderfahrungen des Menschen vor-kommen, beschwätzen Sie sie nicht, machen Sie darüber keine Theorien, sondern halten Sie diese Grunderfahrungen aus … überall dort, wo ein Mensch die Grunderfahrung macht, dass er sich selbst genommen wird; überall dort, wo ein Mensch als Geist in Liebe zur Wahrheit gleichsam an die Grenze zum Absoluten stößt, über das er nicht mehr reden kann, das trägt und nicht getragen wird, zum Absoluten, das da ist, obwohl man es nicht greifen und begreifen kann, das sich, wenn man darüber redet, noch einmal hinter der Rede als ihr Grund verbirgt; überall dort, wo ein Mensch eine Freude erfährt, von der er nicht weiß, wo sie anfängt und wo sie aufhört, die scheinbar keinen Grund und Boden, ja gar keinen Gegenstand mehr zu haben scheint; überall dort, wo ein Mensch eine letzte Treue, man kann nicht sagen erfasst, sondern von ihr erfasst wird; überall dort, wo der Gegenstand und sein Grund und Horizont und alles, was wir darin sehen, gleichsam ineinander übergehen – überall dort ist eigentlich Gott für den Menschen schon da. Und alles, was er dann über diesen Gott noch sagt, kann immer nur der Verweis auf diese ursprüngliche Erfahrung Gottes sein.

*Karl Rahner*

(aus: *Ders.*: Geistliche Schriften. Späte Beiträge zur Praxis des Glaubens. Sämtliche Werke Band 29. © Verlag Herder, Freiburg 2007)

● Manchmal fühle ich mich
wie ein ausgetrockneter Bach,
ein Flussbett aus Steinen,
ohne Wasser und
ohne Leben.
Dann aber beginnt die Quelle
neu zu fließen.
Ohne Leistung,
ohne Zutun
wird neue Lebendigkeit,
neues Wachstum
geschenkt.
Darauf kann ich vertrauen.
Auch nach Jahren der Dürre
kann neues Wasser
hervorbrechen,
Leben sich vertiefen,
Liebe sich verströmen.

*Christa Spilling-Nöker*

(aus: Ich schenke dir ein gutes Wort.
Verlag am Eschbach der Schwabenverlag AG,
Eschbach 2002, S. 15)

● Dieser Schrei, diese Sehnsucht nach Gott, nach erfülltem Leben, das nicht permanent von innen und von außen infrage gestellt wird, berührt nur Menschen, die sich nicht satt und zufrieden in ihrem Glauben, in ihrem Leben eingerichtet haben.

● Die verzweifelte Situation der Beterin lässt die Spötter über sie spotten. Diese Anfeindung klagt sie Gott und macht damit ihre Situation zu Gottes Problem.

● Dunkles Gebet

ich schreie
und du kommst nicht

ich weine
und du tröstest mich nicht

ich bettle
und du hörst mich nicht

von Gott
verlassen

aber

immer
noch

du
sagen

*Andrea Schwarz*

(aus: Bunter Faden Leben. Mutmachtexte.


● Die Hilfe liegt nicht in mir selbst, ich muss mich nach ihr ausstrecken, die Verkrümmung in die eigene Situation aufbrechen.

**Die Menschen schauen immer**
**von Gott fort.**
**Sie suchen ihn im Licht,**
**das immer kälter**
**und schärfer wird,**
**oben.**
**Und Gott wartet anderswo**
**– wartet –**
**Ganz am Grund von allem.**
**Tief.**
**Wo die Wurzeln sind.**
**Wo es warm ist und dunkel.**

*Rainer Maria Rilke*

● Im Kehrvers wird durch den Einspruch gegen die Übermächtigkeit der Situation das „homo in se ipsum incurvatus" aufgebrochen: Du kannst dich nach Hilfe ausstrecken.

● *Segensruf*

Mach unser Beten lebendig Gott
die müden Wörter bring sie zum Tanzen
in Deinem Rhythmus
in Deinem feurig pulsierenden Rhythmus
sollen sie tanzen

Beschenke uns nähre uns rühre uns an
mit Deiner Nähe Gott
mit Deiner kostbaren zärtlichen Nähe
rühre uns an

Tauche uns ein ganz tief in Dein Schweigen Gott
in Dein schwebendes fließendes Schweigen
tauche uns ein Gott wir lassen Dich nicht
bis Du uns segnest
bis Du uns leuchtest in allen Farben des Lebens
bis Du uns einhüllst
in Deinen bergenden Frieden.

*Carola Moosbach*

(aus: Lobet die Eine. Schweige- und Schreigebete.
Matthias Grünewald-Verlag, Mainz 2000.


## Bausteine zur Gestaltung

● Wer mit einem Kurzfilm einsteigen will, sei auf „Heute akzeptiere ich mich, so wie ich bin" – Leben mit Depression von *Gerhard Faul* (s.u. Medienempfehlungen S. 109) hingewiesen.

● *Gestaltete Mitte:*
Gelbe Tücher werden mit schwarzen so ineinander gelegt, dass das Gelb das Schwarz (das überwiegen soll) immer wieder unterbricht. Auf die Stellen, wo das Gelb das Schwarz durchbricht, werden Teelichter gestellt. In die Mitte wird ein Kreuz gelegt.
* Wenn ich das Bodenbild mit Situationen in meinem Leben in Verbindung bringe, in denen es mir aus unterschiedlichen Gründen nicht gut ging, was fällt mir dazu ein?
* Was waren die „Lichtpunkte", die mir in meiner schwierigen Situation Hoffnung gegeben haben?

Die schwierigen Situationen wie die Lichtpunkte werden auf Karten geschrieben und dann – mit oder ohne Kommentar – auf einen passenden Ort in die Mitte gelegt.

● In Einzelarbeit denken die TeilnehmerInnen über die folgenden Fragen nach:
* Was verbinde ich mit „Lebensdurst“? Wonach „dürste“ ich in meinem Leben?
* Wie gehe ich mit diesem „Lebensdurst“ um? Habe ich „Quellen“ gefunden, durch die ich ihn lindern oder stillen kann?
Danach erfolgt ein Austausch in Kleingruppen.

● In Kleingruppen tauschen sich die TeilnehmerInnen über die Fragen aus:
* Wie beschreibe ich meine „Grundsubstanz“, aus der ich lebe?
* Welche Hoffnung trägt mein Leben?

● Im Plenum oder in Kleingruppen denken die TeilnehmerInnen über folgende Fragen nach:
* In welchen Situationen bete ich?
* Von welcher Hoffnung und Sehnsucht sind meine Gebete getragen?
* Kann ich in einer schwierigen Lebenssituation, wo mir „das Wasser bis zum Hals steht“, meine Empfindungen und meine Zweifel an Gott und seiner Hilfe aussprechen?

● *Fragen zur Texterschließung:*
Die TeilnehmerInnen werden gebeten, Ps 42 unter den Stichworten Gegenwart, Vergangenheit, Zukunft zu betrachten:
Gegenwart (Ausgangssituation):
* Wie empfindet der Beter seine gegenwärtige Situation? Wovon ist sie bestimmt?
* Wie geht der Beter mit der bedrängenden Situation um?
Vergangenheit (vergegenwärtigende Erinnerung, Rückblick):
* An welche ermutigenden Erfahrungen will der Beter anknüpfen und sie für seine Gegenwart fruchtbar machen?
Zukunft (Hoffnung, Vertrauen):
* Von welchem Vertrauen, welcher Hoffnung, Sehnsucht ist der Beter erfüllt?
* Wie wirkt sich das auf seine Gegenwart aus?

alternativ:
* Mit welchen Bildern oder Worten spricht die Beterin ihr Empfinden aus, von Gott verlassen, allein gelassen zu sein?
* Welche Verse drücken die Hoffnung auf Gottes Hilfe aus? Was erwartet die Beterin konkret?
* Welche Gründe führt die Beterin an, die ihr Anlass geben, auf Gottes Hilfe hoffen zu können?
* Welche Gotteserfahrung kommt in diesem Psalm zum Ausdruck?

● *Gesprächsimpulse:*
„Das ist Glauben: Sich in der Gegenwart, die bisweilen ohne Gotteserfahrung sein kann, auf die Vergangenheit zu besinnen, in der Gott da war, und auf die Zukunft auszurichten, in der Gott sein wird“ (*Manfred Oeming*).
* Inwiefern entspricht diese Aussage Ihren Erfahrungen?

● „Psalmen sind wie Kleider, in die wir hineinschlüpfen können“ (*Fulbert Steffensky*).
* Welche Aussagen und Gedanken von Ps 42 sind Ihnen hilfreich für Ihren Glauben, Ihr Beten?

● Eine Vertonung von Ps 42 (z.B. *Felix Mendelssohn Bartholdy:* Der 42. Psalm) erklingt. Danach ist eine Zeit der Stille, in der die TeilnehmerInnen für sich bedenken, was sie nach den Gesprächen und Gedanken des Abends vor Gott bringen möchten. Zu Beginn des Abschlussgebets wird ein Lied gesungen, z.B. „In dir ist Freude“ (EG 398). Die TeilnehmerInnen haben dann die Möglichkeit, ein Teelicht anzuzünden, es in die Mitte zu stellen und ihr Gebetsanliegen laut oder schweigend vor Gott zu bringen.

● Wer den Abend mit einer Bildbetrachtung schließen möchte, sei auf das Bild von *Uwe Appold* und die Betrachtung von *Jörg Meuth* hingewiesen (s.u. S. III)

## Lieder

| | |
|---|---|
| Der Herr ist mein getreuer Hirt | EG 274 |
| Wie der Hirsch lechzt | EG 278 |
| Ich steh in meines Herren Hand | EG 374 |
| Zieh an die Macht | EG 377/GL 304 |
| Jesu meine Freude | EG 396 |
| In dir ist Freude | EG 398 |
| O Lebensbrünnlein tief und groß | EG 399 |
| Ich lobe meinen Gott | EG 615 (bayer. Anhang) |
| Mein ganzes Herz erhebet dich | GL 264 |
| Erhör, o Gott, mein Flehen | GL 302 |
| O ewger Gott, wir bitten dich | GL 307 |
| Ich steh vor dir mit leeren Händen, Herr | GL 621 |

## Didaktischer Entwurf zu Psalm 42

**Autorin: Dr. Ellen Reuter**

### Thematischer Schwerpunkt

Die Bibelarbeit knüpft an die anthropologische Dimension an, die in der Exegese betont wurde. Sie soll die TN dazu anregen, über ihre Sehnsucht nach einem erfüllten Leben nachzudenken:

* Wonach sehne ich mich?
* Woher erhoffe ich mir die Erfüllung meiner Sehnsucht?
* Welche Rolle spielt Gott dabei?

Die vielen alltäglichen Sehnsüchte sollen für die eigentliche Sehnsucht nach Sinn, nach Gott transparent werden. Dabei greift die Bibelarbeit in kanonischer Perspektive die enge Verwandtschaft von Ps 42 und Ps 43 auf. Die Zusammengehörigkeit dieser beiden Psalmen ist in der Exegese umstritten. Liest man beide zusammen, erhält der Text eine ganz andere Dynamik: Die Fragen, die sich an Gott wenden, werden in Ps 43 zur Bitte: „Verschaffe mir Recht! Rette mich!" Das Gebet bleibt nicht bei der Klage „Warum hast du mich vergessen?" stehen, sondern führt zum Gotteslob im Heiligtum. Die Bibelarbeit soll beide Perspektiven offen halten.

### Gestaltete Mitte

In der Mitte liegen Gegenstände, die weit verbreitete Sehnsüchte symbolisieren: z.B. eine Uhr für Zeit, ein Herz für Liebe, ein Bild von einem Strand für Erholung, ein Geldschein für finanzielle Unabhängigkeit, ein Fieberthermometer für Gesundheit ... Die Gegenstände können auch mehrfach vorkommen. Entscheidend ist, dass genug Symbole vorhanden sind, damit alle TN auswählen können.

### Vorbereitung

Die Leitung bittet vor Beginn vier TN, den Psalm am Ende von Schritt 1 vorzulesen (siehe. „Öffnen"). Dazu hält sie vier Kopien des Textes bereit, in denen der jeweils zu lesende Text hervorgehoben ist. Für den 2. Arbeitsschritt ist es ratsam, Stifte für die TN bereit zu halten. Es ist möglich, das Erarbeitete mit einer oder drei biblischen Erzählfiguren zu verdeutlichen. Für den Abschluss sind eine Aufnahme der Motette von Felix Mendelssohn-Bartholdy (Opus 42) und ein Abspielgerät nötig.
Das Bild aus dem Stuttgarter Psalter ist eindrucksvoller, wenn es als Dia oder mit Hilfe eines Beamers projiziert wird.

## Zur Gestaltung des Abends

### Liturgischer Beginn

Zu Beginn wird „Alle meine Quellen entspringen in dir" gemeinsam gesungen. In diesem Lied ist von Gott als Quelle und von menschlicher Sehnsucht die Rede. Allerdings ist das Lied von einer Sicherheit geprägt, die der alltäglichen Erfahrung oft nicht entspricht. Das Wissen von dem Wasser, das uns tränkt, steht neben der Klage über einen Durst, der nicht gestillt wird. Ps 42 ist ein Text der Sehnsucht nach Gott, auch wenn er fremd und verborgen ist.

### Öffnen

Die TN werden gebeten, sich den Gegenstand auszusuchen, der am ehesten die Sehnsucht symbolisiert, die sie gegenwärtig am stärksten bewegt. Die Leitung lädt ein, diese Sehnsucht zu benennen, macht aber zugleich deutlich, dass die Entscheidung, wie viel die Einzelnen sagen, bei ihnen selbst liegt.
In einem zweiten Schritt wird die Aufmerksamkeit auf die Frage nach der Erfüllbarkeit menschlicher Sehnsüchte gelenkt. Z.B. mit der Frage, wann die genannten Sehnsüchte erfüllt sind und welche Folgen eine Erfüllung hätte.
Der dritte Schritt dient der Einführung des Psalms: Die Psalmen werden von vier Personen gelesen (1. TN: Ps 42,1-5; 2. TN: Ps 42,6.12; Ps 43,5; 3. TN: Ps 42,7-11; 4. TN: Ps 43,1-4). Es folgt eine Stille, in der die TN über die Worte oder Sätze, die für sie persönlich besonders wichtig waren, nachdenken können. Erst danach nehmen die TN den Text selbst zur Hand, so dass sie ihn lesen können. Dann werden die Psalmen ein zweites Mal vorgelesen, und die TN stimmen bei den für sie besonders wichtigen Wörtern oder Sätzen mit ein.

### Begreifen

Erstens: In Dreiergruppen erarbeiten die TN die folgenden Arbeitsaufträge:

* Unterteilen Sie die einzelnen Strophen und geben Sie jeder eine Überschrift.
* Welche Ortsangaben werden genannt? Was sagen sie über die Situation des Beters / der Beterin?
* Markieren Sie die Sätze, in denen sich der Beter / die Beterin direkt an Gott wendet. Welche Entwicklung der Bitten erkennen Sie?

Zweitens: Im Plenum werden die Ergebnisse der Gruppenarbeit vorgestellt.

* Die Abschnitte und Überschriften werden auf einem Plakat oder Flipchart notiert.

* Die Struktur lässt sich gut mit Hilfe von biblischen Erzählfiguren verdeutlichen, deren Körperhaltung jeweils nach der „Stimmung“ der entsprechenden Strophe gestellt wird und denen eine passende Farbe als Untergrund oder Kleidung zugeordnet wird. Wenn nur eine Figur zur Verfügung steht, wird deren Haltung für jede Strophe angepasst.
* Wenn keine Erzählfiguren zur Verfügung stehen, kann die Entwicklung auch auf dem Flipchart skizziert werden (Unter jeder „Überschrift“ eine Lücke lassen!).

Drittens: Die TN werden eingeladen, ihre eigene Gottesbeziehung zu bedenken: Ist es eher die „Dürre“ der ersten Strophe oder eher die „Überschwemmung“ der zweiten Strophe oder der Jubel der dritten Strophe?

**Mitnehmen**

Die Leitung bittet die TN, die drei Sätze im TN-Heft schriftlich zu ergänzen. Auf diese Weise entstehen sehr persönliche Gebete. Alle TN sollen die Möglichkeit haben, diese Gebete für sich zu behalten. Es ist aber von großer Bedeutung für die Gruppe, wenn der eine oder andere Psalm laut vorgelesen und so zum Gebet der ganzen Gruppe werden kann. Deshalb lädt die Leitung einfühlsam ein, den eigenen Text zu „veröffentlichen“. Je nach Zeit und Bereitschaft der TN können mehrere dieser Psalmen gehört werden.

In einer Bildmeditation zur Illustration des Stuttgarter Psalters von Ps 42 / 43 gehen die TN dem Motiv der unruhigen Seele nach. Dieser Teil endet ohne Aussprache.

**Liturgischer Abschluss**

Als Abschluss des Abends wird gemeinsam die Motette von Felix Mendelssohn-Bartholdy gehört.

Segensgebet:

Du hast uns zu dir hin erschaffen, o Herr,
und unruhig ist unser Herz,
bis es ruht, o Gott, in dir.
Segne, o Gott, unser Suchen
und lenke unsere Sehnsucht zu dir.
Schenke unseren Leben Erfüllung,
indem du uns Ruhe finden lässt in dir.

## IV Psalm 71

# Lebensbilanz

## Auslegung

Der Psalm 71 wird zumeist als Ausdruck der Not des Alters gedeutet. Dabei werden vielfach Stereotypen des Altseins auf den Text angewendet: Die Kraft habe den hier betenden vergreisten Menschen verlassen, und die Altersschwäche habe sich seiner bemächtigt. Zugleich seien dadurch seine Feinde übermächtig geworden und würden ihn jetzt hart bedrängen. So klammere er sich in notvoller Verzweiflung an die Erinnerung, an die vergangenen Tage seiner Jugend.

Es ist mir aber sehr die Frage, ob mit dem allen der Ton des Textes richtig getroffen ist. M.E. handelt es sich vielmehr um ein Vertrauenslied, das die große Lebenslust auch im Alter zum Ausdruck bringt. Lobsingen, danken, gelassen und vertrauensvoll in die Zukunft blicken, das sind die Grundgefühle, auf denen die Bitten des Beters basieren.

Die zentralen Themen des Psalms sind die Gerechtigkeit Gottes (V 2.15.16.19.24) und die Verlässlichkeit, die Treue und Fürsorge JHWHs (1.3.5-7.18.22). In kritischem Dialog mit der Forschung soll dies „optimistische“ Verständnis des Psalms entfaltet werden.

### Die Überschrift

Im hebräischen Text hat der Psalm keine Überschrift. Er ist ein so genannter „Orphanus“ (= „Waisenkind“). Die griechische Übersetzung schreibt ihn jedoch David zu, was sich auch von V 22 („Ich will dir danken mit Saitenspiel“) nahelegt. Außerdem fügt die LXX die nähere Bestimmung „von den Söhnen Jonadabs und von den ersten, die in Gefangenschaft kommen“ hinzu, was aber schwer zu verstehen ist. Mit Jonadab ist aber vermutlich der Neffe Davids aus 2 Sam 13,3ff gemeint, der bei der Vergewaltigung Tamars eine üble Rolle spielte. Er erteilte Amnon den Rat, wie er seine Halbschwester listenreich und unauffällig vergewaltigen könne und löste damit letztlich die Wirren der Thronfolge aus.

Vermutlich sollen diese Gruppen die Gegner Davids repräsentieren.

Auch im hebräischen Text entsteht – durch den Kontext der Nachbarpsalmen – der Eindruck, dass der alt gewordene und verfolgte David (Ps 69f), der gerade sein Testament macht (Ps 72), hier betet. David ist permanent auf der Flucht: In seiner Jugend floh er vor Saul, jetzt im hohen Alter vor seinem Sohn und anderen Feinden. Die Feindschilderung ist aber trotz der Breite ziemlich blass. Es wird nicht deutlich, wer die Feinde sind: Erbschleicher? Thronfolger? Absalom? Ankläger? Ausbeuter?

## Der Sitz im Leben

Als Sitz im Leben sind in der gegenwärtigen Forschung mehrere Vorschläge in der Diskussion (wobei die Beziehung zu David außer Acht gelassen wird):

- Den Hintergrund des Gebets bilde ein juristisches Asylverfahren (so *Lienhard Delekat*), wobei der hilfesuchende Greis in V 13 einen Heilszuspruch erhalte.
- Es gehe um eine Reflexion der Leiden des Alters (*Klaus Seybold*).
- Es gehe um einen Königspsalm (*Margaret Eaton*); im Zentrum stehe die Armentheologie (*Frank-Lothar Hossfeld / Erich Zenger*).
- Manche jüdischen Ausleger vermuten, dass das Schicksal eines alten Menschen mit dem Schicksal des Gottesvolks im Ganzen parallelisiert werde. Es gehe in dem Psalm indirekt, aber im Grunde zentral, auch um die Drangsale des Volkes Israel in seiner Geschichte.

Der Aufbau des Gebets weist keine klare Gliederung auf. Gewisse Neuansätze lassen sich in V 4.12.17.19 erkennen, vor allem mit der erneuten Anrufung Gottes. Ab V 22 ist ein Stimmungsumschwung feststellbar, der den Eindruck erweckt, als wäre der Beter jetzt aller Not enthoben.

## Collage von Zitaten?

Auffallend ist, dass viele Zitate aus anderen Psalmen hier verarbeitet sind. Man hat den ganzen Psalm als „Collage“ von Zitaten verstehen wollen. So ist z.B. V 3: „Sei mir ein sicherer Hort, zu dem ich allzeit kommen darf. Du hast mir versprochen zu helfen; denn du bist mein Fels und meine Burg“ mit Ps 31,2f zu vergleichen: „Wende dein Ohr mir zu, erlöse mich bald! Sei mir ein schützender Fels, eine feste Burg, die mich rettet. Denn du bist mein Fels und meine Burg; um deines Namens willen wirst du mich führen und leiten.“

Oder mit V 5f „Herr, mein Gott, du bist ja meine Zuversicht, meine Hoffnung von Jugend auf. Vom Mutterleib an stütze ich mich auf dich, vom Mutterschoß an bist du mein Beschützer; dir gilt mein Lobpreis allezeit“ ist Ps 22,10f zu vergleichen: „Du bist es, der mich aus dem Schoß meiner Mutter zog, mich barg an der Brust der Mutter. Von Geburt an bin ich geworfen auf dich, vom Mutterleib an bist du mein Gott.“

Oder V 15 „Mein Mund soll von deiner Gerechtigkeit künden / und von deinen Wohltaten sprechen den ganzen Tag“ mit Ps 35,28: „Und meine Zunge soll hersagen deine Gerechtigkeit, dein Lob den ganzen Tag.“

Man sollte die unleugbar konventionelle Sprache des Gebets aber nicht als blasses Epigonentum werten. Es ist nicht so, dass dem Alten nichts Neues eingefallen wäre, sondern der Text soll vielmehr zeigen, „dass der Dichter in der Psalmentradition lebt und aus dem Reichtum des Vorgegebenen schöpft“ (*Hans Joachim Kraus*, 651).

Die Collage vieler Vorbilder erzeugt eine Art schriftgelehrter Mustersprache. Man darf aus dem anthologischen Stil wohl folgern, dass der Psalm nachexilisch ist. Es handelt sich um ein junges Gebetsformular, mit dessen Hilfe ältere Menschen ihre Anliegen vor Gott tragen können.

## Das Zentralthema: Gerechtigkeit

V 1 beginnt sehr persönlich mit einer direkten Anrede JHWHs und stellt die Grundlage des ganzen Gebets heraus: Die EÜ übersetzt unglücklich: „Bei dir suche ich Zuflucht.“ Besser: „Bei dir, HERR, habe ich mich geborgen.” Das entspricht etwa Ps 23: „Der Herr ist mein Hirte, mir wird nichts mangeln.“ Ähnlich ist es in V 2

sehr die Frage, ob es statt „Entreiße mich!" nicht besser (wie in 2 Sam 22,49 und Ps 18,49, wo die gleiche hebräische Form begegnet) heißen muss: „Du hast mich entrissen und durch deine Gerechtigkeit errettet!"

Damit wird das theologische Zentralthema des Psalms angesprochen: die „Gerechtigkeit Gottes" = hebräisch zedakah. Zedakah ist hier nicht als richtende Gerechtigkeit verstanden, sondern als rettende Gerechtigkeit! Man sollte fast mit „Barmherzigkeit", „Fürsorglichkeit" übersetzen.

Man versteht dies Konzept von Gerechtigkeit gut, wenn man sich an Martin Luthers Turmerlebnis erinnert: Luther bemühte sich als eifriger und strenger Mönch, durch sein Tun vor dem strengen Richtergott bestehen zu können, aber so sehr er sich auch anstrengte, es reichte nicht. Gottes Forderung war immer größer als sein bestes Tun. Gottes Beurteilungsgericht würde er niemals überstehen können.

Plötzlich aber ist ihm klar geworden, dass er diesen zentralen Ausdruck „Gerechtigkeit Gottes" bislang immer falsch verstanden hatte. „Gerechtigkeit Gottes" hatte er zuvor als Bedrückung und Bedrohung erlebt, die ihn in panische Angst versetzte. Wie kann ich elender Mensch vor der strengen Gerechtigkeit Gottes bestehen?

So sehr der junge Luther sich auch in Frömmigkeitsübungen wie Beten, Fasten und Arbeiten drillte, er blieb immer hinter der noch weit größeren Forderung Gottes zurück. Aller Gehorsam war nicht ausreichend. Gottes Gerechtigkeit legte die Messlatte so hoch, dass er nur reißen und scheitern konnte. Er fühlte sich überfordert, als Versager, abgelehnt und verloren.

Mit einem Mal aber wurde ihm die „Gerechtigkeit Gottes" zur Quelle des Heils. Den beglückenden Augenblick, als es ihm wie Schuppen von den Augen fiel, das so genannte „Turmerlebnis", beschreibt er fast 30 Jahre später im Rückblick folgendermaßen:

„Ich konnte den gerechten, die Sünder strafenden, Gott nicht lieben, im Gegenteil, ich hasste ihn sogar. Wenn ich auch als Mönch untadelig lebte, fühlte ich mich vor Gott doch als Sünder, und mein Gewissen quälte mich sehr. Ich wagte nicht zu hoffen, dass ich Gott durch meine Genugtuung versöhnen könnte. Und wenn ich mich auch nicht in Lästerung gegen Gott empörte, so murrte ich doch heimlich gewaltig gegen ihn. Als ob es noch nicht genug wäre, dass die elenden und durch die Erbsünde ewig verlorenen Sünder durch das Gesetz ..., mit jeder Art Unglück beladen sind, musste denn Gott auch noch durch das Evangelium Jammer auf Jammer häufen, uns durch das Evangelium seine Gerechtigkeit und seinen Zorn androhen?

So wütete ich wild und mit verwirrtem Gewissen, jedoch klopfte ich rücksichtslos bei Paulus an. Da erbarmte sich Gott meiner. Tag und Nacht war ich in tiefe Gedanken versunken, bis ich endlich den Zusammenhang der Worte beachtete:

‚Die Gerechtigkeit Gottes wird in ihm (im Evangelium) offenbart, wie geschrieben steht: Der Gerechte lebt aus dem Glauben.'

Da fing ich an, die Gerechtigkeit Gottes als eine solche zu verstehen, durch welche der Gerechte als durch Gottes Gabe lebt, nämlich aus dem Glauben. Ich fing an zu begreifen, dass dies der Sinn sei:

Durch das Evangelium wird die Gerechtigkeit Gottes offenbart, nämlich die passive, durch welche uns der barmherzige Gott durch den Glauben rechtfertigt, wie geschrieben steht: ‚Der Gerechte lebt aus dem Glauben.'

Da fühlte ich mich wie ganz und gar neu geboren, und durch offene Tore trat ich in das Paradies selbst ein. Da zeigte mir die ganze Schrift ein völlig anderes Gesicht. Mit so großem Hass, wie ich zuvor das Wort ‚Gerechtigkeit Gottes' gehasst hatte, mit so großer Liebe hielt ich jetzt dies Wort als das allerliebste hoch. So ist mir diese Stelle des Paulus in der Tat die Pforte des Paradieses gewesen.

Durch diese Überlegungen besser gerüstet, fing ich an, den Psalter zum zweiten Male auszulegen. Das wäre ein großer Kommentar geworden, hätte ich das angefangene Werk nicht liegenlassen müssen."

Luther hat mit dieser reformatorischen Ureinsicht auch das innere Band dieses Psalms 71 entdeckt. Der Beter entfaltet hier ein Lebensgefühl, das sich ganz von dieser Gerechtigkeit Gottes her entwirft.

## Gotteserfahrungen

Gott erscheint als der „sichere Hort, zu dem ich allezeit kommen darf" (V 3), als „Fels, Burg" (V 3), als „Zuversicht und Hoffnung" (V 5), als „Beschützer" (V 6) und „Zuflucht" (V 7). Interessant ist V 7: „Ich bin wie ein Zeichen, wie ein Wunder für viele." Inwiefern kann der Beter „ein Wunder" sein? Darin steckt entweder die Vorstellung, dass ein alter Mensch gerade durch sein in einem langen Leben bewährtes Gottvertrauen ein wundervolles Vorbild der Jugend ist (so *Ibn Ezra*). Oder aber er ist ein „Vorzeichen, ein Omen" für das, was auf jeden Menschen zukommt, die Anfechtung, die Schwäche und Verfolgung (so *Klaus Seybold*).

Die EÜ übersetzt „Ich bin ein Gezeichneter", was aber eine sehr kühne Deutung impliziert (ähnlich *Hermann Gunkel*, 302), vor allem, weil sie den Ausdruck „Zeichen" nicht als Wunder göttlicher Gnade, sondern im Gegenteil als ein Wunder grausigen göttlichen Zorns interpretieren. Davids Sturz und Flucht wäre demnach ein Zeichen göttlicher Verwerfung (etwa für seine Sünde mit Bathseba 2 Sam 11) (so auch *Rashi*).

## Die Not

Stellte V 8 noch das vollmundige Gotteslob heraus, so beginnt ab V 9 die ausführliche Schilderung einer Not. „Verwirf mich nicht, wenn ich alt bin!" Steckt darin nicht doch eine negative Sicht? Wenn man die Stellung des alten Menschen in der Hebräischen Bibel insgesamt bedenkt (s.u.), dann ist das Schicksal des Alters nicht so schlecht, wie wir es uns heute vielleicht vorstellen. V 9 ist ein starker Ausdruck für das Vertrauen, dass Gott auch fest zu alten Menschen hält, selbst wenn die Mitmenschen sie aufgeben.

Man muss sich vergegenwärtigen, dass nach der Schilderung der Samuelbücher David rund 65 Jahre alt war (von 2 Sam 5,5f ausgehend, kann man das errechnen), als Absalom seinen Aufstand gegen ihn wagte (2 Sam 14ff). Alle Sünden auf diesem langen Lebensweg (und das waren nicht wenige!) können ihn nicht von dem Gott trennen, der in Jes 46,4 von sich selber sagt: „Ich bleibe derselbe, so alt ihr auch werdet, bis ihr grau werdet, will ich euch tragen. Ich habe es getan, und ich werde euch weiterhin tragen, ich werde euch schleppen und retten."

In V 10-14 werden die Feinde recht allgemein und wenig konkret geschildert. Sie erscheinen als Gruppe von Verschwörern, die das Leben des Beters auslöschen wollen. Sie berufen sich dabei auf einen angeblichen Willen Gottes: „Sie sagen: Gott hat ihn verlassen! Verfolgt und ergreift ihn, denn kein Retter ist da!" Hier scheint die Vorstellung durch, dass die Gegenwart Gottes wie ein Schutzschirm wirkt. Wenn Gott gegenwärtig ist, kann die Gruppe der Gegner nichts ausrichten. Allein dann, wenn Gott sich entfernt, können die negativen Kräfte Raum greifen.

Die Sprache erinnert an Vorstellungen der modernen Virenkunde. Nur wo das Immunsystem nicht funktioniert, haben die Krankheiterreger eine Chance. Entsprechend kann der Beter nur darum flehen, dass Gott zurückkommt und durch seine Nähe einen neuen Abwehrschirm aufbaut: „Gott, sei nicht fern von mir; mein Gott, eile mir zur Hilfe!" Die Bitte um Hilfe gegen die Feinde wird mit einem Fluch über die hinterhältigen Übeltäter kombiniert: Was sie dem Opfer zu tun planten, soll sie selber treffen.

Diese Hilfe wird der Beter, wenn sie eingetroffen sein wird, öffentlich verkünden. Gerade darin besteht die Gerechtigkeit Gottes, dass er das Opfer beschützt und aus der Not errettet. Das Versprechen des öffentlichen Weitererzählens der Rettungstaten verpflichtet den Glaubenden: Gott tut Gutes, und man soll davon auch ausführlich und in feierlichem Rahmen sprechen. Gottes Gerechtigkeit ist eine rettende (mit dem dogmatischen Ausdruck iustitia salutifera).

## Barmherzige Gerechtigkeit

V 17f legen nochmals die theologische Logik dar: „So wie du, Gott, von meiner Kindheit an mein Begleiter und Beschützer warst, so sei auch jetzt im Alter treu an meiner Seite!" Der Beter verpflichtet sich, von dem, was er in seinem langen Leben immer wieder neu erfahren hat, der Nachwelt ein umfangreiches Zeugnis abzulegen. Darin ist er paradigmatisch für jedes Lebensalter. Jeder, der Gottes Gerechtigkeit erfahren hat, soll sie auch verkünden. Diese barmherzige Gerechtigkeit ist das, was JHWH unvergleichlich macht.

V 21 stellt fest, dass Gott „tröstet". In diesem Wort „trösten" steckt die ganze Spiritualität der Lebensbilanz: Gott eröffnet Vertrauen in den Sinn des Daseins, Gott weiß einen Ausweg, auch wo menschliche Wege enden. Gott hilft, das Leid zu tragen, und letztlich wird er alle Tränen abwischen. Der so Getröstete verpflichtet sich: „Auch meine Zunge soll von deiner Gerechtigkeit reden den ganzen Tag."

## Der alte Mensch im Alten Testament

Ps 71 bietet also eine wahrlich positive Lebensbilanz eines alten Menschen. Wie passt das zum Gesamthorizont des Alten Testaments? Wenn man die Aussagen zum Thema: „Der alte Mensch im Alten Testament" einmal zusammenstellt, ergibt sich folgendes Bild:

### ● Alter als etwas Erstrebenswertes

Während unsere gegenwärtige westliche Kultur vom Leitgedanken der Jugendlichkeit geprägt ist und Altsein per se als etwas Negatives gilt (Jungsein stellt dagegen einen Wert an sich dar), sind in der Bibel solche Werturteile an vielen Punkten ganz anders gefällt, ja geradezu umgekehrt. Das Alter wird hier vielfach weit höher eingeschätzt als die Jugend. Es begegnet uns der Wunsch, alt zu werden, der Wunsch, nicht mehr jung sein zu sein müssen. Die Bibel redet geradezu stolz vom Alter und sieht Alter (in Würde und Weisheit) tatsächlich als etwas Erstrebenswertes an.

### ● Alter als Gnadengeschenk

Zur gesellschaftlichen Stellung der alten Menschen in der Welt der Bibel kann man feststellen: Ein hohes Lebensalter war selten: Zwar sagt Ps 90,10: „Unser Leben währet siebzig Jahre, und wenn's hoch kommt, so sind's achtzig Jahre ...", aber: Die Masse der Gesellschaft erreichte ein solch hohes Lebensalter nicht. Die Lebenserwartung lag sehr viel niedriger als heute. Das „biblische Alter" von 70 plus ist auf Grund der äußerst bescheidenen medizinischen Möglichkeiten, der zahlreichen Naturkatastrophen, Hungersnöte, Krankheitsepidemien und Kriege die seltene Ausnahme.

Auch angesichts der hohen Säuglingssterblichkeit lag der statistische Durchschnitt bei etwa 30 bis 35 Jahren! Nicht einmal fünf Prozent der Menschen dürften über die Sechzig gekommen sein – welch ein Unterschied zu heute. Es ist daher verständlich, wenn hohes Alter als ein besonderer Segen und ein Gnadengeschenk Gottes galt.

Trotz aller Hochschätzung, werden die mit dem Alter einhergehende Abnahme der Kräfte und der mit ihm verbundene Verfall sehr realistisch gesehen. Der dafür klassische Text ist Kohelet 12. Sogar David, der größte Held Israels, bekommt ein Nervenleiden, wahrscheinlich Parkinson, und Durchblutungsstörungen, er wird impotent: Der Frauenheld ist nicht mehr in der Lage, auch die schönste Frau zu beschlafen (1 Kön 1,3f).

**● Die Versorgung der alten Menschen war gut**

Alte Menschen wohnten in Gemeinschaft mit den Jungen innerhalb einer Familie. Der normale Haushalt umfasste drei Generationen: Großeltern, Eltern und Kinder, gegebenenfalls auch Urenkel, lebten auf engstem Raum beieinander. Altersheime waren völlig unbekannt.

**● Die Macht der alten Menschen war groß**

Alt Gewordene wurden nicht als „Last!" mitgeschleppt, sondern sie behielten das Sagen in der Großfamilie. Bis zum Tod hatte der Patriarch die Entscheidungsgewalt im Bereich seines Hauses inne. Eindrückliche biblische Beispiele sind Isaak, Jakob, David oder Tobit, die noch im Sterben die entscheidenden Verfügungen treffen. Die Alten vermachten den Kindern die wesentlichen Lebensgrundlagen: das Land, das Wissen und den Segen.

**● Kinderreichtum als Rentenversicherung**

Rente oder vergleichbare Alterssicherungssysteme gab es nicht. Die Altersvorsorge wurde gleichsam biologisch getroffen. Alte Menschen müssen Kinder haben, sonst geht es ihnen schlecht, besonders dann, wenn sie kein eigenes Land oder kein Kapital besitzen. Armut fordert als „Rentenversicherung" Kinderreichtum! Das ist ein mitentscheidender Faktor, warum die durchschnittliche Israelitin viele Kinder zur Welt brachte. Eine Fertilitätsrate von fünf bis sechs war Durchschnitt. Eltern brauchten Kinder.

**● Die Alten im öffentlichen Raum**

Was für den individuellen Privat-Bereich galt, galt noch mehr für den öffentlichen Raum: Als leitende Organe werden im Alten Testament Kollegien von Ältesten genannt, als Leiter a) von Ortschaften, b) von Stämmen und c) von Gesamt-Israel. Älteste handeln stellvertretend für die gesamte soziale Gruppe, die sie repräsentieren, und zwar in politischen (2 Sam 5), kultischen (2 Mose 24) und rechtlichen Fragen (5 Mose 19).

**● Die Pflichten der Jungen**

Aus der Würdestellung der Alten ergeben sich mancherlei Pflichten der Jungen. Die Tora schärft ein, dass es zu jedem guten Menschen gehört, lebenslang Dankbarkeit gegenüber seinen Erzeugern, Erziehern und Ernährern zu empfinden und auszudrücken. Der Dekalog, das ethische Grundgerüst der Bibel, schärft ein:

> „Du sollst deinen Vater und deine Mutter ehren, auf dass du lange lebest in dem Lande, das dir der HERR, dein Gott, geben wird" (Ex 20,12 // Dtn 5,16).

Dies Gebot hat zwei Sinnspitzen. Zum einen ist es an Kinder gerichtet und fordert von ihnen Gehorsam gegenüber ihren Eltern. Zum anderen ist es an Erwachsene gerichtet, die die alt gewordenen Eltern gut versorgen müssen. Es gibt aber auch Pflichten der Alten gegenüber den Jungen, sogar umfassende. Die Alten sind nicht nur die Erzeuger, sondern sie haben ihre Kinder mit den elementaren Bedürfnissen zu versorgen. Jedes Kind braucht Nahrung, Kleidung und elterliche Liebe.

Darüber hinaus aber müssen die Alten für Charaktererziehung und Bildung sorgen (vgl.

Ps 78). Die Bibel hat als spirituelle Grundlage eine Art Generationenvertrag. Der besteht darin, dass die nachwachsende Generation einen Anspruch darauf hat, dass ihr die religiösen Werte der Älteren nicht vorenthalten werden. Es gibt eine Verpflichtung zum Weitersagen, zum Erinnern, zum Teilen nicht nur, aber gerade auch auf religiösem Gebiet. Die Älteren dürfen vor dem Erziehungs- und Bildungsauftrag nicht fliehen (Ps 78).

● **Hochschätzung des Erfahrungswissens**

Die Kenntnisse und die Urteilskraft der alten Menschen werden sehr hoch veranschlagt. Das hängt damit zusammen, dass in der Antike Erfahrungswissen sehr hoch geschätzt wurde: Was wichtig ist, was eine Gesellschaft trägt und stark macht, das haben die Alten erfahren.

Ohne Lebensalter keine Lebenserfahrung, ohne Lebenserfahrung keine Weisheit, ohne Weisheit kein gelingendes Leben. Das gelingende Leben und Zusammenleben einer Gesellschaft hängt entscheidend vom Zusammenleben der Generationen und von der Integration der Fähigkeiten der Alten in den Alltag ab. Ältere Menschen haben durch ihr Leben hindurch Erfahrungen und damit Qualitäten erworben, die sie für die Gesellschaft wertvoll machen.

Diese biblische These ist eigentlich ein uraltes Lied, aber sie könnte für unsere Gesellschaft doch wieder ein ganz moderner Hit werden (Zum Thema: *Frank-Lothar Hossfeld:* Graue Panther im Alten Testament? - Das Alter in der Bibel, in: Arzt und Christ 36 [1990], 1-11; *Martin A. Klopfenstein*: Die Stellung des alten Menschen in der Sicht des Alten Testamentes, in: *Ders.:* Leben aus dem Wort. Beiträge zum Alten Testament, herausgegeben von *Walter Dietrich*, [Beiträge zur Erforschung des Alten Testaments und des antiken Judentums 40], Bern u.a.: Peter Lang 1996, 261-273).

## Fazit

Der Beter schaut dankbar auf sein langes Leben zurück. Auf der breiten Grundlage seiner langjährigen Erfahrungen mit JHWH ist er auch jetzt im Alter, auch in der aktuellen Not, voller Vertrauen auf Gottes Beistand. Mit seiner unerschütterlichen Hoffnung, dass Gott auch in Zukunft sicher helfen wird, ist er wirklich ein Zeichen, eine geistliche Bastion.

Indem sich der Beter das übervolle Maß an Gnade verdeutlicht, das sein ganzes Leben schon durchwaltet hat, bricht er regelrecht in Jubel aus (V 22-24).

Nur eine musikalische Umsetzung mit Lob-Gesang und Instrumenten ist der Glückseligkeit angemessen, die das lange Leben eines behüteten Menschen auslöst, der die Gnade und Freude hatte, alt werden zu dürfen.

Was eine Zither genau ist, ist unklar. Bildliche Darstellungen lassen an eine „Miniharfe“, an ein relativ einfaches Zupf-Instrument mit wenigen Saiten denken. Die Gegner sind beschämt worden. Gott hat sie dadurch gerichtet, dass er ihnen die Fehlerhaftigkeit und Schlechtigkeit ihres Tuns ins Bewusstsein gebracht hat. Das tut ihnen weh, ist aber Teil von Gottes Gerichts- und Heilshandeln.

*Summe unseres Lebens*

**Sag, wie wär' es, alter Schragen,**
**wenn du mal die Brille putztest,**
**um ein wenig nachzuschlagen,**
**wie du deine Zeit benutztest.**
**Oft wohl hätten dich so gerne**
**weiche Arme warm gebettet;**
**doch du standest kühl und ferne,**
**unbewegt, wie angekettet.**
**Oft wohl kam's, dass du die schöne**
**Zeit vergrimmtest und vergrolltest,**
**nur weil diese oder jene**
**nicht gewollt, so wie du wolltest.**
**Demnach hast du dich vergebens**
**meistenteils herumgetrieben;**
**denn die Stunden unseres Lebens**
**sind die Stunden, wo wir lieben.**

*Wilhelm Busch*

## Gedanken und Texte zum Nachdenken und Besprechen

● In Ps 71 bekennt der Beter: In allen Lebensphasen hat mich Gott begleitet, und auch jetzt. Gottes Zuständigkeit für mich umfasst das ganze Leben – und diese Zuständigkeit kann ich einfordern.

● Das Alter: Von weitem hält man es für eine Institution, aber es sind junge Menschen, die plötzlich alt geworden sind. Eines Tages habe ich mir gesagt: „Ich bin vierzig Jahre alt." Als ich mich von diesem Staunen erholt hatte, war ich fünfzig. Die Betroffenheit, die mich damals überfiel, hat sich nicht gegeben.

*Simone de Beauvoir*

(aus: Der Lauf der Dinge. Memoiren. Deutsche Übersetzung von Paul Baudisch. )

● Teilhaben

Mit neuen Gedanken
alt werden

Jung bleiben
an uralten Gedanken

Teilhaben
am unsterblichen Leben
unsterblichen Sterben

*Rose Ausländer*

(aus: Ich höre das Herz des Oleanders. Gedichte 1977-1979. )

● Ich bin jetzt über 93 Jahre alt, also nicht gerade jung, jedenfalls nicht mehr so jung, wie ich mit neunzig war. Aber Alter ist überhaupt etwas Relatives. Wenn man weiter arbeitet und empfänglich bleibt für die Schönheit der Welt, die uns umgibt, dann entdeckt man, dass Alter nicht notwendigerweise Altern bedeutet, wenigsten nicht im landläufigen Sinne. Ich empfinde heute viele Dinge intensiver als je zuvor, und das Leben fasziniert mich immer mehr.

*Pablo Casals*

(aus: Miteinander hoffen. Neukirchen-Vluyn, S. 93)

● Mein sind die Jahre nicht,
die mir die Zeit genommen;
mein sind die Jahre nicht,
die etwa möchten kommen;
der Augenblick ist mein,
und nehm ich den in acht,
so ist der mein,
der Jahr und Ewigkeit gemacht.

*Andreas Gryphius*

● Die Beterin kann sich die eigene Hilfsbedürftigkeit vor Gott eingestehen. Wie gehe ich mit meiner Hilfsbedürftigkeit um?

● Was der Beter im Leben erfahren hat, soll an die nächste Generation weitergegeben werden. Dazu gehören ganz wesentlich die Glaubenserfahrungen, also die Beziehung zu Gott, der Verweis auf die Gerechtigkeit Gottes, auf seine barmherzige, bergende und tragende Zuwendung.

* Gerechtigkeit Gottes im Sinn von schützender und bergender Zuwendung Gottes – wo hat sie sich in meinem Leben ereignet?

● Die Gotteserfahrungen, die uns in Ps 71 vor Herz und Sinn gestellt werden, künden von einer intensiven Nähe zu Gott. Der Psalm macht auch deutlich, dass es keine Idylle gewesen ist, in der diese Erfahrungen gemacht wurden.

● Es lohnt sich, Mensch zu sein. Gott wollte einer sein. Wir sind keine anonyme Herde, die richtungslos ihrem Untergang entgegengeht. Gott wohnt der menschlichen Tragödie nicht gefühllos bei. Er geht in sie ein, nimmt an ihr teil und offenbart uns: Es lohnt sich, das Leben, so wie wir es kennen, zu leben: monoton, anonym, arbeitsreich, jedoch treu im Bestreben, täglich etwas besser zu werden, anspruchsvoll in der Geduld mit uns selbst und mit den anderen, stark im Ertragen der Widersprüche und weise, um aus ihnen zu lernen.

*Leonardo Boff*

(aus: Mensch geworden. )

● Die Beterin blickt auf ihr Leben und ihren Weg mit Gott zurück und zieht Bilanz. Dieser Blick auf das gelebte Leben wirkt sich auf den Umgang mit den Widerfahrnissen der Gegenwart und das Leben in ihr aus.

* Wie sieht meine Lebens- und Glaubensbilanz aus?
* Wie wirkt sie sich auf mein jetziges Leben aus?

● Vor verschlossenen Türen warten lernen.
Keine Angst haben,
im ungelegenen Augenblick zu kommen,
falsch verbunden zu werden,
den Erwartungen nicht zu entsprechen,
sich zu verändern.
Nicht vergessen, dass wir älter und älter werden,
aber nicht automatisch (un)glücklicher.
Dich kommen lassen.
Die eigenen Grenzen erkennen
und Deine Grenzenlosigkeit ahnen.
Gott, das wäre schon viel.

*Wolfgang Abendschön*

(aus: Einmal Himmel und zurück. Calwer Verlag, Stuttgart. Alle Rechte beim Autor)

● Wenn wir das „Ich" des Psalms kollektiv lesen und im Sinn von Kirche, Gemeinde verstehen, dann könnten wir auch für uns auf dem Hintergrund des Psalms überlegen:
* Wie sieht unsere Bilanz als Kirche, Gemeinde aus?
* Wo haben wir Grund zur Dankbarkeit?
* Was haben wir als Kirche, Gemeinde weiterzugeben, und wie tun wir es?

● Jugend! Ich kenne auch den Zauber, der in diesem Worte liegt, und doch, wie wenig bin ich der Tage froh geworden, die man Jugend nennt! Meine Jugend war ein Kampf gegen Not und Kummer, ein Streit mit dem Ererbten und Aufgedrungenen in Kunst und Sitte, eine Notwehr gegen die Feinde meiner Ruhe, meiner Heiterkeit, meines wissenschaftlichen Strebens, gegen die Neider des bisschen Glückes, was mir der Himmel ließ und gab. Jetzt habe ich Friede geschlossen, aber ich habe keine Jugend mehr und will keine mehr haben, weil ich keine Hoffnung mehr haben will; nur in diesem Gedanken, der Ihnen fürchterlich klingt, geht mir ein neues, reiches Leben auf, und ich kümmere mich wenig darum, ob es die Welt Jugend nennt oder nicht, bin ich doch jünger dabei, als ich einst war.

*Hoffmann von Fallersleben*

## Bausteine zur Gestaltung

● Wer mit einem Kurzfilm einsteigen will, sei auf „Fast ein Gebet" von *Inka Friese* und *Simone Masarwah* (s.u. Medienempfehlungen S. 109) hingewiesen.

● *Gestaltete Mitte:*
(alternativer Vorschlag: s. u. Didaktischer Entwurf)
Auf einem weißen Tuch steht in der Mitte eine brennende Kerze. Die TeilnehmerInnen erhalten ein DIN A 4 Blatt und verschiedenfarbige Stifte.
* Malen Sie das Blatt mit den Farben aus, die für Sie im Rückblick Ihre Lebenserfahrungen ausdrücken.

In Dreiergruppen stellen sich die TeilnehmerInnen dann ihr Bild gegenseitig vor und nehmen dabei die Frage auf:
* In welchen Situationen habe ich besonders die Nähe Gottes erfahren? Wo habe ich ihn als fern, verborgen, fremd erlebt?

Nach dem Gespräch legen sie ihre Blätter um die Kerze.

● Die TeilnehmerInnen erhalten ein Blatt, auf dem folgende Stichworte untereinander stehen: Vertrauen, Gerechtigkeit, Fluchtpunkt, Fels, Burg, Zuversicht, Hoffnung, Anfeindungen, Anfechtungen, Wohltaten, Trost, Treue, Verlassen sein, von Gott erzählen.
* Suchen Sie sich aus den Begriffen die aus, die für Sie in Ihrem Leben im Blick auf Gott besonders wichtig sind, mit denen Sie bestimmte Erfahrungen verbinden, und schreiben Sie diese Begriffe auf eine Karte.

Danach erfolgt ein Gespräch über die ausgewählten Begriffe in Kleingruppen. Die Karten werden dann in die Mitte gelegt.

● In Einzelarbeit bedenken die TeilnehmerInnen folgende Fragen:
* Wenn ich auf mein Leben zurückblicke – welche Erfahrungen sind mir wichtig, welche waren einschneidend für mein Leben?
* Welche Bibelworte und Geschichten sind mir im Lauf meines Lebens wichtig geworden? Welche Erlebnisse und Erfahrungen verbinde ich mit ihnen?

Danach tauschen sich die TeilnehmerInnen über ihre Ergebnisse aus und halten die wichtigsten Ergebnisse auf Karten fest. Diese werden dann in die Mitte gelegt.

● Austausch in Kleingruppen oder im Plenum über:

* Wenn ich sagen kann: Gott ist die verlässliche Größe in meinem Leben, welche Erfahrungen verbinde ich damit?
* Wenn ich an Situationen denke, in denen es mir nicht so gut ging, wie ist es mir da im Blick auf Gott ergangen?

● *Fragen zur Texterschließung:*

* Betrachten Sie den Psalm unter den Stichworten „Lebensbilanz", „Lebenshoffnung", „Lebensgrund" und ordnen Sie den einzelnen Stichworten Verse des Psalms zu.
* Welche Aussagen sind Ihnen besonders wichtig? Warum?

oder:

* Gliedern Sie den Psalm in einzelne Abschnitte, geben Sie diesen Abschnitten Überschriften und überlegen Sie, welche Gottes- und Lebenserfahrung der Beter in den jeweiligen Abschnitten kundtut.

oder:

Die Beterin des Psalms spricht vor Gott aus, was Gott ihr für das eigene Leben bedeutet, wie sie mit den Bedrängnissen im Leben umgeht, was sie von Gott erwartet.

* Wo entdecken Sie Verbindungslinien zu den Erfahrungen Ihres Lebens, Ihres Glaubens?

oder:

* In welcher Lebenssituation befindet sich der Beter?
* Welche Bilder für Gott werden im Psalm gebraucht? Was bedeuten sie für das Leben, den Glauben des Beters?
* Warum will der Beter seine Erfahrungen mit Gott weitergeben?

● *Gesprächsimpulse:*

In Ps 71 wird uns die Weitergabe des Glaubens als ein Erzählen von den Wundern Gottes im eigenen Leben vor Augen gestellt. Dies Erzählen wird aber wohl nur zustande kommen, wenn es aus der Dankbarkeit erwächst, die die Gerechtigkeit Gottes, das heißt, das Erbarmen Gottes als die umfassende Wirklichkeit des eigenen Lebens erfährt, begreift und annimmt.

* Wie geben wir heute unsere Glaubenserfahrungen weiter? Mit welchen Herausforderungen sehen wir uns konfrontiert?
* Womit haben wir Schwierigkeiten?

In V 7 bekennt die Beterin: „Ich bin für viele wie ein Zeichen" (Luther) [wörtlich: wie ein Wunder].

* Inwiefern kann ich der Psalmbeterin zustimmen?
* Welche Aspekte für die Weitergabe unseres Glaubens können Sie diesem Bekenntnis entnehmen?

● Der Beter des Psalm bezeugt: Auch wenn mir Widerstände, Bedrängnisse und Anfeindungen im Leben widerfahren, will ich nicht klein beigeben, sondern mich in Gott bergen.

* Was löst dies Zeugnis in Ihnen an Gedanken und Gefühlen aus?

● Wer den Abend mit einer Bildbetrachtung schließen möchte, sei auf das Bild von *Uwe Appold* und die Betrachtung von *Jörg Meuth* hingewiesen (s.u. S. IV).

## Lieder

| | |
|---|---|
| Von guten Mächten treu und still umgeben | EG 65 |
| Ich möcht', dass einer mit mir geht | EG 209 |
| Treuer Wächter Israel | EG 248 |
| Verzage nicht, du Häuflein klein | EG 249 |
| O gläubig Herz, gebenedei | EG 318 |
| Alte mit den Jungen sollen loben | EG 338 |
| Es kennt der Herr die Seinen | EG 358 |
| Was Gott tut, das ist wohlgetan | EG 372/GL 294 |
| Gott wohnt in einem Lichte | EG 379/GL 290 |
| Ja, ich will euch tragen | EG 380 |
| Erbarme dich, erbarm dich mein | GL 164 |
| Sag ja zu mir, wenn alles nein sagt | GL 165 |
| Singt dem Herrn ein neues Lied | GL 268 |
| Herr, dir ist nichts verborgen | GL 292 |
| Auf dich allein ich baue | GL 293 |

## Didaktischer Entwurf zu Psalm 71

**Autoren: Wolfgang Baur / Bernd Gärtner**

### Thematischer Schwerpunkt

Der Beter des Psalm 71 ist ein alternder Mensch – er erinnert an seine grauen Haare, an das Viele, das er in seinem Leben bereits erlebt und erlitten hat. Auch sieht er sich in seiner jetzigen Situation von Feinden verfolgt und angegriffen.
Sie wollen wohl sein Alter, seine geringer werdenden Kräfte und Möglichkeiten ausnutzen und sagen ihm nach, darin zeige sich, dass Gott ihn verlassen habe. Ist Gott etwa nur bei den Jungen, den Kräftigen? Hängt der Sinn des Lebens davon ab, was man geleistet hat oder jetzt noch leisten kann? Sind die Erben schon auf der Lauer?
Der Beter jedoch weiß sich – trotz seiner Zukunftsangst – von Geburt an bei seinem Gott geborgen. So bittet er ihn weiter um seinen Beistand gegen seine Feinde.
Seine Aussichten auf die Zukunft beunruhigen den Psalmenbeter, doch ist der Rückblick auf sein Leben von Dank und Lob gegenüber Gott geprägt. Von dessen großen Taten will er noch lange seinen Kindern und Enkeln erzählen – „Weitergabe des Glaubens" durch die Erzählkette über die Generationen.
Einer der zentralen Begriffe im Psalm ist die „Gerechtigkeit Gottes" (V 2.15.16.19.24). Sie hat der Psalmenbeter in seinem ganzen Leben erfahren. Er dankt für sie und bittet nun, dass Gott sie ihm auch weiterhin zeigen und ihm beistehen möge. „Gerechtigkeit" meint ein Handeln Gottes, das dem Beter hilft gegen ungerechte Feinde, das ihn rechtfertigen wird. Es ist Ausdruck von Gottes barmherziger Zuneigung zu ihm.
Diese beiden Gedanken können im Mittelpunkt des Abends stehen:

* die Gerechtigkeit Gottes; mein Gottesverhältnis; mein Bild von diesem Gott;
* das Altwerden; der Umgang der Generationen miteinander; das eigene Empfinden dieses Vorgangs.

### Materialien

Tücher, Stifte, Zettel, Kerze, Bibel.

### Gestaltete Mitte

Verschiedenfarbige bunte Tücher, Bibel (Ps 71), darum herum Zettel mit den Begriffen: Gerechtigkeit; Angst; Vertrauen; Zuflucht; Lob und Preis; Zukunft; Jugend; Erfahrung; Unrecht; Gewalt; Schutz; Bildung; Schwäche; Alter; Musik; Not; Unglück; Gesang.

## Zur Gestaltung des Abends

### Liturgischer Beginn

EG 379 / GL 290 Gott wohnt in einem Lichte – oder:
EG 209 Ich möcht, dass einer mit mir geht

### Öffnen – Text begegnet Wirklichkeit

*Was hat Gott damit zu tun? (Zweiergespräch und Plenum)*

Die TN werden eingeladen, sich jeweils zu zweit einen der Zettel mit Begriffen zu nehmen und darüber zu sprechen, ob aus ihrer Sicht Gott damit etwas zu tun hat. Dann sollen sie einen Satz formulieren, in dem sowohl der Begriff wie auch Gott vorkommt. Der Satz soll entweder in der Ich-Form oder in der DU-Form formuliert sein (also als Aussage über die eigene Person oder als Anrede an Gott).
Im Plenum tragen die TN nacheinander ihre Sätze vor. Auf diese Weise entsteht eine Art persönlicher Psalm, der bereits die Kernbegriffe des Psalms 71 enthält.

### Begreifen – Textlektüre und Textinformation

Lesen des Textes; Verständnisfragen klären.

### Anregungen zur Gruppenarbeit

Da der Text relativ lang ist, empfiehlt es sich, thematisch einen Schwerpunkt zu wählen. Die Sicht Gottes und die Beziehung des Beters zu Gott erlauben einen textnahen Zugang.

* Welche Eigenschaften Gottes werden beschrieben? Mit welchen Bildern?
* Welche Erfahrungen stecken dahinter?
* Decken sich diese Erfahrungen mit Gott mit Ihren eigenen?
* Worin zeigt sich im Psalm die „Gerechtigkeit" Gottes?
* Macht Ihnen der Gedanke an einen „gerechten Gott" Angst oder befreit er Sie?
* Welche Rolle spielt das Lebensalter für die Gottesbeziehung?

*Ergänzend oder alternativ:*

* Jung sein ist in unserer Gesellschaft positiv besetzt. Wie bewerten Sie dagegen den Satz: „Ich altere, also bin ich" (*Elisabeth Steinmann*)?
* Wie sehen Sie das Verhältnis der Generationen in Ihrer Umgebung, in der Kirchengemeinde? Werden Sie als junger Mensch in der Kirchengemeinde ernst genommen? Hat sich die Welt zu sehr verändert oder können Sie von der Erfahrung der Alten lernen?

* Fühlen Sie sich als alter Mensch angenommen, akzeptiert oder ausgegrenzt, abgeschrieben? Glauben Sie, dass Ihre Lebens- und Glaubenserfahrung Jüngeren helfen kann? Kann die Erfahrung Jüngerer Ihnen helfen?
* Hat die öffentliche Darstellung des Papstes Johannes Paul II. in seinem Alter und Leiden die Bewertung der alten Menschen verändert?

*Plenum:*
Zusammentragen der Ergebnisse.
An vielen Orten in unserer Gesellschaft wird jetzt ein „Dialog der Generationen" geführt: Alt und Jung sprechen miteinander über ihre Erfahrungen, Erwartungen, ihre Hoffnungen und konkreten Pläne – alle können wesentliche Beiträge zum Aufbau unserer Gesellschaft leisten.
Wie kann ein solcher Dialog in unserer Kirchengemeinde aussehen? Was können Junge, was können Alte mit ihren je spezifischen Erfahrungen und Kräften beitragen?

**Mitnehmen – Mit dem Psalm weiterbeten**
Der Psalm lässt das Profil eines Menschen erkennen. Gemeinsam versuchen die TN zu beschreiben, wer das ist, wie er ist, welche Charakterzüge, Eigenschaften, Hoffnungen und Ängste er / sie hat.
Dann versuchen die TN sich in ihn / sie hineinzuversetzen:
Das könnte ich auch sein, denn ... oder:
Das könnte ich niemals sein, denn ...
Als Abschluss sucht jede/r sich einen Vers aus dem Psalm, dem sie / er ungeteilt zustimmen kann. Reihum werden die Verse gesprochen, dabei können die Wörter auch umgestellt werden und der Vers mehrfach gesagt werden. So ergibt sich ein lebendiges Psalmgebet mit „unseren" Versen.

**Liturgischer Schluss**
EG 338 Alte mit den Jungen sollen loben – oder:
EG 395 Vertraut den neuen Wegen – oder:
EG 380 Ja, ich will euch tragen

*Segenswort:*
Der Herr segne dich und behüte dich. Vertraue ihm – er ist mit dir, wenn dich etwas ängstigt. Er schafft dir Recht gegen alle, die dich bedrängen, so vertraut auch der Psalmenbeter. Er gibt dir den Mut, aufzubrechen und die Kraft, neue Wege zu gehen, wie alt du auch immer bist. Und wenn du einmal Umwege und Irrwege gehst, dann lass dich von ihm bei der Hand nehmen, er leitet dich zurück auf seine Wege. Gott erhebe sein Angesicht auf dich. Er schenkt dir seinen Frieden, bei ihm bist du geborgen. So segne dich Gott – Vater, Sohn und Heiliger Geist. Amen.

**Allmählich verwandelt das Mysterium des Lebens allen Kummer gewesener Tage in ruhige Heiterkeit. Anstelle des jugendlich heißen Blutes tritt der Friede demütigen klaren Alters. Jeden Tag preise ich den Aufgang der Sonne, und mein Herz jubelt mir wie früher zu. Aber noch mehr liebe ich jetzt ihren Untergang, ihre langen schrägen Strahlen, die stille, sanfte, versöhnende Erinnerungen wachrufen, lichte Bilder aus meinem langen gesegneten Leben, und über all dem die Gerechtigkeit Gottes, die alles besänftigt, versöhnt, verzeiht.**

*Fjodor M. Dostojewskij*

V Psalm 118

# Lebensgrund

## Auslegung

Ps 118 ist eine Sammlung sehr bekannter Einzelworte, die – wie manche Sprichwörter – die kirchliche Tradition geprägt haben. Es seien nur V 8 („Es ist gut, auf den HERRN vertrauen und nicht sich verlassen auf Menschen"), V 22 („Der Stein, den die Bauleute verworfen haben, ist zum Eckstein geworden") und V 26 („Gesegnet sei, der kommt im Namen des HERRN") hervorgehoben. Das Lied wirkt wie eine Zusammenstellung bekannter Psalmworte, wie ein Potpourri von kultischen „Evergreens", eingerahmt in den wohl vertrautesten Gebetsaufruf (V 1 und 29): „Danket dem HERRN; denn er ist freundlich, und seine Güte währet ewiglich."

Selbst wenn die Einzelworte vertraut und verständlich wirken, ist die Komposition und Gesamtintention des Psalms schwer zu durchschauen. In der Forschung gibt es einen intensiven Diskurs, wie er richtig zu verstehen sei. An ihm kann man geradezu modellhaft nachvollziehen, was in der Einleitung über die Grundzüge der Psalmenforschung gesagt wurde (vgl. die meisterhafte Forschungsübersicht von *Erich Zenger*, in: *Hossfeld / Zenger*, 315-317).

### Forschungsüberblick

● **Hermann Gunkel**

Am Anfang der modernen wissenschaftlichen Auslegung steht die formgeschichtliche Exegese von *Hermann Gunkel* (*Gunkel*, 504-511), der als Sitz im Leben des Psalms eine private Dankfeier ermittelte. Immer wenn ein Mensch eine unerwartete Errettung erfahren hat (z.B. die Heilung von schwerer Krankheit), kann er sich dieser Agende zur Gestaltung einer Dankfeier bedienen. Diese Liturgie fängt mit einem großen, von allen Festteilnehmern gemeinsam gesungenen Danklied, in V 1-4 an. Dann folgt in V 5-21 der Solo-Part dessen, der zum Fest geladen hat. Dieser Vorbeter und Erzähler legt vor der versammelten Gemeinde ein öffentliches Zeugnis von der wunderbaren Rettung aus seiner Not ab. Er berichtet – auf den Stufen, die zum Tempel hinaufführen, stehend – von seinen Erfahrungen und rekapituliert das Gelöbnis, das er damals abgelegt hatte (V 19-21).

*Gunkel* beschreibt die Situation sehr plastisch: „Der Festzug ist – so wird vorausgesetzt – jetzt am Tempeltor angekommen und bleibt dort eine Weile stehen. Wir dürfen uns diesen Zug vorstellen: der Danksagende mit seinem Opfertier in der Mitte, die Freunde um ihn her, alle in festlichen Gewändern, jubelnd und jauchzend. Am Heiligtum angelangt, finden sie die Tore geschlossen; dies offenbar der Sitte entsprechend, um darzustellen, dass sie sich nur unter bestimmten Bedingungen auftun. Nur ‚Gerechtigkeit' (Jes 26,2) berechtigt zum Eingang in diese ‚Stätte der Gerechtigkeit' (Jer 31,23), da man ‚Opfer der Gerechtigkeit' (Ps 4,6) darbringt" (ebd., 507).

So fordert der Gerettete die Wachen, die das Tor hüten, auf, ihm und seiner Festgemeinde die Tempeltore zu öffnen, damit alle gemeinsam das Dankfest mit Opfermahl und Tanz im Inneren des Tempels feiern können. Diese im Wechselgesang vollzogene „Dankopferliturgie" spiegelt sich nach Gunkel in V 22-29 wider: in einem Hin und Her von Festgästen beim Durchschreiten der Tore (V 22-25), in den Priestern, die die Festprozession mit der Segensformel begrüßen (V 26-27), in dem Geretteten / Geheilten, der Gott feierlich dankt (V 28), und in dem kurzen Schlusshymnus, den dann alle gemeinsam singen (V 29).

*Gunkels* Auslegung bedeutet in mancher Hinsicht einen großen Fortschritt. Der Text wird nicht mehr allegorisch-prophetisch als verborgener Hinweis auf Jesus Christus gedeutet, auch nicht auf einen bestimmten historischen Anlass hin erklärt (so die ältere Forschung), sondern er wurde als regelmäßig verwendbarer Gebrauchstext verständlich.

Allerdings hat diese Deutung doch noch Probleme. Sie kann die Elemente des Psalms, die einen weiten Radius aufspannen und eine große Öffentlichkeit einbeziehen, und die von einer nationalen, ja sogar internationalen Bedeutung des Geschehens sprechen, nicht gut erklären (v.a. V 10-12: „Alle Heiden umgeben mich; aber im Namen des HERRN will ich sie abwehren. Sie umgeben mich von allen Seiten; aber im Namen des HERRN will ich sie abwehren. Sie umgeben mich wie Bienen, sie entbrennen wie ein Feuer in Dornen; aber im Namen des HERRN will ich sie abwehren“). Ist Gunkels Auskunft, dass der Altorientale eben zu großer Übertreibung neige, wirklich überzeugend?

„Dergleichen Worte würden am besten in den Mund eines Königs passen, der in der Schlacht, von Feinden umzingelt, seinen Gott anrufend, Wunderwerke der Tapferkeit verrichtet. Derartige Worte sind als Ausdruck höchster Begeisterung in den Mund der Psalmisten gekommen: auch ein solcher Frommer, zumal wenn er mitten unter Andersgläubigen wohnt, glaubt, im Krieg zu stehen wider ein ganzes Volk (Ps 43,1), ja, wider ‚Zehntausende Volkes‘, ‚die sich wider ihn lagern‘. Solcher ‚Krieg‘ des Psalmisten gegen seine Feinde aber ist nicht ein wirklicher; sondern nur ein bildlicher, vgl. Ps 3,7 ... Solche Worte des Psalmisten sind gewiss überschwänglich, aber nicht unmöglich in der Dichtung eines alten, höchst temperamentvollen Volkes, in dem der Kranke versichern kann, schon in der Unterwelt zu sein“ (506).

### ● Kultische Psalmdeutung

Wegen dieser Spannung von rein privatem, sehr individuellem Anlass und weit überindividueller, ja politischer Weite des Textes hat die kultische Psalmdeutung den Sitz im Leben anders zu bestimmen versucht. Man hat den Psalm als Königspsalm gedeutet, wonach der Beter eben der judäische Monarch als Repräsentant Israels nach einem militärischen Sieg immer wieder eine staatliche Dankzeremonie durchführte (so z.B. *Leslie C. Allen* 118-125 / *Andrew C. Brunson*: Psalm 118 in the Gospel of John. An Intertextual Study on the New Exodus Pattern in the Theology of John [WUNT 158], Tübingen 2003, 23-44). Oder man hat (in einem ähnlichen Rahmen) an den Kult beim Laubhüttenfest (z. B. *Alfons Deissler*, 117f), oder beim Neujahrsfest bzw. JHWH-Königfest gedacht (z.B. *Sigmund Mowinckel:* The Psalms in Israel‘s Worship, Band I 1960, 120-131).

Zum anderen gibt es eine Tendenz, die alte, schon rabbinische kollektive Auslegungsrichtung neu zu begründen und das betende Ich in Ps 118 mit dem Volk „Israel“ zu identifizieren. Bei der Frage, welche Situation nationaler Gefahr und Errettung der Entstehungshintergrund sei, gibt es zahlreiche Vorschläge: Es könnte z.B. die Grundsteinlegung des Zweiten Tempels 520 v.Chr. nach dem überstandenen Exil sein (vgl. Esra 3), oder das Laubhüttenfest zum Abschluss der Mauerrenovierung unter Nehemia etwa 440 v.Chr. (vgl. Neh 8) oder die Tempelwiedereinweihung unter Judas Makkabäus 164 v.Chr. (vgl. 1 Makk 4,36-61; 2 Makk 10,1-8).

### ● Moderne Auslegung

In der modernen Auslegung wird der Umstand betont, dass Psalmen auch Texte sind, die als Texte gelesen werden können (siehe oben die Ausführungen zur kanonischen Psalmenanalyse S. 25). Das Lebensgefühl, das in den Psalmen vermittelt wird, ist, dass alles, was Menschen erleben, wie ein liturgischer Akt erfahren wird, sei es als fröhliches Fest, sei es als traurige Klagefeier. Die Atmosphäre des Gottesdienstes dringt in den Alltag vor und verbreitet überall das Gefühl, das ganze Leben im Angesicht Gottes zu führen.

*Erich Zenger* formuliert seine Sicht, die in Vielem dem unten noch zu entwickelnden Verständnis entspricht, folgendermaßen: Gemeinsam ist älteren „Auslegungen, dass sie für den Psalm eine spezifische kultische Entstehungs- oder Verwendungssituation rekonstruieren – und dabei letztlich scheitern. Zwar ist nicht zu bestreiten, dass der Psalm stark kultisch imprägniert ist, doch lässt er sich nicht in eine plausible liturgische Abfolge umsetzen. Er nimmt vielmehr kultische Elemente auf, um eine liturgische Kantate mit lehrhafter Absicht zu gestalten.

So hat der Psalm einen Doppelcharakter: Er ist Ritual und Poesie. Er konstituiert mit der Abfolge seiner Teile ein liturgisches Geschehen, ohne dass sich dieses real so am Jerusalemer Tempel vollziehen muss. Gleichwohl bleibt der Psalm an den Jerusalemer Tempel gebunden, insofern er eine Poetisierung der Zions- und Tempeltheologie darstellt und die Beter des Psalms durch die Rezitation an der Wirkmächtigkeit des vom Tempel aus rettenden und segnenden JHWH teilhaben lassen will. Der Psalm ist eine poetisch imaginierte Liturgie …, die in unterschiedlichen Kontexten ‚aufgeführt' werden konnte, sowohl im Tempel selbst (als liturgische Kantate oder bei einem ‚Gruppengottesdienst') als auch außerhalb des Tempels" (316).

## Aufbau

Der Psalm hat keine Überschrift, er steht in einer Gruppe von Texten ohne Autorangabe bzw. Angabe eines Lesehorizonts (Ps 111 – 119). Er eröffnet also keinen speziellen Assoziationszusammenhang und hat damit etwas Allgemeingültiges.

Der Text von Psalm 118 ist nicht sehr deutlich gegliedert, sondern geht in Sprüngen von einem Feld zu einem ganz anderen. V 1 und 29 sind Rahmen; V 2-4 sind Aufrufe zum Lob; in V 5-19 spricht ein Ich, wobei der so genannte Bericht durch etliche weisheitliche Einstreuungen ausgebaut erscheint; in V 20-28 ist stärker eine Gruppe im Vordergrund (allerdings mit „Rückfällen" ins Ich in V 19.28 und in die Bitte in V 25), was die Unterteilung weiter unklar macht.

Mehrfach begegnet das Stilmittel der wörtlichen Wiederholung mit leichter (steigernder) Variation (2-4.8f.10-12), ohne dass dadurch Abschnitte oder Strophen markiert würden. Der Text ist auch nicht klar nach Orten gegliedert (V 1-18 vor den Toren, V 19-29 Passieren der Tore und Fest innerhalb des Tempelareals). Der Text spiegelt eben nicht Schritt für Schritt einen kultischen Progress, sondern pendelt räumlich zwischen einer Prozession auf den Tempel hin, den Tempeltoren und dem Altar sowie zeitlich zwischen Vergangenheit, Gegenwart und Zukunft.

## Sitz im Leben

Wollte man mit *Hermann Gunkel* den Text erschließen, müsste man den modernen Leser in die Straßen und in den Tempel von Jerusalem „entführen". Da er den Sitz im Leben an diese Orte legt, müsste der Tempelberg vor unserem geistigen Auge erscheinen, das sakrale Gelände. Man kann sich eine Gruppe von Freunden und Priestern imaginieren, die durch die engen Gassen Jerusalems (des heute jüdischen Viertels) ginge und dabei laut jauchzend mit musikalischer Begleitung im Wechsel von Israel, Aaron, alle Gottesfürchtigen die Güte Gottes preisen („denn er ist gut, denn seine Gnade währt ewig!"). Dieser fröhliche Festzug steige dann zum Tempelberg hinauf, passiere die Tore des Heiligtums und singe und tanze schließlich im Inneren des Tempels weiter.

Aber wenn man den Text auf diese Weise aktualisiert, macht man ihn zwar leichter nachvollziehbar, bunter und interessanter, aber man tut ihm damit keinen Gefallen. Auch wenn der Text hoch liturgische Sprache enthält und viele Erinnerungen an Kulthandlungen aufblitzen lässt, so ist er doch ein Text: Im Akt des Lesens wird aus dem Text ein Stück Poesie, die ihre Wirkung auch außerhalb des Tempels entfaltet.

## Thema: Dank für Gottes Güte

V 1 bildet mit V 29 einen gleichlautenden Rahmen. Es handelt sich um einen Befehl mit einer Begründung, so wie ein Hymnus formgerecht anzufangen pflegt: „Preist den HERRN, denn er ist gut, denn seine Gnade währt ewig!" Damit ist das entscheidende Thema angeschlagen: „Dank" für Gottes Güte. Das hebräische Wort für „Güte" meint „das übervolle Maß": Gott gibt nicht das, was einem erworbenen Anspruch genau entspricht – das wäre Gerechtigkeit. Er gibt mehr, er gibt weit über das Maß hinaus.

„Ewig" ist kein Abstraktbegriff, kein „immer", kein „zeitlos", sondern: Gemeint ist ein andauerndes, von sehr langer Zeit herkommendes und in sehr lange Zeit hinführendes jeweils konkretes Handeln Gottes (vgl. Ex 3,14: „Ich werde da sein, als der ich da sein werde"). Leben ist Geschenk Gottes. JHWH ist wesensmäßig Schenkender. Seit Anfang bis zum Ende der Geschichte erweist er immer wieder neu seine Bereitschaft, überreich zu beschenken. Das deutsche „Denn" ist hier nicht nur Begründung, sondern schon

Vollzug des Lobs. Es wäre besser, mit „Ja, fürwahr“ zu übersetzen.

## Drei Gruppen (V 2-4)

V 2-4 sprechen drei Gruppen an: Israel, die Aaroniden und die Gottesfürchtigen. Es scheint eine Dreigliederung der Welt gemeint zu sein: das auserwählte Volk, die Geistlichen innerhalb dieses Volks und die Gottesfürchtigen. Diese Bezeichnung kann sich auf Israel und die Aaroniden insgesamt beziehen (so die jüdische Auslegung), oder aber auf eine dritte Gruppe, die dann aus den Völkern käme wie z.B. Abimelech (Gen 20), die ägyptischen Hebammen (Ex 1,15) oder Hiob (Hi 1,1). „Die Gott fürchten“ ist im Neuen Testament eine Bezeichnung für jene Heiden, die sich zum Monotheismus der Synagoge halten (Apg 13,16.26), bei denen Paulus eine Hauptadressatengruppe der Missionspredigt sah.

## Erzählung der Not (V 5-19)

V 5-19 entfalten eine „Erzählung der Not“: Ab V 4 wechselt dabei der Gottesname in die Kurzform Jah (auch V 14.17.18.19). Das Phänomen scheint relativ ungeordnet. Die Vokabeln in V 4 sind konventionell und blass: „aus der Tiefe“ meint die Not, die mit „unten“ assoziiert ist (wie im Deutschen auch), die Befreiung wird mit „ins Weite führen“ verbildlicht.

## Grundhaltung gegenüber dem Leben (V 5f)

V 5f entfalten die persönliche, die subjektive Erfahrung! Wer oft erfahren hat, dass Gott hilft, wird gelassen und fühlt sich stets geborgen. Wer Gottes Beistand erlebt hat, hofft darauf, dass er seine „Hasser“ = Verfolger einstmals von oben, d.h. geringschätzig ansehen darf. Aus der Einzelerfahrung formt sich eine Grundhaltung gegenüber dem Leben. Gott ist die Bastion, in der man sicher geborgen ist. Alle Angst vor Menschen hört hier auf.

## Gegensatz: Gott – der Mensch (V 8f)

Mit V 8f wird der Ton geradezu sprichwortartig. Der Gegensatz Gott – der Mensch (mit Artikel) kommt auch in der Prophetie vor (vgl. Jer 17,5; Hos 11,9). Vertrauen auf Menschen wäre eine Form des Unglaubens gegen Gott. Gott ist einzig König und ist stärker als alle Fürsten. Eine kritische Abwertung alles politischen Machtgehabes schwingt hier mit.

© Johann Mayr

## Kriegssprache (V 10-12)

V 10-12 sind Kriegssprache, wobei die Waffe, mit der der Beter den Feind besiegt, der Name JHWH ist. Das erinnert an deuteronomistische Vorstellungen von Krieg, wie sie in den Davidgeschichten verwendet wird: Die entscheidende, den Sieg bewirkende, Kraft ist

JHWH selbst. „David aber sprach zu dem Philister (Goliat): Du kommst zu mir mit Schwert, Lanze und Spieß, ich aber komme zu dir im Namen des HERRN Zebaoth, des Gottes des Heeres Israels, den du verhöhnt hast.“ Der Name siegt; der schem Gottes ist Schutzsphäre und Waffe (hier Abwehrwehrwaffe) zugleich. Die Feinde werden verspottet, indem sie als Dornenfeuer tituliert werden. Dies Material entbrennt zwar schnell, hält aber nicht lang durch. Die Dornen sind substanzlos und verlöschen von allein.

## Preis des Monotheismus (V 13)

In V 13 wird im Allgemeinen als Subjekt von „Stoßen“ ein Mensch angenommen: „Man hat mich gestoßen“ oder eine Gruppe von Menschen: „Sie haben mich gestoßen“ („dass ich fallen soll; aber der HERR hilft mir“). Bei genauer Analyse zeigt sich hier aber, dass das Subjekt beider Verben Gott ist. Man kann also übersetzen: „Er hat mich gestoßen, dass ich fallen soll; aber der HERR hilft mir (auch).“ Damit kommt man zu der scheinbar paradoxen Aussage, dass Gott selbst niederstößt und doch auch wieder aufrichtet.

Diese Lesart entspricht dem Gottesbild, das durch V 18 entfaltet wird: „Der HERR züchtigt mich schwer; aber er gibt mich dem Tode nicht preis.“ Der Gedanke, dass das Leiden durch Krankheit, auch durch die Feinde, letztlich von Gott geschickt wurde, entspricht dem Monotheismus, ist gleichsam der hohe Preis des Monotheismus: Auch die dunklen Seiten der Wirklichkeit, alles muss mit dem einen Gott zu tun haben. Solche Gedanken sind im Alten Testament in mehreren theologischen Schulen entfaltet. Sie gehören zur Geschichtstheologie im Umkreis des Deuteronomiums (vgl. Dtn 27f).

## Das „Exodus“-Gefühl (V 15-16)

V 15 und 16 springen wieder in den Bereich der so genannten „Kriegstheologie“ zurück. Die Vorstellung ist dem gegenwärtigen weltlichen Christentum fremd geworden, dass Gott etwas mit Kriegsführung und Siegen im Krieg zu tun haben könnte. Aber für den Israeliten, zu dessen Lebenswirklichkeit sehr häufig Kriege gehörten, ist diese Dimension des Wirkens Gottes in der Welt wesentlich. Außerdem steht noch eine mythologische Dimension im Hintergrund: Im Kampf der Götter hat die Rechte JHWHs den Sieg errungen.

*Erich Zenger* hat nachgewiesen, dass hier einige Bezugnahmen auf Ex 15, auf das Danklied nach der Errettung der Israeliten im Roten Meer vorliegen und hat daraus sogar den Schluss ziehen wollen, dass dies Lied von der Befreiung „der hermeneutische Horizont ist, in dem Ps 118 verstanden werden muss“ (336). Das scheint mir etwas überzogen. Aber ohne Zweifel ist das „Exodus“-Gefühl, das Gefühl, aus schwerer Verfolgung wunderhaft herausgeführt worden zu sein, wesentlich für diesen Psalm.

## JHWH als Kämpfer für die Seinen (V 17)

V 17 „Ich werde nicht sterben, sondern leben und die Taten JHs erzählen“ ist aus der Perspektive des Kriegsteilnehmers zu verstehen: Auch wenn er durch eine harte Schlacht hindurch muss, hofft er doch, dass er überleben wird und dann die Kriegstaten JHWHs anderen erzählen kann. JHWH erscheint hier als Kämpfer für die Seinen.

## Innere Selbstprüfung? (V 19-21)

Ab V 19 wechselt das Bild. Ein Individuum will in den inneren Tempelbezirk und fordert auf, ihm die Tore zu öffnen. In der Forschung wird immer wieder vermutet, dass sich der Eintretende einer Prüfung unterziehen müsse, ob er auch die Einlassbedingungen erfülle. Es wird diskutiert, ob sich die Tempelbesucher und das Tempelpersonal an den Toren zum äußeren Tempelvorhof, also vor dem Betreten des Tempelbezirks, examinierten oder ob der Ort des vermuteten Geschehens bereits im äußeren Tempelvorhof lag, kurz vor dem Durchschreiten der Tore zum inneren Tempelhof.

Ferner wird darüber gestritten, was genau die hypothetisch angenommene „Toreinlassliturgie“ leisten sollte – eine rechtliche Überprüfung der Zulassung zum Kult oder eine spirituelle Begleitung bei der Kultteilnahme. Die Existenz eines solchen massenhaft durchgeführten Tempelrituals, das sich auch in Ps 15 und 24 widerspiegeln soll, ist aber durchaus fraglich. Man darf nicht die gewaltigen Ausmaße des Tempels des Herodes mit seinen gigantischen Umfassungsmauern und den großen Treppen- und Toranlagen auf den vorherodianischen, perserzeitlichen Tempel übertragen.

Auch wenn wir archäologisch gar nichts über den vorherodianischen Tempel sagen können (dort wurde niemals ausgegraben und wird wohl auch niemals ausgegraben werden), wird man doch mit wesentlich kleineren, ja geradezu bescheidenen Bauverhältnissen rechnen müssen. Ein eigenes „Tor der Gerechtigkeit", das man durchschreite, wenn man der „kultischen Rehabilitation" für würdig befunden wurde (so *Seybold*, 460), ist reines Postulat.

Die große Zahl der in den Chronikbüchern genannten Torhüter kann leicht falsche Assoziationen auslösen. Man darf sie sich wohl weniger als Beichtväter vorstellen, sondern mehr wie die heutigen Wächter an den Türen zur Al Achsa Moschee und dem Felsendom, die auch nur im Zweifelsfall Besucher befragen, ob sie wirklich Moslems sind.

Das gesamte Tempelgeschehen ist eng mit den Vorgängen am Königshof verwandt. Der Kultteilnehmer vollzieht gleichsam eine Audienz beim König-Gott und muss sich entsprechend vorbereiten. Es handelt sich bei diesem „Durchschreiten der Tore" und bei den „kritischen ethischen Fragen", die dabei gestellt werden, wohl mehr um eine innere Selbstprüfung (vgl. *Oeming:* Psychoanalytische Rituale, FS Assmann, 2009).

Zumal die öffentliche Behauptung, man sei selbst „gerecht" und daher befugt, die „Tore der Gerechtigkeit" zu passieren und auf Gottes Berg zu weilen, leicht selbstgerechte Lippenbekenntnisse würden.

Obwohl also sprachlich wie archäologisch alles unklar ist, übt die Idee *Gunkels* vom Sprecherwechsel Laie – Priester, von wechselnden Zeugnisreden und von der feierlichen Zulassung zum Kult im Inneren des Tempels eine ungebrochene Faszination aus, wie sich zuletzt bei *Seybolds* und *Zengers* Auslegung gezeigt hat. Letzterer geht allerdings noch einen entscheidenden Schritt über Gunkel hinaus, indem er annimmt, im Hintergrund von Ps 118,19ff stehe Jes 26,1-6. „Es geht um die Gemeinschaft der im neuen Exodus geretteten Exilierten – ja im Horizont von V 1-4 und Jes 24-27 geht es sogar um die geretteten Gerechten aus Israel und den Völkern." Dass hier auch Heiden in den Tempel einziehen sollen – was bei Todesstrafe verboten war –, erscheint mir aber nicht deutlich gesagt.

## Das Bild vom Eckstein (V 22)

V 22: Ein neues Problem besteht in der Frage, wie das Bild vom Eckstein genau gemeint ist und wer der Eckstein ist. Die Bildhälfte ist halbwegs klar (vgl. *Oeming*: ThWAT, Artikel pinnah = Eckstein). Wer einen Bau ausführt, muss das Baumaterial sorgsam prüfen und ungeeignetes Material aussortieren. Dabei kommen auf bestimmte Steine erhöhte Aufgaben zu, weshalb an sie besondere Anforderungen gerichtet werden. Nur herausragend starke und schöne Steine kommen – auch von der hebräischen Sprache her – dafür in Betracht: Der „Fundamentstein" muss enorme Lasten tragen (wovon die gigantischen Steine des Herodianischen Tempels eindrucksvolle Beispiele liefern).

Der „Kantenstein", der gleichsam zwei Mauern abschließt und miteinander verbindet, muss besonders kräftig sein. Schließlich muss der oberste „Abschlussstein" eines Gewölbes (vgl. Sach 4,7 = Kopfstein) besonders ansehnlich sein.

Man darf sich aber nicht vom Römischen Bogen her vorstellen, dass der Eckstein der letzte Stein eines solchen römischen Rundbogens sei. Diese sind erst ab dem 2.Jh. in Palästina belegt. Auch das Tor von Tel Dan aus Ziegelstein hat keinen „Eckstein".

Da man die Fundamentsteine nicht sieht – außer bei archäologischen Ausgrabungen – und weil mit dem Bildwort kein Neubau gemeint zu sein scheint, kann man den „Eckstein" von Ps 118 wohl auf den Kantenstein oder den Abschlussstein reduzieren. Aber was und wer ist auf der Sachhälfte damit gemeint?

Eine Gruppe bekennt: Jemand ist von den Bauleuten aussortiert, aber von JHWH dann doch in einer wesentlichen Funktion verwendet worden. Ist derjenige gemeint, der krank und damit als kultunfähig aussortiert war, der jetzt aber wieder gesund und damit wieder kultfähig geworden ist, der jetzt mit seinem Test und seinem Zeugnis im Zentrum des Gottesdienstes steht und damit ein tragendes Element des Festgeschehens bildet? Das liegt nahe. Die Bauleute wären dann die Priester. Die hätten nach alttestamentlichem Recht und Kult völlig korrekt gehandelt, denn sowohl das kultische Aussortieren wie auch das Rehabilitieren des Genesenen gehört zur Tora des Mose (Lev 13f).

Das Gleichnis bleibt aber unscharf, ja rätselhaft. Diese Unschärfe hat vermutlich dazu geführt, dass viele Auslegungen daran anknüpfen konnten. In der jüdischen Auslegung konnten die Bauleute z.B. mit den Babyloniern als den Konstrukteuren der Weltgeschichte identifiziert werden, die das Volk Juda „verworfen" haben, aber JHWH hat es aus dem Exil zurückgeführt und es in Jerusalem, am Tempel auf wunderhafte Weise zum geistlichen Zentrum der Judenheit, ja Menschheit gemacht (vgl. die Botschaft des Buches Nehemia).

Im Neuen Testament begegnet das Bildwort häufig: Im Kontext des Gleichnisses von den bösen Winzern (Mt 21,33-46 // Lk 20,17) werden die Bauleute mit den jüdischen Führungseliten identifiziert.

Jesus ist der Stein, an dem die Sadduzäer, Pharisäer und Schriftgelehrten zerbrechen werden: „Das Reich Gottes wird von euch genommen und einem Volk gegeben werden, das seine Früchte bringt." In der Rede des Petrus und Johannes (Apg 4,10-12) wird das Steingleichnis direkt auf Tod und Auferstehung Jesu von Nazareth bezogen: „So sei euch und dem ganzen Volk Israel kundgetan: Im Namen Jesu Christi von Nazareth, den ihr gekreuzigt habt, den Gott von den Toten auferweckt hat; durch ihn steht dieser hier gesund vor euch. Das ist der Stein, von euch Bauleuten verworfen, der zum Eckstein geworden ist. Und in keinem andern ist das Heil, auch ist kein andrer Name unter dem Himmel den Menschen gegeben, durch den wir sollen selig werden."

In Eph 2,19-21 wird die Gemeinde als Gebäude beschrieben, das auf dem Eckstein = Fundamentstein Christus aufruht: „So seid ihr nun nicht mehr Gäste und Fremdlinge, sondern Mitbürger der Heiligen und Gottes Hausgenossen, erbaut auf den Grund der Apostel und Propheten, da Jesus Christus der Eckstein ist, auf welchem der ganze Bau ineinandergefügt wächst zu einem heiligen Tempel in dem Herrn" (ähnlich in 1 Petr 2,6f)

## Litaneiartiger Gebetsruf (V 25)

Der kurze litaneiartige Gebetsruf V 25 „Ach, HERR, hilf doch! Ach, HERR, gib doch Gelingen!" hat eine sonderbare Stellung, da er in der Dankfeier eigentlich überflüssig wäre. Damit er nicht deplatziert wirkt, hat *Zenger* ihn so übersetzt: „Gib doch Vollendung" und deutet ihn so: „Die beiden Bittrufe schreien mit exzeptioneller Intensität um Rettung und um Vollendung bzw. ... um die Vollendung jener Rettung, von der im Gesamtpsalm die Rede ist. Da die ‚Rettungsperspektive' des Psalms, wie wir oben gezeigt haben, die im ersten Exodus begonnene Geschichte der Rettung Israels aus Ägypten und die mit dem Exodus Israels aus dem Exil intendierte Rettung auch der Völker in der Anerkennung der Königsherrschaft JHWHs herausstellt, muss der zweite Bittruf ‚vollende doch' dieses in seiner Vollgestalt noch ausstehende, aber gleichwohl in der Gegenwart bereits in Gang gekommene Rettungsgeschehen Israels und der Völker meinen."

Diese Deutung ist zwar sehr weitgehend, aber doch plausibler als die häufig vertretene Annahme, der Satz sei „deplatziert".

## Segenswort im jüdischen Alltag (V 26)

V 26 hat einen festen Sitz als Segenswort im jüdischen Alltag: Wer heute von Tel Aviv nach Jerusalem fährt, wird am Ortseingang der Stadt in großen hebräischen Buchstaben mit diesen Worten begrüßt: „Gesegnet sei, der kommt." Im Kontext von Ps 118 scheint es sich um ein priesterliches Segenswort zu handeln (vgl. Num 6,24-26: „Der HERR segne dich und behüte dich ...").

## Lebensgefühl der überbordenden Dankbarkeit (V 27)

V 27 ist nicht eindeutig zu übersetzen. Wird hier zu einer Opferhandlung aufgerufen: „Der HERR ist Gott. Er hat uns Licht gegeben. Bindet das Festopfer mit Stricken bis an die Hörner des Altars!“ (Elberfelder) oder zu einem Umzug durch die Stadt: „Gott, der Herr, erleuchte uns. Mit Zweigen in den Händen / schließt euch zusammen zum Reigen, bis zu den Hörnern des Altars“ (Einheitsübersetzung)? Es geht in jedem Fall um das Lebensgefühl der überbordenden Dankbarkeit! Bei der Dankfeier, der Toda, darf gebratenes Fleisch nicht fehlen (vgl. Ps 22,22ff).

## Das Ziel des Ganzen (V 28)

V 28 bildet den Höhepunkt, die Summe aus dem ganzen (imaginären) Kultgeschehen. Das Ziel des Ganzen ist die persönliche Bestärkung des Glaubens als intensiver Beziehung zu Gott. Die Wendung in die erste Person spricht diese intensive Bindung aus: „Du bist mein Gott, ich will dich preisen! Mein Gott, ich will dich erheben.“ V 29 wendet das Dankbarkeitsgefühl auf die Gruppe der Glaubenden.

## Fazit

Als Fazit kann man festhalten, was *Erich Zenger* herausgearbeitet hat: Ps 118 weist zwei prägende intertextuelle Bezüge auf, und zwar:

1. zum Siegeslied Ex 15 [Ex 15,2 wird in Ps 118 zwei Mal zitiert; V 14 und 16: „Meine Stärke und mein Loblied ist Jah, denn er ist mir zur Rettung geworden.“ Ex 15,11 („Wer ist dir gleich, der so mächtig, heilig, schrecklich, löblich und wundertätig ist?“) scheint als Anspielung in 118,23 aufgenommen zu sein: „Das ist vom HERRN geschehen und ist ein Wunder vor unseren Augen“].

2. zu Jesaja: [zum Danklied in Jes 12,1-6 und zum Zukunftsentwurf der so genannten „Jesaja-Apokalypse“ Jes 24-27]. „Szenisch wird im Psalmcorpus der Einzug eines von JHWH Geretteten in den Tempel als Ort der Gerechtigkeit und der Gottespräsenz, die im Fest gefeiert und erlebt wird, poetisch so imaginiert, dass dieses Geschehen in die Geschichte JHWHs mit seinem Volk Israel, ja sogar mit der ganzen Völkerwelt eingebunden und in einen Zeithorizont gestellt wird, der von den Anfängen Israels bis zur Vollendung der Geschichte Israels reicht“ (*Zenger*, 318).

Dieser gewaltige Raum- und Zeithorizont des Psalms wird vor allem dadurch ermöglicht, dass wir es nicht mehr mit einer realen Agende zu tun haben, sondern mit einem Text, der zwar stark kultisch imprägniert ist, der aber in poetisch-literarischer Freiheit den Rahmen des Kultgeschehens dauernd sprengt.

Durch die intertextuellen Bezüge zum Buch Exodus (Vergangenheit) und zum Jesajabuch (Zukunft) konstituiert sich ein Sinn, der auf eines hinaus will: auf das Gefühl der Dankbarkeit und der Gemeinschaft mit Gott. Ps 118 ist eine schriftgelehrte, kultisch wohl informierte Lebenslehre. Kultus, Lebensklugheit und Weisheit berühren sich hier. Bete und lies, schreite in Gedanken ab und fühle dem nach, was im Kult vor sich geht, und erkenne die ungeheure Tiefe und Weite der Weisheit, die darin beschlossen liegt.

**In den Augen aller Menschen wohnt ein unstillbares Begehren ... der gleiche unendliche Durst nach Glück und Freude und Besitz ohne Ende. Dieser Durst, den alle Menschen spüren, ist die Liebe zu Gott. Gott ist die Heimat aller Menschen. Er ist unsere einzige Sehnsucht. Gott ist im Innersten aller Kreatur verborgen und ruft uns.**

*Ernesto Cardenal*

## Gedanken und Texte zum Nachdenken und Besprechen

● Psalm 118 stellt gleich zu Beginn klar: Gottes Güte, seine Heilszuwendung ist der Anfang unseres Lebens – Grund genug, ihm zu danken.

● Ich werde aus meinen Ängsten herausgeführt, meine Lebensperspektiven weiten sich, indem ich mich in Beziehung zu Gott setze (V 5).

● Tief in mir spüre ich Angst.
Angst zu versagen, mich zu blamieren,
mein Gesicht zu verlieren.
Du nimmst mich an, so wie ich bin.
Vor dir kann ich nicht versagen.
Mein Kopf weiß das.
Lass es mein Herz spüren.
Und schenke mir den Mut,
meine Angst zu überwinden.

*Ingeborg Kistner*

● Die Psalmbeterin bekennt ihre innere Unabhängigkeit von der Welt: „Gott ist mit mir, darum fürchte ich mich nicht" (V 6). Wenn wir dies Bekenntnis von der Leidensgeschichte Israels und – als ChristInnen – von der Kreuzigung Jesu loslösen, könnte es sehr leicht als naive Spinnerei oder religiöser Übermut erscheinen.

● Die Lebenserfahrung des Psalmbeters bringt ihn zu der Erkenntnis, der Lebensweisheit: Vertrau den Menschen, vor allem den Machthabern nicht zu sehr, denn Gott allein ist vertrauenswürdig (V 8.9). Ob diese Erkenntnis, diese Lebensweisheit etwas für mein Leben austrägt, muss ich ausprobieren, um ihre Relevanz für mein Leben zu entdecken.

● „Aber im Namen Gottes kann ich sie abwehren" (V 10). Wenn ich diesen Vers metaphorisch lese, kann ich in den „feindlichen Völkern" (Übersetzung BasisBibel) Krankheiten, die mein Leben bedrohen bzw. einschränken, Beziehungskonflikte, die mir zu schaffen machen, Überforderungen im Beruf oder ... sehen. Gegen diese Bedrängnisse steht das Vertrauen und die Zuversicht: Im Namen Gottes werde ich sie bewältigen.

● „Mit harter Hand hat der Herr mich erzogen, aber dem Tod hat er mich nicht ausgeliefert" (V 18, Übersetzung BasisBibel) – eine typisch männliche (?) Deutung, der Versuch, die Erfahrungen von Not und Bedrängnis rational mit Gott in Verbindung zu bringen, von ihm her zu deuten. Ein theologischer Ansatz, dem es darum geht, die Einheit der Wirklichkeit zu wahren: Wenn Gott der Allmächtige ist, alles in seiner Hand steht und er alles bewirkt, muss dann nicht auch meine Not, meine Bedrängnis von ihm herkommen? Muss ich dann nicht logischer Weise meine Not, meine Bedrängnis als einen Erziehungsakt oder eine Strafe Gottes deuten?

Aus christlicher Sicht wird die Vorstellung vom züchtigenden und strafenden Gott durch Gottes Handeln in Jesus Christus mit einer neuen Perspektive versehen: Gott steht durch Jesus, dem Christus, an der Seite der Gedemütigten.

Warum ich Leid erfahre, wird dadurch rational-theologisch nicht beantwortet – die Erfahrung bleibt für einen glaubenden Menschen ein Stein des Anstoßes, ein Anlass des Ringens mit Gott. Diese letztlich nicht ehrlich beantwortbare Frage wird aber leichter aushaltbar, wenn ich Gott in Christus als Mitleidenden an meiner Seite weiß.

● Eine Schale will ich sein,
empfänglich für Gedanken des Friedens.
Eine Schale für dich, Heiliger Geist.

Meine leeren Hände will ich hinhalten,
offen für die Fülle des Lebens.
Leere Hände für dich, Heiliger Geist.

Mein Herz will ich öffnen,
bereit für die Kraft der Liebe.
Ein Herz für dich, Heiliger Geist.

Gute Erde will ich sein,
gelockert für den Samen der Gerechtigkeit.
Gute Erde für dich, Heiliger Geist.

Ein Flussbett will ich sein,
empfänglich für das Wasser der Güte.
Ein Flussbett für dich, Heiliger Geist.

*Anton Rotzetter*

(aus: Gott, der mich atmen lässt. Gebete.
© Verlag Herder, Freiburg 2002[17])

● „Der Stein, den die Bauleute verworfen haben, der ist zum Grundstein geworden" (Übersetzung BasisBibel). Die christliche Urgemeinde hat diesen Vers benutzt, um auszudrücken, was das Schicksal Jesu für die Welt bedeutet.

● „Ach Herr, bring doch die Rettung“ (V 25, Übersetzung BasisBibel) erinnert daran, dass die endgültige Erlösung noch aussteht.

## Bausteine zur Gestaltung

● Wer mit einem Kurzfilm einsteigen will, sei auf „Paul Gerhardt – ein Liederdichter der evangelischen Kirche“ von *Hans S. Lampe* (s.u. Medienempfehlungen S. 110) hingewiesen.

● *Gestaltete Mitte:*
Mit bunten Tüchern wird ein Weg gelegt. Darauf liegen Karten mit Versen aus Psalm 118, z.B. V 1.5.6.8.14.17.21. Die TeilnehmerInnen schreiten langsam diesen Weg ab und lesen dabei die Karten. Danach stellen sie sich zu dem Vers, der sie am meisten angesprochen hat. In den so entstehenden „Versgruppen“ wird den Fragen nachgegangen:
* Warum hat mich dieser Vers besonders angesprochen?
* Welche Lebens- und Glaubenserfahrung von mir klingt in diesem Vers an?

oder:
Auf ineinander verschlungenen gelben, roten, blauen, braunen und schwarzen Tüchern steht in der Mitte eine brennende Kerze. Die TeilnehmerInnen überlegen:
* Was gehört für mich zur unaufgebbaren Lebensgrundlage?

Sie schreiben ihre Stichworte auf Karten und legen sie dann in die Mitte, und zwar zu der Farbe, die ihrer Meinung nach am besten zu ihrem Stichwort passt.

● *Textlesung:*
(s. u. Didaktischer Entwurf)
In Kleingruppen gehen die TeilnehmerInnen der Frage nach:
* Wovon sieht die Beterin des Psalms ihr Leben getragen? Sie unterstreichen die entsprechenden Worte und vergleichen sie mit denen, die in der Mitte liegen.
* Welche Gemeinsamkeiten und Unterschiede sind festzustellen?

### *Dauerauftrag*

**Dich weitersagen**
**salzig und süß**
**dunkel und hell**
**Deine Wahrheit**
**als Liebe**
**unter die Leute tragen**
**Dein Blick sein**
**rundum**
**Dein Schrei sein**
**von unten**
**Deine Gerechtigkeit**
**fordern**
**und üben**
**Lichtworte sprechen**
**lernen**
**auf Deinem Grund**

*Carola Moosbach*

(aus: Himmelsspuren, Neukirchen-Vluyn.


● *Fragen zur Texterschließung:*
(s. auch u. Didaktischer Entwurf)
* Aus welchem Gefühl, welcher Grundstimmung betet der Beter diesen Psalm?
* Welche exemplarische menschliche Situation vor Gott wird im Psalm beschrieben?
* Wie wird im Psalm von Gott geredet?
* Wie würden Sie die im Psalm ausgedrückte Gotteserfahrung und -beziehung beschreiben?
* Welche grundlegenden Erfahrungen werden im Psalm aufgeführt?
* „Der Stein, den die Bauleute verworfen haben, der ist zum Grundstein geworden“ (Übersetzung BasisBibel). Wie wird diese Aussage in Mt 21,33-46 // Lk 20,17; Apg 4,10-12; Eph 2,19-21 aufgenommen und gedeutet?

● *Gesprächsimpulse:*
Psalm 118 enthält Bekenntnissätze, in denen die Lebens- und Glaubenserfahrung der Beterin komprimiert sind.

* Zu welchen Bekenntnissätzen, die Ihre Lebens- und Glaubenserfahrung ausdrücken, regen Sie die Psalmworte an?

Die Sätze werden auf Karten geschrieben und zu dem entsprechenden Psalmwort in der Mitte gelegt.

● Wer den Abend mit einer Bildbetrachtung schließen möchte, sei auf das Bild von *Uwe Appold* und die Betrachtung von *Jörg Meuth* hingewiesen (s.u. S. V).

## Lieder

| | |
|---|---|
| Dies ist der Tag, den Gott gemacht | EG 42 |
| O Tod, wo ist dein Stachel nun | EG 113 |
| Schmückt das Fest mit Maien | EG 135 |
| Tut mir auf die schöne Pforte | EG 166 |
| Herr, deine Güte reicht | EG 277/GL 301 |
| Nun jauchzt dem Herren, alle Welt | EG 288/GL 474 |
| Lobt Gott, den Herrn, ihr Heiden all | EG 293 |
| Nun saget Dank | EG 294/GL 269 |
| Du meine Seele, singe | EG 302 |
| Singt das Lied | EG 305/GL 272 |
| Nun danket alle Gott | EG 321/GL 266 |
| Lobt froh den Herrn | EG 332/GL 934 (Eigenteil HH) |
| Danket dem Herrn! Wir danken dem Herrn | EG 333 |
| Ist Gott für mich, so trete | EG 351 |
| Wer nur den lieben Gott | EG 369/GL 296 |
| Nun aufwärts froh den Blick gewandt | EG 394 |
| Erhör, o Gott, mein Flehen | GL 302 |

## Didaktischer Entwurf zu Psalm 118

**AutorInnen: Christel Schürmann / Wolfgang Baur**

### Thematischer Schwerpunkt

Der Psalm besitzt eine Rettungsperspektive, die in mehrfacher Hinsicht verstanden werden kann: als Erinnerung an die Rettung Israels aus Ägypten, als Danklied der aus dem Exil von Babylon heimgekehrten Menschen, als Dank und Bitte eines in Not geratenen Menschen, der sich der uralten Bilder und Erfahrungen Israels bedient. In Gebet und Gottesdienst erfährt er dankbar die Gemeinschaft mit Gott, die das ganze Leben durchziehen kann.

### Vorbereitung / Materialien

Liedblätter mit folgenden Liedern aus dem EG: 333,1; 113,4; 42,1; 135,1; 294 / Farbstifte

## Zur Gestaltung des Abends

### Liturgischer Beginn

*Liederquiz:*

Ein Chor oder der Kantor summt oder spielt eine Melodie des Liedblatts an; die TN versuchen zu erkennen, um welches Lied es sich handelt und singen mit.

EG 333,1 Danket dem Herrn (Psalm 118,1.29)

EG 113,4 Des Herrn Rechte behält den Sieg (Psalm 118,16)

EG 42,1 Dies ist der Tag (Psalm 118,24)

EG 135,1 Schmücket das Fest mit Maien (Psalm 118, 118,27)

EG 294 Nun saget Dank und lobt den Herren. Das Lied nimmt den gesamten Psalm 118 auf.

EG RWL 630 Dankt, dankt dem Herrn, jauchzt volle Töne (vgl. EG 294)

### Öffnen – Text trifft Wirklichkeit

*Persönliche Dankfeste:*

Je zwei oder drei TN tauschen sich kurz darüber aus, was das wichtigste persönliche Fest war, das sie gefeiert haben. Welche Bedeutung haben bei einem solchen Fest die Dimensionen Erinnerung, Dankbarkeit, Hoffnung, Gebet?

*Einleitung zum Entdecken des Psalms:*

*Dorothee Sölle* schreibt: „Die Psalmen sind für mich eines der wichtigsten Lebensmittel. Ich esse sie, ich trinke sie, ich kaue auf ihnen herum ..."

Das erste Vorlesen des Psalms soll Lust machen, sich mit diesem Text auseinanderzusetzen. Die herrlichen Formulierungen, die Wiederholungen, die unterschiedlichen Stimmungen und schließlich auch die Länge von Psalm 118 brauchen ein sorgfältiges Lesen, Vorlesen und Mitlesen, um bei den Menschen anzukommen. *Eine* Lesung verhuscht fast immer. Geben Sie dem Text Zeit, indem er immer und immer wieder auf unterschiedliche Weise gelesen wird. Dabei fängt er schon an zu verkündigen, auch ohne dass jemand eine Predigt hält.

Alle Teilnehmenden haben den Text und einen Stift vor sich. Das erste laute Vorlesen sollen diejenigen übernehmen, die diesen Abend vorbereitet haben. Szenisches Lesen eines Einzelnen und eines Sprechchors machen schon beim ersten Lesen die Dynamik des Textes erlebbar. Der Psalm sollte von mehreren Stimmen gelesen werden (Ein sehr gelungenes Beispiel ist die szenische Lesung des Psalms nach der Luther-Übersetzung auf der Hörbibel der Deutschen Bibelgesellschaft: Die Große Hörbibel – MP3 oder CD). Während des Lesens unterstreichen die TN Wörter, Sätze, Satzteile, die ihnen auffallen, gefallen, fraglich erscheinen. Nach dem ersten Vorlesen rufen die TN die unterstrichenen Wörter in den Raum; Doppelungen sind möglich und erwünscht.

*Oder:*

Es werden eine Zeitlang nur die Verben (oder Substantive) gelesen.

Danach Reflexion: Was ist mir aufgefallen? Was sind das für Verben (Substantive), die in diesem Text auftauchen? Welches Wort ist mir heute besonders nah? Welche Formulierung erinnert mich an ein Fest, das ich selbst schon gefeiert habe?

*Alternative für Gruppen, die nicht lang sitzen mögen:*

Die Leitung liest den Text laut vor. Die Gruppe stellt sich an einer Stelle des Raums auf. Alle gehen beim Lesen langsam nach vorn. Jede Person bleibt an der Stelle im Text stehen, wo sie sich besonders angesprochen gefühlt hat. Dann schaut man, wer noch in seiner Nähe steht. Man tauscht sich mit zwei anderen darüber aus, weshalb man an dieser Stelle des Textes stehen geblieben ist.

(Impulse zum Lesen teilweise von: *Antje Rösener*, Evangelische Erwachsenenbildung Westfalen-Lippe; antje.roesener@ebwwest.de)

**Begreifen – Textlektüre und Textinformation**

*Einleitung für die Erarbeitung des Textes in Gruppen:*

Durch den Leseeinstieg sind den Teilnehmenden die Wiederholungen in dem Psalm schon vertraut. Hier ist ein kurzer Hinweis darauf hilfreich, dass dies typisch ist für hebräische Dichtung: Aus deutscher Dichtung kennen wir eher den Reim am Ende der Zeile. In der hebräischen Dichtung ist der Satz oft in zwei Hälften aufgeteilt, und die Kunst des Dichters besteht darin, einen Gedanken mit anderen Worten neu zu formulieren, um ihn durch diese Wiederholung, die oft eine Variation enthält, eindrücklicher zu machen.

In vier bis acht Arbeitsgruppen werden jeweils einige Verse bearbeitet. Die Abgrenzung geschieht anhand der Druckabsätze und der Tabelle im Teilnehmerheft. Bereits das Heraussuchen eines Kernbegriffs oder einer zentralen Formulierung hilft, den Inhalt in seiner Zielrichtung einzuordnen. Frageimpulse finden sich ebenfalls im Teilnehmerheft.

**Zusammentragen der Ergebnisse im Plenum:**

V 1-4: „Güte“ meint im Hebräischen das übervolle Maß, also wenn mehr im Glas ist, als der Eichstrich vorsieht. Dahinter steckt die Vorstellung des Psalmbeters, dass Gott ihm mehr gegeben hat, als ihm zusteht.

V 5-14: Diese Verse machen neugierig darauf, was der Psalmbeter erlebt hat. V 5-9 könnten auf einen persönlichen Schicksalsschlag hindeuten. V 10-12 deuten jedoch eher auf eine kriegerische Situation. Es ist auffällig, dass wir in den Psalmen selten ganz konkrete Situationen eines Menschen vor Augen geführt bekommen. Beispiel: Psalm 23 spricht von einem finsteren Tal, überlässt es aber der Fantasie des Lesers, was damit gemeint ist; so auch im Psalm 118.

V 8-9: Kann die Geschichte von der Hochwasserkatastrophe (Teilnehmerheft) diese Verse illustrieren?

V 11f: Jeder Gottesdienst beginnt mit den Worten „Im Namen ...“; Christen werden im Namen Gottes getauft, sozusagen in den Namen Gottes hinein getauft. Psalm 118,11-12 lassen ahnen, wie unmittelbar nach hebräischem Empfinden der „Name Gottes“ den Menschen beschützt.

Aber Achtung: Mit dem „Namen Gottes“ sind nicht dessen Buchstaben gemeint, also JHWH oder Allah oder Jehova ..., sondern sein ganzes Wesen, seine Macht und seine Gegenwart, die sich anrufen lässt und die niemals fern ist. Es geht eben nicht um das bloße Nennen eines Namens (wie bei Rumpelstilzchen), sondern um die Gewissheit, Gott zu kennen und ihm nah zu sein. Die Problematik kennen viele Teilnehmer aus Gesprächen mit den Zeugen Jehovas. Letztere engen das Verständnis des „Namens Gottes“ auf die ständige Nennung der außerdem noch fehlerhaft überlieferten Form „Jehova“ (JHWH + die Vokale von Adonai = Herr) ein.

Vergleichbares lesen wir in: 1. Samuel 17,45 (David und Goliath); Exodus 3,13-15 (Gott zeigt sich Mose als einer der „da“ ist).

V 18: Gott werden oft ausschließlich gute Attribute zugeschrieben. Wenn es aber um die Beschreibung von Leid, Elend und Katastrophen geht, werden in langen gedanklichen Konstruktionen menschliche Fehler als Ursachen benannt. In anderen Religionen gibt es das Prinzip des Guten und das Prinzip des Bösen, zwei Mächte, die gegeneinander kämpfen.
V 18: Dieser Festzug lässt sich auch gut anhand von EG 294 nachempfinden.
V 22: Architektonisch ist entweder einer der großen tragenden Steine im Fundament gemeint oder der Schlussstein, der einem Bogen oder Gewölbe Halt gibt. Dem Psalmbeter geht es hier nicht um Architektur, sondern er hat erlebt: „Gott rettet, was von Menschen verworfen wurde." Das Volk Israel übertrug dies auf sich selbst (vertrieben und doch wieder zurückgeholt). Das Christentum erkannte darin Jesus: abgelehnt, getötet und auferweckt.
V 27: Die Form des Hörneraltars, d.h. eines Altars, dessen Ecken mit Hörnern versehen waren, reicht bei steinernen Räucheraltären bis ins 10. Jh. v. Chr. zurück. Inzwischen sind auch entsprechende tönerne Altäre aus der Eisenzeit II gefunden worden. Das Umfassen der Altarhörner bot im Fall der Anklage als Mörder Asyl (1 Kön 1,50.51; 1 Kön 2,28; vgl. Ex 21,13f). Das Abschlagen des Horns bedeutete gleichzeitig auch die Vernichtung des Altars als Kulteinrichtung (Am 3,14).
In einigen Gegenden Deutschlands ist es üblich, an Pfingsten Kirche und Altarraum, aber auch die Eingangstüren in den Privathäusern mit Birkenlaub zu schmücken. Das klassische Pfingstlied ist dort EG135 „Schmückt das Fest mit Maien".

**Mitnehmen – Mit dem Psalm weiterbeten**
Jeder TN bekommt eine farbige Blanko-Karteikarte und einen möglichst schön schreibenden Stift.

*Einleitung:*
Die Psalmen bieten einen „feinen, reinen, hellen Spiegel, der dir zeigen wird, was die Christenheit sei. Ja, du wirst auch dich selbst drinnen und das rechte ‚Erkenne dich selbst' finden" (*Martin Luther*: Vorrede zu den Psalmen).

* Welcher Vers ist für Sie persönlich heute ein Spiegel geworden?

Der Psalm wird noch einmal wie zu Beginn des Abends vorgelesen. Die TN hören zu, dürfen die Augen schließen. Sie schreiben in Schönschrift einen Vers auf, der sie heute Abend besonders angesprochen hat.

**Liturgischer Abschluss**
L liest noch einmal V 1 vor und lädt die TN ein, nacheinander den Vers vorzulesen, den sie auf die Kärtchen geschrieben haben. Zum Schluss wird nochmals ein Lied vom Liedblatt gesungen.
Jeder nimmt dies Kärtchen für sich selbst mit.
*Oder:*
Alle Kärtchen werden auf einen schönen, großen Teller gelegt, und am Ausgang bekommt jede/r ein Kärtchen mit.

Frieden, bei ihm bist du geborgen. So segne dich Gott – Vater, Sohn und Heiliger Geist. Amen.

**Ich war bedrückt und hoffnungslos,**
**doch du hast mir Trost geschenkt.**

**Ich war innerlich zerfressen von Angst,**
**doch du hast mir wieder Mut gemacht.**

**Ich wusste nicht mehr,**
**wie es weitergehen sollte mit mir,**
**doch du hast mir neue Wege gezeigt.**

**Mir war das Lachen abhanden gekommen,**
**doch dein Lächeln hat mich wieder**
**mit Freude erfüllt.**

**Ich fühlte mich elend, hilflos und schwach,**
**doch du hast mich wieder aufgerichtet.**

**Ich fühlte mich innerlich leblos und tot,**
**doch deine Liebe hat mich wieder**
**zum Leben erweckt.**

**Ich hatte meinen Glauben verloren,**
**doch in der Begegnung mir dir habe ich**
**Gottes Nähe gespürt.**

*Christa Spilling-Nöker*

# Psalm zur Bibelwoche

**Jesaja 12,1-6**

**Antiphon**

**Psalm**

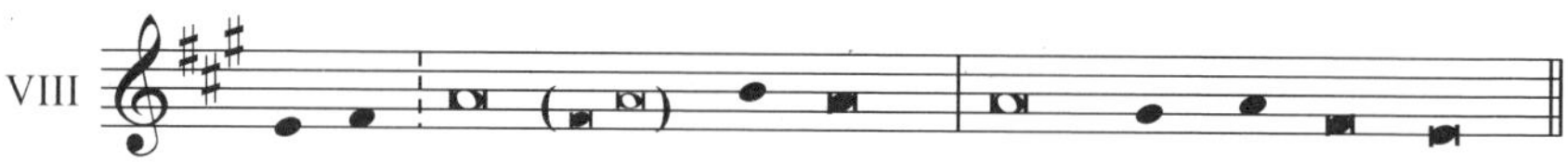


Zu der Zeit wirst du sagen:
Ich danke dir, HERR,
dass du bist zornig gewesen über mich
und dein Zorn sich gewendet hat
und du mich tröstest.

Siehe, Gott ist mein Heil,
ich bin sicher und fürchte mich nicht;
denn Gott der HERR ist meine Stärke
und mein Psalm und ist mein Heil.

Ihr werdet mit Freuden Wasser schöpfen
aus den Brunnen des Heils.

Ihr werdet sagen zu der Zeit:
Danket dem HERRN,
rufet an seinen Namen!
Machet kund unter den Völkern sein Tun,
verkündiget, wie sein Name so hoch ist!

Lobsinget dem HERRN,
denn er hat sich herrlich bewiesen.
Solches sei kund in allen Landen!

Jauchze und rühme, du Tochter Zion;
denn der Heilige Israels ist groß bei dir!

**Antiphon**

**Doxologie** (auf Psalm-Melodie)

Ehre sei dem Vater und dem Sohn
und dem Heiligen Geist

wie im Anfang, so auch jetzt und allezeit
und in Ewigkeit. Amen.

**Antiphon**

(Aus: Evangelisches Gesangbuch, Ausgabe für die Evangelisch-Lutherischen Kirchen in Bayern und Thüringen)

## VI Psalm 127

# Lebensziel

## Auslegung

Obgleich Ps 127 recht kurz ist, besteht er aus zwei unterschiedlichen Teilen:

V 1-2 bieten in kurzen Sprichwörtern mehrere Reflexionen darüber, dass menschliches Wollen und Tun vergeblich ist, wenn Gott nicht als entscheidender Faktor das Gelingen der Pläne bewirkt.

V 3-5 sprechen von der überragenden gesellschaftlichen Bedeutung von Söhnen.

Als Ganzheit betrachtet, ist Ps 127 ein weisheitlicher Lehrpsalm, eine stark „komprimierte Lebenslehre in Spruchform, die zum Vertrauen auf JHWHs liebevolle Fürsorge im mühevollen Alltag einlädt" (*Frank-Lothar Hossfeld,* 518).

### Ein Wallfahrtslied?

Die Zuschreibung zur Gattung „Wallfahrtslied" ist für Ps 127 sehr rätselhaft. In der neueren Forschung ist es zwar durchaus umstritten, was ein „schir hamaalot" (hebräisch = „Lied der Stufen") genau ist. Mehrere Deutungen konkurrieren hierbei miteinander (vgl. den exzellenten Forschungsüberblick von *Erich Zenger* im Kommentar *Hossfeld / Zenger*, 2008, Band III, 394-406): Manche denken bei „Stufenlied" an eine spezifische Bauform eines Textes, an eine Art Steigerung, Klimax. Andere deuten eher metaphorisch und vermuten, dass diese Psalmen eine Steigerung der (religiösen) Stimmung bewirken sollen und Stufe für Stufe spirituell zu Gott hinaufführen sollen. Schon der Akt des Lesens dieser Texte bewirke ein solches Hinaufsteigen der Seele.

Andere schließlich deuten realistisch und halten die Lieder für ein Gebrauchsgut der Pilger, das entweder beim Hinaufsteigen nach Jerusalem, d.h. bei den großen Wallfahrtsfesten (Passa, Wochenfest, Laubhüttenfest - an Pesach, Schawwuot, Sukkot soll jeder Israelit wenigstens einmal pro Jahr nach Jerusalem pilgern (vgl. Dtn 16,16ff) oder aber beim Hinaufsteigen auf die Treppen des Tempels in Jerusalem benutzt, d.h. gesungen wurde. Mir scheint die Deutung am wahrscheinlichsten, dass es sich um eine reale Wallfahrt nach Jerusalem handelt.

Dennoch bleibt die Zuordnung von Ps 127 zu den „Aufstiegsliedern" problematisch. Das Lied hat ja zwei Teile:

In V 1-2 finden sich drei Vergeblichkeitsaussagen für den Fall, dass nicht JHWH selbst die menschlichen Anstrengungen unterstützt (beim Hausbau, beim Bewachen der Stadt oder bei der Arbeit). Ohne Gottes Segen ist alles Arbeiten vergeblich.

In V 3-5 finden sich drei Aussagen über die große Bedeutung von leiblichen Söhnen.

Die klassischen Themen von Pilgerliedern (die fünfzehn Psalmen 120 - 134) sind das nicht. Auch von der sonst so dominanten Zionstheologie ist auf den ersten Blick nichts zu bemerken. Was sonst diese Liedgruppe der Wallfahrtspsalmen inhaltlich auszeichnet, fehlt vielmehr.

So ist z.B. keine Rede von den Gefühlen der Menschen, die auf Wallfahrt unterwegs sind. Auch ist keine Rede davon, wie sie allein oder im Kreis einer Gruppe von zu Hause aufbrechen und sich auf einen gefährlichen Weg machen, wie sie unterwegs davon träumen, schon am Ziel der Reise zu sein. Endlich ist keine Rede davon, wie sie den Reichtum des Tempels von Jerusalem in Gedanken vorweg erleben und die Fröhlichkeit und die religiöse Erbauung, die dort auf sie wartet, schon ansatzweise spüren.

### Die Verbindung mit Salomo

Ebenfalls sehr auffällig ist der Umstand, dass der Psalm durch die Überschrift mit Salomo verbunden wird, was sonst nur noch in Ps 72 der Fall ist. Während aber Ps 72 vom Königtum im Allgemeinen und von der Stellung Israels im Rahmen der Völkerwelt redet, scheint Ps 127 geradezu kleinformatig: Nur das Haus und ein Köcher voller Söhne im Torgericht sind im Blick. Allerdings kann „Haus" sowohl das Gebäude als auch die Familie, die Dynastie meinen. Vermutlich soll die Zuschreibung an Salomo einladen, in größeren Formaten zu denken. Als Wallfahrer wird Salomo nirgends geschildert. Es gibt aber noch ein paar Gründe, die eine Verbindung gerade zu ihm nahelegen:

1. der Titel Jedidja (= „Geliebter JHWHs"), weil nach 2 Sam 12,24f „JHWH Salomo liebte".

2. Form und Inhalt des Lieds stimmen gut mit den Sprüchen Salomos überein, z.B. Spr 10,22: „Der Segen des HERRN allein macht reich, und nichts tut eigene Mühe hinzu."

3. Salomo gilt als der Erbauer des Hauses, des Hauses schlechthin, also des Tempels JHWHs in Jerusalem (1 Kön 6 – 8). Ferner hat er die Stadt Jerusalem prachtvoll ausgebaut (1 Kön 8 und 10, besonders 10,24). Da er außerdem 700 Hauptfrauen und dreihundert Nebenfrauen (1 Kön 11,3) hatte, liegt das Thema „zahlreiche Söhne" bei ihm geradezu in der Luft.

Die Auslegung muss versuchen, ein Verständnis zu entwickeln, die dies Lied als Wallfahrtslied verständlich macht.

## Angewiesensein auf den Segen Gottes (V 1-2)

Die alttestamentliche Frömmigkeit kennt den Fluch der Vergeblichkeit sehr gut. Der Mensch arbeitet und müht sich um etwas, aber ein anderer zieht daraus den Nutzen.

> „Mit einer Frau wirst du dich verloben,
> aber ein anderer wird sie beschlafen.
> Ein Haus wirst du bauen,
> aber nicht in ihm wohnen.
> Einen Weinberg wirst du pflanzen,
> ihn aber nicht in Nutzung nehmen"
> (Dtn 28,30; vgl. Lev 26,16.20; Koh 2,18-21).

Das ist eine üble Sache. Die so genannten „Vergeblichkeitsflüche" deuten diese fundamentale Frustration als Strafe Gottes (frustra lateinisch = vergeblich). Darin steckt das tiefe Wissen, dass alles Planen des Menschen nicht von sich aus zum Ziel führt, sondern sehr leicht scheitern kann. Paradigmatisch dafür ist der reiche Kornbauer von Lk 12,16-20, der sich so intensiv um Erfolg und Zufriedenheit bemüht hat und dann hören muss: „Du Narr! Diese Nacht wird man deine Seele von dir fordern; und wem wird dann gehören, was du angehäuft hast?" Menschliche Existenz ist grundsätzlich ungesichert und vom Scheitern bedroht.

Die, die ein Haus bauen, wollen ein festes Dach über dem Kopf, wollen Sicherheit vor wilden Tieren und vor den Unbilden des Wetters. Aber wie schnell geht es, dass das Haus von einem feindlichen Heer im Krieg zerstört oder von einem Unwetter oder Erdbeben dahingerafft wird oder eben – weil durch Krankheit des Bauherrn die Raten nicht mehr bezahlt werden können – nicht gehalten werden kann oder gar durch den unzeitigen Tod der Bauenden nicht in Benutzung genommen werden kann.

Einen Schutz vor all diesen Katastrophen kann aber nur Gott geben. Nur durch seinen Segen kann sich erfüllen, was die Bauenden intendierten. Selbst wenn sich Menschen ein System der Feindabwehr ausdenken und intensiv Wache halten, kann das leicht scheitern. Der Frieden der Stadt ist nur durch das Wirken Gottes zu gewährleisten, was insbesondere an der Belagerung Jerusalems (Jerusalem bedeutet „Gründung des Friedens") durch Sanherib im Jahr 701 deutlich wurde (2 Kön 18f // 2 Chr 32 // Jes 36f): JHWH hat sein Haus beschützt.

Um das tägliche Brot zu sichern, muss der Landmann im antiken Juda hart arbeiten. Aber selbst die größten Anstrengungen können sehr schnell vergeblich sein, wenn eine Dürre, Ungeziefer oder feindliche Heere das Land überziehen. Menschliche Existenz lässt sich durch Anstrengungen letztlich nicht absichern. Alles Sorgen ist vergeblich. Die Hauptaussage der drei Bilder (vom bauen, wachen und säen) ist nicht eine Kritik an übertriebener Aktivität, am „Workaholism", es ist auch nicht ironische Kritik am Fleiß und am dauernden Einsatz. Zum Leben gehört schwere Arbeit. Dafür ist der Mensch auf der Welt, wie beide Schöpfungserzählungen verdeutlichen: „Sechs Tage sollst du arbeiten" (Ex 20,9) und „Und Gott der HERR nahm den Menschen und setzte ihn in den Garten Eden, dass er ihn bebaute und bewahrte" (Gen 2,15).

Der Skopus ist vielmehr die Kritik an der Illusion, man könne sein Leben absichern, die Kritik an der Illusion des sicher gelingenden Lebens. Wer so denkt, der irrt sich und verkennt die dauernde Wirksamkeit des Segens Gottes in seinem Leben.

## Umstrittene Deutung (V 2)

Umstritten ist die Bedeutung des Endes von V 2. Zur Entscheidung stehen die beiden Übersetzungen: „denn seinen Freunden gibt er es im Schlaf“ (Luther, Einheitsübersetzung) oder „denn ganz gewiss gibt er seinen Geliebten (guten) Schlaf“ (*Oeming, Zenger*).

### ● Gott gibt im Schlaf

Wenn man das hebräische Wort schena als Tempusangabe versteht („im Schlaf“), dann wäre die Sinnspitze nicht unbedingt, dass man als von Gott Geliebter das Lebensnotwendige ohne alle Anstrengungen, rein als Geschenk von Gott bekommt (zu vergleichen wären die Vögel unter dem Himmel nach Mt 6,26, die ihr himmlischer Vater auch ohne Säen und Ernten ernährt, oder zumindest der Landmann im Gleichnis von der selbst wachsen Saat, der unbesorgt die Samenkörner ihre natürlich Kraft entfalten lässt: „Denn von selbst bringt die Erde Frucht“ - Mk 4,28). Der Vers wäre keine Legitimation der Faulheit, sondern ein Lob der Freiheit von der erdrückenden Macht der Sorge. Letztlich muss der Mensch auf die Fürsorge und Menschenfreundlichkeit Gottes vertrauen.

Zu erwähnen ist die erotische, sexuelle Auslegung, wonach „im Schlaf“ bedeutet: „im Vollzug des Beischlafs“. Damit würde der Teil des Psalms mit dem zweiten Teil enger verbunden. *Hans Schmidt* schreibt in seinem Kommentar (228f): „Wenn heute einem Bauern in Palästina ein Sohn geboren wird, so kommen die Frauen des Dorfes vor dem Haus zusammen. Sie tanzen und singen. Ihre kleinen Lieder – schalkhaft und fromm zugleich – preisen das Glück der Eltern und segnen die Zukunft des Kindes ... Für ein Grußwort aus solchem Anlass halte ich dieses Gedicht ... ‚ein Haus bauen‘, wird im AT vielfach auch uneigentlich gebraucht. Man sagt so, wenn jemand ein Kind bekommt (... Gen 16,3; 30,3; Ex 1,21).

So enthalten die ersten doppeldeutigen Worte bereits eine schalkhafte, aber durch den zweiten Satz vom Wächter noch einmal verhüllte Anspielung auf das Eigentliche, worauf das Gedicht zielt. Wer möchte verkennen, dass auch der Satz ‚Dem, den er lieb hat, gibt er es im Schlaf‘ eine solche schalkhafte Hindeutung und Überleitung auf den eigentlichen Sinn des Gedichtes, auf den Segen Gottes in der Kammer, enthält.“ Ps 127 wäre also ein schwankhaft-schelmisches Gedicht zur Geburt von Söhnen, das etwas verschämt den Gedanken umschreibt: „Den Seinen gibt's es der Herr im Beischlaf.“

### ● Gott gibt Schlaf

Wenn man schena aber als Akkusativobjekt versteht („Gott gibt seinen Geliebten Schlaf“), dann bekommt der Vers einen anderen Sinngehalt. Das AT spricht öfter über den Zusammenhang von Gott und Schlaf (vgl. *Manfred Oeming*: Gott und der Schlaf, in: *Ders.*: Verstehen und Glauben. Exegetische Bausteine zu einer Theologie des Alten Testaments [2003], 261-272). Dabei wird entweder polemisch die Differenz JHWHs zu den Göttern der Umwelt herausgestellt. „Der Hüter Israels schläft noch schlummert nicht“, so wie die vegetarisch-jahreszeitlich orientierten Götterkollegen Baal oder Osiris, die sterben und wieder auferstehen, die verreisen und abwesend sind (1 Kön 18,27).

Im Gegensatz zur Umwelt, kennt Israel keinen an den Gang von Vegetation oder Jahres- oder Tageszeit gebundenen Mythos vom Schlaf JHWHs. Es gibt keine Zeiten, in denen JHWH nicht der Herr wäre. Auch in der Trockenheit und in der Finsternis der Nacht ist seine Macht ungebrochen. Dennoch begegnet die Rede vom Schlafen JHWHs respektive der Ruf zum Erwachen (Ps 7,7; 35,23; 44,24; 59,5; Hiob 8,6) in entmythisierter Form, genauerhin als Instrument, um die Geschichte Israels zu deuten, insbesondere die Erfahrung des Ausbleibens der Hilfe Gottes in Notzeiten. Der Schlaf JHWHs ist Zeichen von böser Zeit: JHWH hat Israel seine Gunst entzogen, und das ist so, als ob er schliefe.

Zum anderen ist der Schlaf ein Mittel, mit dessen Hilfe JHWH am Menschen handelt. Ein fleißiges Arbeitsleben wird mit tiefem Schlaf belohnt (Koh 5,11; Spr 3,24). Gott kann den Menschen

© Johann Mayr

aber auch durch den Schlaf, besonders durch Schlaflosigkeit, warnen, wenn sein Leben nicht vernünftig geordnet ist (z.B. Ps 77,4.7). So gesehen, begreift Ps 127,2 den Schlaf als Gnadengabe Gottes. Der gute Schlaf kann zum Signum rechten Glaubens werden. Wenn Jona selbst auf seiner Flucht, selbst im Sturm noch schlafen kann, unterscheidet ihn eben dieser Schlaf von den heidnischen Matrosen, die in Panik zu ihren Göttern rufen, die aber nicht helfen können.

Eine besondere Rolle während des Schlafs spielt der Traum. Seine Bewertung ist im Alten Testament gespalten. Einerseits gilt er als Quelle der Offenbarung (z.B. Pharaos Träume und Josefs Deutung in Gen 41) und wird als verborgene Sprache Gottes zum Menschen hoch geschätzt (Hiob 33,14ff).

Manche vermuten, dass der Schlaf therapeutische Funktion hatte, ähnlich wie in manchen Heiligtümern des Asklepios. In diesem Kontext bedeutet „Schlaf geben" auch die Eröffnung von Träumen und innerer Gesundung.

Andere Forscher wiederum weisen dem Schlaf im sakralen Gericht eine Rolle zu. Wie auch immer das genau zu denken ist, so war die Vorstellung, dass Gott in der Nacht den Menschen auf Herz und Nieren prüft (Ps 17,3) und (vermittels einer Traumoffenbarung an den Angeklagten oder an den Priester oder durch Beobachtung des Schlafs?) ein Urteil kundtut. Andererseits ist das Alte Testament gegenüber der in der gesamten Umwelt intensiv gepflegten Oneiromantik (Traumdeuterei) sehr kritisch und kann „Wort Gottes" und Traum des Menschen schroff zum Gegensatz erklären (Jer 23,28; Dtn 13,2ff).

Mir scheint die Interpretation auf den Schlaf als Belohnung Gottes für ein gutes Leben am wahrscheinlichsten.

### Angewiesensein auf starke Söhne (V 3-5)

Ab V 3 ändert sich das Bilderensemble. Jetzt geht es um Söhne. Zahlreiche Söhne sind:

1. ein Erbe von JHWH;
2. wie Pfeile im Köcher;
3. eine Schutzmacht gegen Feinde „im Tor".

Zur gesellschaftlichen Realität im antiken Orient gehört die Hochpreisung der Söhne. Töchter zählten in einer patriarchalen Welt nicht viel (In manchen arabischen Ländern gelten Väter von Töchtern noch heute als kinderlos. Nur wer Söhne hat, bekommt den ehrenden Beinamen „Abu von XY"). Diese sexistische Schranke wird aber schon im Alten Testament empfunden, und den Töchtern wird schließlich ein Erbrecht verliehen (Num 27,1-11; 36,1-12; Hi 42,15).

Das Bild von den „Pfeilen" macht deutlich, dass solche Söhne mit Waffen umgehen können und selbst eine Art Waffe darstellen (Der Gedanke an die Verhältnisse im wilden Westen der USA mag erlaubt sein. Auch hier galt: „Wohl dem Farmer, der viele starke Söhne hat!" – Man denke an die Cartwights in der Serie Bonanza). Mit solchen Söhnen bewaffnet, kann man dann auch im Gericht bestehen. Im alten Juda fand die Urteilsfindung in juristischen Streitfällen in der Regel bei einer Versammlung der freien, d.h. Grund besitzenden, Bürger im Stadttor statt. Hier konnten Arme und nicht Wehrhafte leicht übervorteilt werden, weshalb die weisheitliche Ethik einschärft: „Beraube nicht den Geringen, weil er gering ist, und zertritt nicht den Elenden im Tor!" (Spr 22,22).

Mit dem Lob der vielen Söhne wirft Ps 127 ein Licht auf die gesellschaftlichen Verhältnisse seiner Zeit, die sehr schwer näher zu bestimmen sind, aber wegen der Einbindung in die Wallfahrtspsalmen wohl das nachexilische perserzeitliche Juda meinen dürften. Die Seligpreisung des Vaters vieler Söhne lässt ahnen, dass das Leben in dieser Zeit rau und gefährlich war und man sich sein Recht auch auf privater Ebene erkämpfen musste. Wer solche Kampfgefährten hatte, konnte wiederum gut schlafen.

## Ein Deutungsvorschlag zur Diskussion

Wir haben die beiden Schwerpunkte des Lieds betrachtet: die weisheitliche Belehrung über das Angewiesensein auf den Segen Gottes und das ökonomisch-juristisch-politische Angewiesensein auf die Konkretion dieses Segens in Gestalt von zahlreichen Pfeilen, d.h. arbeitsstarken und kampfbereiten Söhnen. Dennoch stehen wir erneut vor der Frage, wieso dieser Psalm ein Wallfahrtslied ist.

### ● Glückwunschgedichte

In der Forschung gibt es zahlreiche Stimmen, die einen anderen Sitz im Leben vermuten: Glückwunschgedicht bei der Gründung einer Familie (*Hans-Joachim Kraus*), bei einer Hochzeit; Glückwunschgedicht bei der Geburt eines Sohns, also eine Art Geburtstagsgedicht.

### ● Pilgerpredigt

Da aber „Wallfahrtslied" dasteht, stelle ich einen neuen Vorschlag zur Diskussion: Könnten die Belehrungen von Ps 127 nicht eine Art Predigt darstellen? Und zwar eine Predigt von denjenigen, die auf der Pilgerfahrt sind, an die zu Hause Bleibenden. Ich stelle mir vor, dass die Pilgernden auf ihrer Wanderschaft bei Gastgebern einkehrten oder an Siedlungen und Häusern vorbeikamen und ihnen allen die Botschaft zusangen: „Alles Alltägliche bedeutet nichts, wenn nicht Gott dabei ist." Ps 127 wäre so eine Kurzpredigt von „Wanderpredigern" auf der Wallfahrt. Ich vermute, dass dabei auch der „Klingelbeutel" für das Heiligtum in Jerusalem herumging.

Wie bereits gesagt, darf man beim Bau des „Hauses" nicht zu eng denken. Hebräisch „Haus" meint nicht nur das Haus aus Stein, das Haus, in dem man wohnt, sondern auch – in übertragenem Sinn – die Familie, die Dynastie, den Staat (weshalb ja auch Salomo der fiktive Autor bzw. der angedeutete Assoziationshorizont des Gebets ist).

Wenn hier vom Hausbau die Rede ist, meint das auch in einem weiteren Sinn die Gründung und den Aufbau der Gesellschaft. Die vorbeiziehenden Bilder erklären gleichsam weisheitlich, ökonomisch-politisch, juristisch die Bedeutung des Segens, der von den Pilgern auf die Menschen fließt. So kommt die kultische Aktivität mit der alltäglichen Welt in Verbindung. Das normale Lied der Menschen damals wie heute lautet: „Alles, was ich bin und habe, verdanke ich nur meiner Hände Arbeit."

Dagegen hält die „Pilgerpredigt" im Bewusstsein: „Alles, was du bist und hast, verdankst du nur JHWHs Segen." Das Dach überm Kopf, den Frieden, den guten Schlaf, die Erträge der Arbeit und insbesondere die Fruchtbarkeit des Leibs, die Kinder – alles das ist Gottes Geschenk. So kommen in etwas hintergründiger Verschlüsselung doch noch zentrale Themen der Zionstheologie in den Blick. Auch mit Salomo als dem König von Jerusalem (Koh 1,12): Vergiss nicht, was JHWH dir Gutes getan hat, sondern mach dich darum auf nach Jerusalem, zum Tempel, wo JHWH, der Gott des Segens, wohnt.

## Gedanken und Texte zum Nachdenken und Besprechen

● Der Psalm ist eine Zusammenfassung weisheitlicher Einsichten eines Menschen, der mit und von Gott her lebt. Er ist eine Polemik gegen allzu große Selbstsicherheit.

● Wo Gott nicht segnet, da hilft keine Arbeit.
Wo Gott nicht behütet, da hilft keine Sorge.

*Martin Luther*

(aus: Gebete und Sprüche Martin Luthers. Evangelische Verlagsanstalt, Leipzig 2008, S. 8)

● Der Himmel hat den Menschen als Gegengewicht für die vielen Mühsale des Lebens drei Dinge gegeben: die Hoffnung, den Schlaf und das Lachen.

*Immanuel Kant*

● Es geht um engagierte Gelassenheit. Niemand soll in Tatenlosigkeit und Lethargie verfallen, sondern im Vertrauen auf Gott handeln, sein Leben gestalten.

● So vieles, denkst du, ist schief gegangen
in deinem Leben.
Du hast falsche Entscheidungen getroffen,
Menschen haben dich verletzt
und im Stich gelassen,
Träume zerrannen,
und deine Schritte wissen
weder Weg noch Ziel.

Ich wünsche dir,
dass plötzlich das Unerwartete
über dich hereinbricht,
dass dir ein Stern vom Himmel fällt
und das Wunder geschieht,
dass Unmögliches möglich wird
und sich dein Lebenstraum erfüllt.

*Christa Spilling-Nöker*

(aus: Ich schenke dir ein gutes Wort. © Verlag am Eschbach der Schwabenverlag AG, Eschbach 2002, S. 15)

● Gelingendes Leben – eine beliebte Formulierung. Aber was verbirgt sich dahinter? Wodurch gelingt mein Leben? Woran mache ich es fest? An Erfolg? An Nachkommen? An …?

● Wenn ich die Art und Weise ansehe, wie ich mit meinem Leben umgehe – teile ich wirklich diese Überzeugung, dass wir ohne Gott, ohne Christus nichts tun können, dass alles an Gottes Segen gelegen ist? Wie gewinnt sie in meinem Leben Gestalt?

● Frustra – auf falschem Weg, erfolglos, nutzlos, vergeblich, umsonst. Welche „Vergeblichkeitserfahrung" steht hinter den Psalmworten? Welche „Vergeblichkeitserfahrungen" machen mir zu schaffen?

● Groß geblieben ist meine Sehnsucht
nach Leuchtendem.
Man will sie mir aber nehmen.
Man erzählt mir von den Übeln der Welt,
als wäre das ein Beweis.
Ich werde stumm.
Längst bin ich weggeflogen auf Leuchtendes zu.
Aber im Zentrum des Leuchtenden
war natürlich die schwarze
die sternlose Nacht.
Und doch ist die Sehnsucht geblieben.

*Friederike Roth*

(aus: Wiese und Macht. Suhrkamp Verlag, Frankfurt/Main 1993)

● Lasst uns Gottes versammelte
Großzügigkeiten werden
und seine Artisten sein,
die Welt überwinden,
nicht mit Leichtigkeit gewiss,
aber mit Zuversicht,
Geduld und Freundlichkeit.
Lasst uns Nachsicht üben,
wo andere den Schlussstrich ziehen.
Lasst uns spielerisch auftreten,
wo andere mit dem Fuß aufstampfen.
Lasst uns Feinde in Freunde verwandeln.

*Hanns Dieter Hüsch*

(aus: Das Schwere leicht gesagt. tvd-Verlag, Düsseldorf 1993)

● Für die Psalmbeterin ist die Erkenntnis wesentlich: Den „Bau" und „Schutz" meines Lebens kann ich nicht ohne Gott planen, gestalten, organisieren. Sinnhaft wird dies Planen, Gestalten und Organisieren nur, wenn ich es von Gott her – und als ChristInnen sagen wir, von Gott in Christus her – tue.

* Was sind meine Lebensziele? Was ist die Basis, von der her ich sie formuliere und lebe?

● Wenn Kinder ein Segen Gottes sind, was ist dann mit den Kinderlosen? In Ps 127 werden nicht die niedergemacht, die keine Kinder haben, sondern er verweist darauf, dass wir Kinder nicht „machen" können. Sie sind ein Geschenk Gottes.

## Bausteine zur Gestaltung

● Wer mit einem Kurzfilm einsteigen will, sei auf „Rain Is Falling" von *Holger Ernst* (s.u. Medienempfehlungen S. 109) hingewiesen.

● *Gestaltete Mitte:*
Auf bunten Tüchern liegen „Lebensbilder" (aus Illustrierten): z.B. zwei glückliche Menschen, Familie mit Kindern, Menschen bei der Arbeit, Brot, Haus, Auto, kranker Mensch, alter Mensch, schöne Landschaft, zerstörte Landschaft, Polizisten, die etwas bewachen, ein schlafender Mensch, Gemeinde beim Gottesdienst. In der Mitte steht eine brennende Kerze. Die TeilnehmerInnen sehen sich die Bilder an und bedenken dann:
* Was macht mein Leben aus? Was prägt es? Von woher verstehe ich mich?

oder.
* Wenn ich die Bilder sinnbildlich für Lebenswerte, Lebenswünsche und Ängste ansehe, welche würde ich für mich auswählen?

Danach folgt ein Austausch im Plenum oder in Kleingruppen. Nach dem Gespräch ordnen die TeilnehmerInnen den Bildern, die in ihrem Gespräch eine Rolle gespielt haben, farbige Punkte zu.

● Die TeilnehmerInnen erhalten ein Blatt mit den Fragen:
* Was macht für mich ein gelingendes Leben aus?
* Was gibt mir Sicherheit in meinem Leben?
* Welche Ziele verfolge ich?

Nach einer Zeit der Besinnung tauschen sie sich in Kleingruppen über ihre Gedanken aus.

● Die TeilnehmerInnen geben einander Anteil an ihren Gedanken zu:
* In welchen Zusammenhängen habe ich den Eindruck, das Gefühl gehabt: Es ist alles vergeblich?
* Worin sah bzw. sehe ich die Gründe für diese „Vergeblichkeitserfahrung"?
* Was hat mir geholfen, mit dieser Erfahrung, diesem Erleben konstruktiv umzugehen?

● *Fragen zur Texterschließung:*
* Welche Lebens- und Glaubenserfahrung kommt in Ps 127 zum Ausdruck?
* Welche Grundhaltung steht hinter diesen Aussagen?
* Welchen Gedanken kann ich zustimmen, weil sie auch meiner Lebenskonzeption entsprechen?
* Welche Gedanken bereiten mir Schwierigkeiten? Warum?

● *Gesprächsimpulse:*
„Alles, was ich bin und habe, verdanke ich nur meiner Hände Arbeit." „Jeder ist seines Glückes Schmied."
* Was meinen Sie zu diesen Behauptungen?
* Welche Überzeugung stellt Ps 127 dagegen?

**Herr, mein Gott, ich danke dir, dass du diesen Tag zu Ende gebracht hast. Ich danke dir, dass du Leib und Seele zur Ruhe kommen lässt. Deine Hand war über mir und hat mich behütet und bewahrt. Vergib allen Kleinglauben und alles Unrecht dieses Tages und hilf, dass ich gern denen vergebe, die mir Unrecht getan haben. Lass mich in Frieden unter deinem Schutze schlafen und bewahre mich vor den Anfechtungen der Finsternis. Ich befehle dir die Meinen, ich befehle dir dieses Haus, ich befehle dir meinen Leib und meine Seele. Gott, dein heiliger Name sei gelobt. Amen.**

*Dietrich Bonhoeffer*

(aus: Widerstand und Ergebung. © Gütersloher Verlagshaus, Gütersloh 1998, in der Verlagsgruppe Random House)

● Im Neuen Testament finden wir das Gleichnis vom reichen Kornbauern (Lk 12,16-20).

* Welcher Gedanke von Ps 127 wird darin aufgegriffen?
* Welche der beiden Lebenseinstellungen überwiegt in meinem Leben?

● Vergleichen Sie Ps 127 mit Mt 6,25-34 (Vom Sorgen), Joh 15,5 („Ohne mich könnt ihr nichts tun"), und Phil 4,13 („Alles vermag ich durch ihn, der mir Kraft gibt"; Einheitsübersetzung).

* In welcher Weise wird der Tenor von Ps 127 aufgegriffen?
* Was sind neue Gedanken?

● Zum Abschluss des Abends kann eine Vertonung von Psalm 127 gehört werden, z.B. *Antonio Vivaldi:* „Nisi Dominus" (Ps 127) oder *Georg Friedrich Händel:* „Nisi dominus" (Ps 127).

● Wer den Abend mit einer Bildbetrachtung schließen möchte, sei auf das Bild von *Uwe Appold* und die Betrachtung von *Jörg Meuth* hingewiesen (s.u. S. VI).

## Lieder

| | |
|---|---|
| Schmückt das Fest mit Maien | EG 135 |
| Tut mir auf die schöne Pforte | EG 166 |
| Nun danket alle Gott | EG 321 |
| Bis hierher hat mich Gott gebracht | EG 329 |
| Alte mit den Jungen sollen loben | EG 338 |
| Alles ist an Gottes Segen | EG 352 |
| Kommt, Kinder, lasst uns gehen | EG 393 |
| Komm in unsre stolze Welt | EG 428 |
| Ich weiß, mein Gott, dass all mein Tun | EG 497 |
| In Gottes Namen fahren wir | EG 498 |
| Wer unterm Schutz des Höchsten steht | GL 291 |
| Herr, dir ist nichts verborgen | GL 292 |
| Auf dich allein ich baue | GL 293 |

## Didaktischer Entwurf Psalm 127

**Autorin: Dr. Katharina Wiefel-Jenner**

### Thematischer Schwerpunkt

Der Psalm trägt die Überschrift: ein Wallfahrtslied. Es kann auch als Pilgerlied durch das anstrengende Alltagsleben in der Leistungsgesellschaft der Gegenwart verstanden werden. Menschen, die unter äußerster Anstrengung ihre materielle Existenz absichern und in Angst um ihre Altervorsorge sind, werden ständig mit der Bedrohung konfrontiert, dass alles menschliche Tun vergeblich ist. Sicherheit ist nur durch die Verlässlichkeit und Treue Gottes gegeben. Die den Schlaf raubende Sorge Gott zu überlassen, ist heilsamer als das aus der Angst geborene ständige Tun.

### Gestaltete Mitte

Ein Tuch / eine Decke liegt in der Mitte, darauf ein Brot, eine Schale mit Äpfeln oder Obst, ein Krug mit Saft, einige Becher, das Kreuz, ein Kerze. Außerhalb der Decke / des Tuchs liegen farbige DIN A4-Blätter mit den Stichworten zum Psalm:
Haus, Stadt, wachen, schlafen, arbeiten, bauen, Sorgen, Mühe, Gabe, Kinder, Geschenk, Brot, Morgen, aufstehen, Gericht, Schlaf, Jugend, Altersvorsorge, Schulden.

### Vorbereitung / Materialien

Blätter mit den Stichworten des Psalms. Werden mehr als 15 Teilnehmende erwartet, sollten die Stichworte jeweils zwei Mal aufgeschrieben werden.
Brot, Obst, Saft, Becher oder Gläser für den Saft (in die gestaltete Mitte werden nur einige Becher gestellt, weitere sollten vorab bereitgestellt werden).
Meditative Musik von einer CD – oder musikalische Begleitung.

## Zur Gestaltung des Abends

### Liturgischer Beginn

Entzünden der Kerze – Gebet:
Gütiger Gott, Geber aller guten Gaben,
wir danken dir für alles,
was du uns anvertraust und bekennen:
Dein ist alles, was wir sind und haben.
Von dir leben wir,
wir bitten dich:
Segne unser Tun, unser Reden,
unser Zusammensein
durch Jesus Christus. Amen.

**Öffnen – Text trifft Wirklichkeit**

Einladung an die Teilnehmenden, um die Mitte herum zu gehen und die Stichworte auf den auf den Boden liegenden Blättern zu lesen. Währenddessen meditative Musik (CD oder direkt).

Einladung, das Blatt zu nehmen, dessen Stichwort am meisten anspricht. Anschließend Rückkehr auf den Platz. Es folgen drei Aufforderungen:

Erste Runde: Bitte an die Teilnehmenden, mit einem Satz ihre Wahl zu begründen (bei großer Teilnehmerzahl in Gruppen).

Zweite Runde: Bitte an die Teilnehmenden, ihr Stichwort zu sagen und nach einer kurzen Stille ihrem Stichwort das Wort vergeblich hinzu zu fügen, Beispiel: „Haus - kurze Stille - Haus vergeblich".

Dritte Runde: Bitte an die Teilnehmenden, ihr Stichwort zu sagen und nach einer kurzen Stille ihrem Stichwort die Worte „mit Gott" hinzuzufügen, Beispiel: „Haus – kurze Stille – Haus mit Gott".

Ein *Gespräch* darüber, wie die Teilnehmenden Alters-Vorsorge treffen bzw. getroffen haben und welche Rolle ihr Glaube dabei spielt bzw. gespielt hat.

(Bei mehr als 10 Teilnehmenden sollte die Gruppe geteilt werden).

Mögliche Impulse für das Gespräch:

- Was haben Sie gedacht, als es hieß: „Die Rente ist sicher"?
- Erinnern Sie sich an die Berichte von der großen Inflation und hat Sie das beeinflusst?
- Als am 11. September 2001 die Anschläge in New York waren oder bei der Finanzkrise vor zwei Jahren haben viele gedacht, jetzt bricht alles zusammen. Haben Sie ihr Verhalten geändert?
- Haben Sie beim Abschluss eines Riestervertrags gebetet?
- Welche Rolle spielen die eigenen Kinder für die nichtmaterielle Altervorsorge?

**Begreifen – Textlektüre und Textinformation**

*Der Psalm klingt:*

Der Psalm wird von drei Teilnehmenden je einmal in drei verschiedenen Übersetzungen (erhältlich über http://www.die-bibel.de/online-bibeln/) vorgelesen. Luther 1984, Einheitsübersetzung, *Arnold Stadler*).

In einem zweiten Durchgang lesen die drei Teilnehmenden jeweils nacheinander Vers 1 in ihrer Übersetzung, danach Vers 2 usw.

*Textbeobachtung in Kleingruppen:*

Je drei bis vier TN untersuchen den Psalm anhand folgender Fragen:

* Welche Kräfte und Anstrengungen werden genannt? Welche verpuffen?
* Worin liegt die Quelle des Erfolgs?
* Inwiefern gewinnt der Text als „Wegzehrung" für eine Pilgerreise Sinn?

*Gespräch im Plenum:*

Geschildert wird zunächst der mühselige Kampf der einfachen Menschen, ihre materielle Existenz abzusichern. Die Abhängigkeit von den politischen Entscheidungen beeinträchtigt das Leben. Hohe Steuern, Finanz- und Wirtschaftskrisen, die die einfachen Leute belasten, bedrohen die Menschen mit Überschuldung und Sklaverei. Ein Entrinnen scheint kaum möglich. Alle Kraftanstrengungen scheinen ins Leere zu gehen. Aber genau in der Mitte des Psalms kommt eine überraschende Wende: Im Schlaf, einer scheinbar völlig kraftlosen Situation, zeigt sich die Quelle der eigentlichen Kraft: die Nähe zu Gott.

Der Kernvers „Doch seinen Freunden schenkt der HERR einen ruhigen Schlaf" ist meist unter der Übersetzung „den Seinen gibt's der Herr im Schlaf" bekannt. Die Basisbibel folgt hier aber exakt dem hebräischen Text: Es geht um das Kraft schöpfen aus gelassenem Gottvertrauen – insofern ein guter Ratgeber für eine Pilgerreise, aber auch darüber hinaus. Spirituelles Ziel ist eine Lebenshaltung des „gelassenen Engagements".

*Der Psalm klingt:*

Erneutes Lesen des Psalmtextes.

**Mitnehmen – Mit dem Psalm weiterbeten**

*Abendgebete:*

Die TN werden eingeladen, zunächst für sich die Abendgebete im Teilnehmerheft zu betrachten und sich zu fragen: Welche könnte ich sprechen? Was ist mir wichtig bei einem Abendgebet? Anschließend tauschen sich jeweils zwei TN über ihre Eindrücke aus.

*Essen ohne Sorge:*

Im Psalm heißt es: „Es ist umsonst, dass ihr früh aufsteht und hernach lange sitzet und esset euer Brot mit Sorgen" (V 2). Sie sind eingeladen, von dem Brot und dem Obst zu essen. Einen Schluck zu trinken. Dies Essen soll nicht mit Sorge gegessen werden, sondern mit Gelassenheit.

Während des gemeinsamen Essens werden die Teilnehmenden eingeladen, vom aktuellen Ergehen ihrer Kinder / Enkelkinder oder der Menschen zu berichten, mit denen sie eng verbunden sind und auf die sie sich in Problemen stützen.

*Der Psalm klingt:*

Erneutes Lesen des Psalmtextes.

**Liturgischer Abschluss**
Gott, du bist nahe,
du machst uns reich.
Deine Gegenwart ist unsere Sicherheit.
Du befreist uns von Sorgen und Angst.
Du bewahrst unsere Seele
vor falschen Gewissheiten.
Du lässt uns leben.
Dir vertrauen wir uns an
durch Jesus Christus,
unseren Bruder und Herrn. Amen.

Kanon:
Ruhet von des Tages Müh,
Nacht will es nun werden.
Lasst die Sorg bis morgen früh!
Gott bewacht die Erden. (EG 492)

Vater unser
Segen

**Gott hat die Welt nicht geschaffen wie ein Zimmermann oder ein Schuster, der sich nicht darum kümmert, ob das Haus vom Wasser weggerissen oder vom Feuer zerstört wird. Sondern wenn Gott etwas erschaffen hat, dann geht er nicht weg, sondern bleibt dabei, erhält und regiert es, wie er es angefangen hat.**

*Martin Luther*

## VII Psalm 145

# Lebensmittel

## Auslegung

Ps 145 wird in der Komposition des Psalmenbuchs als die letzten Worte Davids präsentiert. Letzte Worte haben es bekanntlich in sich, denn sie haben als „Schlussakkord" immer eine besondere Bedeutung.

Diese Bedeutsamkeit des Endes zeigt sich darin, dass die letzten Äußerungen von Personen häufig als Zusammenfassung ihres ganzen Wirkens und theologischen Denkens verstanden werden können: Jesus sagt nach Lukas am Kreuz: „Vater vergib ihnen, denn sie wissen nicht was sie tun." Luther sagte: „Wir sind Bettler, das ist wahr." Wenn man der Sterbeforschung glauben darf, zieht im Augenblick des Sterbens das ganze Leben eines Menschen an ihm vorbei.

So ist es schon kompositorisch von erheblicher Bedeutung, dass eben dieser Psalm Davids Schlussworte wiedergibt. *Reinhard G. Kratz* spricht zu Recht vom „Programm des Psalters" (Festschrift für *Otto Kaiser*).

Im Zentrum steht der König JHWH, dessen Königtum der Gnade und Fürsorge farbig ausgemalt wird. Der Psalm atmet den höfischen Glanz und die überwältigende Macht eines Königs der Welt, der sich nicht nur um sein eigenes Volk kümmert, sondern um alle Welt, ja um „alles, was da lebt" (V 16). Dabei ist auffällig, wie viele bekannte Spitzensätze in diesem Gebet vorkommen. Der ganze Psalm wirkt wie eine Zusammenfassung von Kernaussagen des Psalters.

### Psalm 145 – ein „ABC-Psalm"

Psalm 145 stellt – formal gesehen – ein so genanntes „Akrostichon" dar, ein Gedicht, bei dem am Anfang jeder neuen Zeile der jeweils nächste Buchstabe des Alphabets steht. Da das hebräische „Alephbet" 22 Buchstaben hat, haben diese Alephbet-Psalmen 22 Verse, es sei denn, dass ein Buchstabe mehrfach am Anfang der Zeile steht wie in Ps 119.

Man muss sich also die Buchstaben untereinander geschrieben vorstellen. Und wenn das Auge die Anfangsbuchstaben hinuntergleitet, läuft vor den Augen die Gesamtheit aller Buchstaben ab. Man könnte Ps 145 also auch einen „ABC-Psalm" nennen. Die Form eines Akrostichons ist im Psalter acht Mal belegt: Ps 9; 10; 25; 34; 37; 111; 112; 119; 145 (vgl. auch Spr 31,10-31; Nah 1,2-8; Klg 1,1-4). Durch diese formale Vorgabe ist der inhaltliche Gedankengang dieser Psalmen manchmal etwas sprunghaft, jedenfalls nicht besonders streng logisch, sondern er folgt dem Zwang, den nächsten Satz mit einem vorherbestimmten Buchstaben anfangen zu müssen. *Hermann Gunkel* nennt das Akrostichon „mehr Künstelei als Kunst" (*Gunkel*, 610). Dagegen hat man in der neueren Forschung versucht aufzuzeigen, dass hier alles sehr kunstvoll und durchdacht angelegt sei.

Die Wahrheit liegt wohl irgendwo in der Mitte. Um dem Zwang der Buchstabenabfolge gerecht zu werden, greift man gern zu bekannten Gebetsaussprüchen und stellt sie zusammen. Allerdings fehlt in vielen ABC-Psalmen ein Buchstabe, so auch in Ps 145. Die Zeile mit dem Anfangsbuchstaben N ist ausgefallen. Sie wird aus anderen Quellen nachgetragen. Die Nun-Zeile ist in einer masoretischen hebräischen Handschrift aus dem Mittelalter bezeugt, bei Hieronymus (dem lateinischen Kirchenvater des 4.Jhs.) und in 11QPsa (was ausgeschrieben heißt: In der 11. der bei Qumran aufgefundenen Höhlen, in der sich Schriftrollen befanden, gab es zwei Psalmenhandschriften, die man als a und b unterscheidet; und auf der Handschriftrolle mit der Bezeichnung a – etwa 50 n.Chr. – steht: „Verlässlich ist Gott in seinen Worten und gütig in allen seinen Taten").

## Der Aufbau

Der Aufbau des Lieds folgt dem Alphabet, lässt aber auch gewisse inhaltliche Schwerpunkte erkennen: Thema des Psalms ist das Loben Gottes, und zwar in besonderer Zuspitzung auf das universale Königtum Gottes, und den universalen Lobpreis Gottes. Grob gliedernd kann man sagen, dass

- V 1f einen Aufgesang (Introitus) bilden, eine hymnische Selbstaufforderung zum Lobpreis des königlichen Gottes;
- V 3-6 die Größe Gottes preisen;
- V 7-9 von der Güte Gottes handeln, wobei V 8 die so genannte Gnadenformel (vgl. Ex 34,6f; Ps 103,8; 111,4; 112,4) zitiert (siehe Kasten);
- V 10-13 die innere Struktur des Königtums JHWHs entfalten;
- V 14-17 die Fürsorge Gottes entfalten;
- V 18-20 Gottes Nähe und Fürsorge beschreiben;
- V 21 (bzw. bei Zufügung der N-Strophe V 22) den Abgesang in Rückgriff auf V 1f und somit einen Rahmen bildet.

Insgesamt folgt der Aufbau konzentrischen Kreisen: von einem Ich zu einer Gruppe, von da zu allen Werken hin zum All. David ist der Vorsänger der Menschheit, ja der ganzen Schöpfung, die ihm nachsingt.

## Die Überschrift (V 1)

Die Überschrift V 1 setzt den Psalm mit David in Beziehung. Der Psalm schließt den fünften Davidpsalter (Ps 138 – 145) ab: „ein Loblied von David". Das Loblied bietet Davids letzte Worte im Psalter, ist Davids „Psalmentestament" (*Frank-Lothar Hossfeld*).

Es stellt sich jedoch die Frage, warum dieser Psalm mit David verbunden worden ist. Der Psalm selbst enthält nichts, was an David oder eine königliche Gestalt als Sprecher denken lässt. David wird hier zu einer Art Modellbeter, ein Vorbeter des Gotteslobs. Er bekommt durch die Überschrift den Ehrenplatz, eben jener „Stein" zu sein, der in den See des Glaubens fiel und die Welle des Gotteslobs auslöste.

## Stetiges Gotteslob (V 1-2)

V 1 und 2 sind Selbstaufforderungen zum stetigen Gotteslob, wobei V 1 und 21 eine partiell gleich lautende Rahmung bilden. Prominent wird Gott als „König" tituliert. Unablässig und andauernd Gott-König loben – das ist die Aufgabe. Diese Stetigkeit des Gottesbewusstseins und die Nachhaltigkeit des Lobens sind nicht naiv. Dafür weiß das Buch der Psalmen viel zu viel vom Leiden. Aber durch alles Klagen hindurch führt der Psalter letztlich zum Loben. „Alles Fleisch preise seinen heiligen Namen immer und ewig“ (V 21).

### Unerforschlichkeit Gottes (V 3)

V 3 ist eine erste quasi dogmatische Eigenschaftsbeschreibung Gottes. Dabei wird seine „Unerforschlichkeit“ hervorgehoben. Gottes Sein übersteigt prinzipiell alles menschliche Wissen. Luther übersetzt eindrücklich „unausforschlich“.

### „Generationenvertrag“ (V 4-7)

V 4-7 gehen auf andere Menschen zu anderen Zeiten ein. Es gibt eine ungebrochene Kette des Weitererzählens von Generation zu Generation, eine Art „Generationenvertrag“, dass die Älteren den jeweils Jüngeren das Tun Gottes nicht verschweigen: Stetiges Gotteslob „Was wir gehört haben und wissen und unsre Väter uns erzählt haben, das wollen wir nicht verschweigen ihren Kindern; wir verkündigen dem kommenden Geschlecht den Ruhm des HERRN und seine Macht und seine Wunder, die er getan hat“ (Ps 78,3f).

Bereits hier gewinnt der Psalm eine universale Perspektive. Die Gerechtigkeit Gottes, die nach V 7 gepriesen wird, ist die heilschaffende, beschenkende Gerechtigkeit (vgl. meine Auslegung von Ps 71, oben S. 62f).

### Gnadenhandeln JHWHs (V 8)

Die Gnadenformel in V 8 ist mit Ex 34,6f eng verwandt, zeigt aber im synoptischen Vergleich (siehe Kasten) auch erhebliche Unterschiede, die theologisch gewichtig sind:

*Christoph Dohmen* (Wenn Texte Texte verändern. Spuren der Kanonisierung der Tora vom Exodusbuch her, 35-60) exemplifiziert an der Gnadenformel, was „Intertextualität“ meint. Die „Gnadenformel“ bildet das theologische Zentrum der Sinaioffenbarung. Ihre elf Vorkommen sollen den intratextuellen Weg vom kanonischen Prozess zur Kanonisierung aufzeigen, den Übergang vom fließenden zum fest fixierten Text. Die Tora ist der Prä-Text, der sich auch für die Kanonteile Propheten und Schriften als „Grundstein und Fundament“ (58) erweist.

Allerdings können die späteren Rezipienten den Toratext auch kräftig umdeuten und ganz neu akzentuieren, was in Ps 145 gegenüber Ex 34 zu beobachten ist. Unsere kleine Synopse lässt leicht erkennen, dass der jüngere Psalm alle Unterscheidungsaussagen – sowohl die Lohnankündigungen als auch die Gerichtsansagen – weglässt. Statt der dortigen deuteronomistischen Theologie, die auf Entscheidung drängt und auf die große Verantwortung über Generationen hinweg abhebt, wird im Psalm 145 ein wahrhaft umfassendes Gnadenhandeln JHWHs verkündigt.

### Unbedingte Heilszusage (V 9)

Wie V 9 es ausspricht, ist JHWH allen seinen Werken gütig zugewandt – nicht bloß dem Menschen. Durch bedingungslose Zusage von Güte und mütterlichem Erbarmen gegen alle seine Werke ändert sich das theologische Gefälle der Formel erheblich. Gottes Eigenschaften sind menschenfreundlich und umfassend naturbejahend. Man kann im Verlauf der Traditionsgeschichte von einem überwältigenden Sieg der

| **Gnadenformel in Ex 34,6f** | **Gnadenformel in Ps 145,8f** |
|---|---|
| HERR, HERR, Gott, barmherzig und gnädig und geduldig und von großer *Gnade und Treue, der da Tausenden Gnade bewahrt und vergibt Missetat, Übertretung und Sünde, aber ungestraft lässt er niemand, sondern sucht die Missetat der Väter heim an Kindern und Kindeskindern bis ins dritte und vierte Glied!* | Gnädig und barmherzig ist der HERR, geduldig und von großer Güte.<br>Der HERR ist *dem All* gütig und *erbarmt sich aller seiner Werke.* |

Gnade sprechen. Es gibt im Alten Testament keine andere so umfassende und unbedingte Heilszusage (V 9 hält in der griechischen Fassung noch eine besondere Pointe bereit: Da steht: Chrestos kyrios = gütig ist der HERR; aber spätere christliche Leser werden hier sicher gehört haben: Christos Kyrios = Christus ist der Herr! Hier liegt eine erstaunliche Nähe von Altem und Neuem Testament vor). Der Gedanke eines auserwählten Gottesvolks oder einer Beschränkung der Gnade nur auf die Frommen – im Unterschied zu den Frevlern – ist hier ganz weggenommen. Gott liebt die Welt, ganz!

## Alle, alles (V 10)

Entsprechend ist die Reaktion nach V 10 bei allen Werken JHWHs ein Lobpreis des Schöpfers. „Deine Frommen" steht in Parallele zu „alle deine Werke" und markiert daher wohl kaum eine Einschränkung auf die Chassidim, auf die Elitefrommen, sondern umgekehrt eine universale Ausweitung der JHWH-Verehrung.

Man muss überhaupt beachten, wie oft in diesem Psalm Formen des Wortes „alles" vorkommen, 16 Mal in 22 Versen: V 9: „gut gegen alle"; Erbarmen „über alle seine Werke"; V 10: entsprechend loben „alle deine Werke" JHWH; V 13: „ein Reich aller künftigen Zeiten", „Herrschaft dauert durch alle Geschlechter"; V 14: Gott „stützt alle Fallenden", „richtet auf alle Niedergebeugten"; V 15: „Alle Augen warten auf Gott"; V 16: Gott „sättigt alles Lebendige"; V 17: Gott ist „gerecht in allen seinen Wegen und treu in allen seinen Werken"; V 18: „Nahe ist der HERR allen, die ihn anrufen"; V 20 „der HERR bewahrt alle"; V 21: „Alles Fleisch preise seinen heiligen Namen." Allumfassend ist die liebende Gnade und entsprechend das Lob Gottes.

## Noch Zukunftsmusik (V 11-13)

Die antiken Übersetzungen wechseln ins Futur oder in den Adhortativ, zu recht, denn das, was 11-13 vom Königreich Gottes berichten, ist noch Zukunftsmusik. Die Herrlichkeit und die Kraft des Reiches Gottes werden in Ewigkeit sein. Diese Theologie des Reiches Gottes klingt wie ein Hymnus, der in einem himmlischen Palast auf Gott-König gesungen wird, der seine Herrlichkeit und Kraft preist.

## Gott richtet auf (V 14)

Mit V 14 senkt sich der Blick des Beters wieder von den Höhen der Zukunft zurück auf die Tiefen der Gegenwart. Die „Fallenden" und „Niedergebeugten" sind unklare Gruppenbezeichnungen. In keiner anderen Heiligen Schrift der Religionen wird Armut so intensiv berührt, die Perspektive der Armen so eindringlich und tiefgreifend eingenommen wie in der Bibel Israels.

Im Lauf der eintausendjährigen Traditionsgeschichte ist dies Nachdenken sehr differenziert und zum Teil auch widersprüchlich entfaltet worden. Zunächst galt Armut als Schande, später als Folge der Frömmigkeit und damit als Ehre. Israel hat eine profilierte theologische Armen-Ethik entwickelt und modellhaft Ansätze zur praktischen Überwindung der Armut entfaltet: „Selig ist, der des Armen gedenkt" (Ps 41,2). Und immer wieder ist es JHWH, der sich um die Anawim = „Elenden" kümmert.

Aber es scheint, als ginge es hier in Ps 145,14 weniger um eine materielle Statusgruppe als vielmehr um eine „geistliche" Beschreibung. Die Demütigen, die von ihrer Schuld wissen und darüber niedergebeugt sind, richtet Gott schon jetzt auf.

## Ein Lobbekenntnis (V 15f)

V 15f sind zu einem Tischgebet geworden. Ursprünglich sind sie ein Lobbekenntnis: JHWH schenkt seinen Geschöpfen, was sie zum Leben brauchen.

## Geistige und geistliche Weite (V 17-20)

V 17-20 sind wieder Sätze aus der Dogmatik Israels. Sie betonen erstaunlicherweise, dass JHWH gegenüber allen seinen Werken gerecht ist. Nichts deutet auf eine spezifisch israelbezogene „Gerechtigkeit". Nichts weist auf eine anthropozentrische Schöpfungstheologie hin. Der Mensch gilt nur als ein Teil unter vielen, um die sich JHWH kümmert.

Diese geistige und geistliche Weite setzt sich in V 18 fort. „Alle, die JHWH in Wahrheit anrufen", das können auch gottesfürchtige Heiden sein. Und die Schreie der Bedrängten dringen aus allen Nationen hin zu dem Gott, der sich um die Armen kümmert. Auch das Seufzen der Kreatur könnte mit gemeint sein. „Sein Erbarmen ist über alle seine Werke" (V 9). Am Ende von V 20 klingt der in der Weisheit so häufig genannte Gegensatz von Gerechten und Frevlern an. In dem sonst so überaus freundlichen Psalm ist dieser Gedanke nicht ganz unterdrückt, und das ist gut so.

### Es fehlt nur noch das Amen (V 21)

V 21 mutet wie eine gute Abschlussformulierung des gesamten Psalters an: „... und alles Fleisch preise seinen heiligen Namen immer und ewig!" In der Forschung ist der Gedanke öfter erwogen worden, ob nicht einmal eine Buchgestalt des Psalters vorlag, die mit diesem Vers abschloss (*Kratz, Hossfeld*). Es fehlt nur noch das Amen.

### Sechs Eigentümlichkeiten des Psalms

- Der Psalm bietet eine große Fülle von Verben des Lobens. Diese dauernden Aufforderungen zum Loben haben verschiedene Adressaten: Ein Ich fordert sich selbst sowie andere zum Lobpreis JHWHS auf, die Frommen, alle Werke, ja schließlich „das All". Das Loben zieht immer größere Kreise.
- Der Psalm enthält viele Zitate bekannter Texte. Er wirkt wie ein Zitatenteppich, wie eine Kollektion von populären Sprüchen (u.a. die Gnadenformel in V 8). Man kann in vielen Punkten eine Analogie zum Schöpfungspsalm Ps 104 erkennen.
- Es findet sich ein Wechsel zwischen der Selbstaufforderung „ich will ..." und der Aussage „sie sollen ..." Das Individuum ist in eine Gemeinschaft der Lobenden eingebunden.
- Der Psalm hat gewisse weisheitliche Elemente: Schon die 22 Buchstaben des ABC-Psalms haben mnemotechnische Bedeutung und sind mit Schule verbunden. Die Antithese von Gerechten und Frevlern – ohne jede nationale Konnotation rein am ethischen Handeln orientiert – begegnet in V 20. Vor allem aber ist die Idee, dass die Werke des Schöpfers den preisen, der sie geschaffen hat, typisch weisheitlich. „Es werden dich loben, HERR, alle deine Werke." V 10 gehört zur weisheitlichen Schöpfungstheologie, ohne enge nationale Grenzen, ohne anthropozentrische Verzerrungen.
- Bekenntnishafte Aussagen, die von JHWH in dritter Person reden, wechseln absichtsvoll mit Aufforderungen zum Lobpreis und mit Vertrauensaussagen, die JHWH in der zweiten Person direkt anreden. Die Komposition wirkt wie ein kleiner Katechismus: „Groß ist JHWH ..." (V 3); „Gnädig und barmherzig ist JHWH ..." (V 8); „Dein Königtum ist ein Königtum aller Zeiten" (V 12); „Zuverlässig ist JHWH ..." (V 14, die ergänzte N-Zeile), „Gerecht ist JHWH" (V 17); „Nahe ist JHWH allen" (V 18). Aber der Katechismus wird ins persönliche Erleben hineingezogen und mit jeweils persönlicher Bekräftigung verinnerlicht: „Ich will erhöhen / preisen / loben / verkünden / reden / erzählen / bedenken / loben." Diese Verschlingung von Dogmatik und Hymnologie prägt den Duktus des Textes, aber auch des Psalters insgesamt.
- Man kann Ps 145 als Kurzform des Evangeliums bezeichnen. Seine Botschaft von der Menschenfreundlichkeit Gottes, die alle nationalen Grenzen sprengt, entspricht der Verkündigung des Neuen Testaments. Das Alte Testament transzendiert selbst schon die nationalen Grenzen Israels und schließt die Liebe Gottes über alle Völker und über alle seine Werke ein.

Der Psalter führt mit Davids letzten Worten hinaus in die Weite des Gottesvolks aus Israel und den Heiden, die JHWH in Wahrheit anrufen. Daher kann es nicht wundern, dass der Psalm in der Pfingstliturgie vorkommt, weil Pfingsten jenes Geistgeschehen meint, bei dem die Verkündigung von Gottes Taten aus dem engeren Kreis Israels zu allen Völkern hinaus schallt. Ps 145 ist in der Musikgeschichte sehr oft vertont worden (z.B. *Heinrich Schütz, Johann Sebastian Bach, Jean Berger,* 1959), weil er keine nationale Zuspitzung hat! Die Verbindungslinien von Ps 145 mit seiner Vision des Reiches Gottes hin zum Vaterunser springen besonders in die Augen: die Rede vom Reich, die Doxologie, die Bitte um das tägliche Brot (vgl. *Beat Weber,* 369).

Es fehlt aber „Vergib uns unsere Schuld; führe uns nicht in Versuchung, sondern erlöse uns von dem Bösen." Dazu ist der Erwartungshorizont des Psalms zu umfassend. Im kommenden Königreich Gottes wird es keine Schuld, keine Versuchung und kein Böses mehr geben.

In der jüdischen Tradition ist Ps 145 das Nachmittagsgebet für Wochentage, dem eine eminente Bedeutung des Psalms für die Ewigkeit beigelegt wird: *Rabbi Elieser* sagt im Namen von *Rabbi Abinas* (Babylonischer Talmud, Traktat Berahkoth, Blatt 4b, nach der Übersetzung von *Lazarus Goldschmidt:* Der Babylonische Talmud. Jüdischer Verlag Berlin 1967, Band 1, 11):

„Wer dreimal täglich [den Psalm 145] Loblied Davids liest, sei dessen sicher, dass er ein Kind der zukünftigen Welt ist. Aus welchem Grund: wollte man sagen, weil dieser Psalm alphabetisch ist, so lese man lieber [den Psalm 119] Heil den Vollkommenen im Wandel, der achtfach alphabetisch ist!? Vielmehr weil es darin heißt: er öffnet seine (deine) Hand.

So lese man doch lieber den großen Lobpsalm [Ps 132], in dem es heißt: Allem Fleische gibt er Nahrung!? – Vielmehr, weil bei diesem beides ist."

Gerade also weil in Ps 145 die geschliffene Form des Alphabets und die umfassende Zusage der reichen Gnade Gottes verbunden sind, ist sein kontinuierliches Beten eine „Eintrittskarte" für die Ewigkeit.

**Einiges muss noch geschehen,
ehe die Sonne sinkt:
Die Hungernden
sind noch hungrig,
die Dürstenden noch durstig,
die Weinenden ungetröstet.
Einiges muss noch geschehen,
ehe die Sonne sinkt
und die Tore schließen.
Schon werden
die Schatten lang.**

*Albert Arnold Scholl*

## Gedanken und Texte zum Nachdenken und Besprechen

● „Im Gebet darf ich den Mund voller nehmen als in der denkerischen Bemühung" (*Paul Ulrich Lenz*).

● Der Glaube geht aufs Ganze. Der große Gott wird sogar zuständig für die Lebensmittel: Gott wird runter buchstabiert in das kleine Leben der kleinen Leute.

● *Lobgesang*

Große weiche weite Welten
strömen in mich ein Gott
schön und stark wie Ahornbäume
sanft und satt wie Erdbeereis
Klanggebäude Wortgebinde
Pusteblumen Frühlingszeit
zweimal klopfen dreimal springen
hüpfen tanzen Wirbelwind
will Dich lachen will Dich singen
wie ein kleines Kind

*Carola Moosbach*

(aus: Gottflamme, Du Schöne, Gütersloh 1997. Rechte bei der Autorin)

● Mancher, der sich vor dem Gericht Gottes zu sehr gefürchtet hat, wird sich in der Ewigkeit ein klein wenig schämen müssen, dass er dem Herrn nicht noch mehr Gnade zugetraut hat.

*Johann Albrecht Bengel*

● Guter Gott, du Freund der Menschen,
bleibe bei mir in den Zeiten
meiner Verlassenheit.
Segne du die Stunden der Einsamkeit,
dass ich nicht bitter werde
in meinem Kummer und ungerecht,
sondern dass sich in der Stille
die gebundenen Kräfte
wieder neu entfesseln
und mich aufstehen lassen,
wenn die Zeit dazu reif ist.

*Christa Spilling-Nöker*

(aus: *Martin Schmeisser* [Hrsg.]: Gesegnetes Leben. © Verlag am Eschbach der Schwabenverlag AG, Eschbach 2004)

● Einmal fragte ich einen alten Mann danach, was er unter Gnade verstehe. Er antwortete mir mit einer kleinen Geschichte: „Ich war als Soldat in Russland und dort auch nach dem Krieg als Gefangener. Ich arbeitete bei einem Bauern, dessen beide Söhne von den Deutschen erschossen worden waren. Der Bauer ließ mich nachts mit der Familie auf dem warmen russischen Ofen schlafen. Sie ertrugen es, dass ich sie manchmal berührte. Das war für mich Gnade." Die russische Familie, deren Söhne ermordet worden waren, behafteten den Kriegsgefangenen nicht damit, was er war: Deutscher und Angehöriger der deutschen Armee. Sie teilten mit ihm, was sie hatten, ihre Wärme und Menschlichkeit.

*Dorothee Sölle*

(aus: *Dorothee Sölle / Fulbert Steffensky [Hrsg.]*: Nicht nur Ja und Amen. © Fulbert Steffensky)

● Wenn es heißt: „Aller Augen warten auf dich", heißt das auch: „Aller Augen warten auf mich": Teilen ist angesagt.

● Der Psalm ist eine Kurzform des Evangeliums. Er macht Zielaussagen auf das Reich Gottes hin.

● Wenn Jesus als der auferstandene Christus die Welt überwunden hat, bedeutet das nicht, dass er sie als irrelevant ansieht, das ist keine Ermutigung zur Weltflucht! Aber er stellt unsere Ängste in einen weiteren Horizont. Gottes Zeit und Welt ist größer als das, was wir sehen, und eines Tages bei Gott werden alle Ängste und Sorgen aufgehoben sein in der großen Gnade Gottes. Darauf hoffen wir.

*Margot Käßmann*

(aus: In der Welt habt ihr Angst. © Lutherisches Verlagshaus, Hannover 2004, S. 9)

● Die ganze Gier und Hetzerei in unserer heutigen Zeit kommt vom Verlust des Gottvertrauens.

● Hätte ich etwas geahnt – ich hätte selbstverständlich gebetet. Allerdings hat Gott meine Gebete, wenn überhaupt, nur selten erhört. Aber das hat mich vom Beten nicht abgehalten. Das Beste am Beten ist nämlich die Klarheit, die es einem verschafft. Man braucht nur zu beten, und schon weiß man, was man will.

*Irene Dische*

(aus: Großmama packt aus. Roman. © 2005 by Hoffmann und Campe, Hamburg)

## Bausteine zur Gestaltung

● Wer mit einem Kurzfilm einsteigen will, sei auf „Die Nürnberger Tafel" von *Stefanie Knoll* (s.u. Medienempfehlungen S. 111) hingewiesen.

● *Gestaltete Mitte:*
Auf bunten Tüchern liegt ein Spruchband mit der Frage: Wofür kann ich Gott loben? Und eins, das gegenüber liegt, mit der Frage: Was hindert mich, Gott zu loben? In der Mitte steht eine brennende Kerze. Die TeilnehmerInnen erhalten kleine Karten, schreiben darauf ihre Stichworte und legen sie kommentierend zu den jeweiligen Fragen in die Mitte.

● In Kleingruppen oder im Plenum werden die Fragen besprochen:
* Was bedeutet es mir, Gott zu loben? In welchen Situationen tue ich es?
* Wie kommt es in meinen Gebeten zum Ausdruck?
* Bereitet es mir Schwierigkeiten, Gott zu loben?

● *Textlesung:*
Ps 145 wird in der Übersetzung der Lutherbibel, dann in der der BasisBibel und danach z.B. in der der Bibel in gerechter Sprache gelesen. Die TeilnehmerInnen benennen, was ihnen aufgefallen ist und was ihnen besonders eindrücklich gewesen ist.

oder:
Psalm 145 wird gelesen. Nach einer kurzen Zeit der Stille sagen die TeilnehmerInnen das Wort, den Satz oder Satzteil, die sie besonders berührt haben.

● *Fragen zur Texterschließung:*
* Welche Grundstimmung kommt in Ps 145 zum Ausdruck?
* Unterstreichen Sie im Psalm die Aussagen, die mit „ich" beginnen: Was will die Beterin tun, wozu ermuntert sie sich?
* Unterstreichen Sie die Verben, mit denen die Psalmbeterin ihr Gotteslob entfaltet.
* Welche Eigenschaften Gottes werden im Psalm aufgeführt?
* Welche Bereiche der Menschen, der Welt werden in das Gotteslob einbezogen?

oder:
Die TeilnehmerInnen schreiben zunächst ihre Antworten zu den beiden Fragen auf einen Zettel:
* Wenn ich an Gott denke, welche seiner Eigenschaften fallen mir ein?
* Wofür lobe ich Gott?

Danach wird Ps 145 gelesen. Die TeilnehmerInnen unterstreichen im Text die Eigenschaften Gottes, die sie entdecken und die Aussagen, in denen Gott gelobt wird. Danach vergleichen sie sie mit denen, die sie auf ihrem Zettel haben:
* Welche Gemeinsamkeiten und Unterschiede fallen Ihnen auf?

Sie tauschen sich darüber aus, worin sie die Gründe für die Gemeinsamkeiten und Unterschiede sehen.

oder:
* Welche bekenntnishaften Aussagen über Gott entdecken Sie im Text?
* Welche Aufforderungen zum Lobpreis?
* Welche Vertrauensaussagen?
* Worin können Sie Ps 145 zustimmen? Womit haben Sie Schwierigkeiten?

● *Gesprächsimpulse:*
Die TeilnehmerInnen überlegen und tragen zusammen:
* Welche Aussagen und Begriffe von Ps 145 entsprechen dem Evangelium Jesu Christi?

● Psalm 145 ist im Blick auf Gott eine Mischung von bekenntnishaften Aussagen, Aufforderungen zum Lobpreis und zu Vertrauensaussagen. Die drei im Psalm entfalteten Aspekte muten wie eine komprimierte Zusammenfassung der Erfahrung eines Wegs mit Gott an.
* Wie geben wir unsere Erfahrungen mit Gott weiter?

● Ps 145 ist vollmundig in vielerlei Hinsicht.
* Wozu bewegt uns so ein Text, so ein Beten wie Ps 145?

● Lebensmittel ist nach unserem Sprachgebrauch etwas, das unser Leben nährt und dadurch am Leben erhält, lebensfähig macht.
* Inwiefern können Sie für sich sagen, dass das Loben Gottes, die darin ausgedrückte Beziehung zu Gott, Ihr Leben nährt, Ihnen Mittel zur Gestaltung Ihres Lebens ist?

● Zum Abschluss des Abends wird eine Vertonung von Ps 145 (von *Heinrich Schütz, Johann Sebastian Bach* oder *Jean Berger*) zu Gehör gebracht.
Eine andere Möglichkeit ist (wenn sich die Bibelwochengemeinde hauptsächlich aus der „Kerngemeinde" zusammensetzt), die TeilnehmerInnen zu bitten, Lieder bzw. Liedverse zu nennen, die sie mit Lob Gottes verbinden. Die Lieder oder Liedverse werden dann gesungen.

● Wer den Abend mit einer Bildbetrachtung schließen möchte, sei auf das Bild von *Uwe Appold* und die Betrachtung von *Jörg Meuth* hingewiesen (s.u. S. VII).

## Lieder

| | |
|---|---|
| Gelobet sei der Herr | EG 139 |
| Ich will, solang ich lebe | EG 276 |
| Herr, deine Güte reicht | EG 277/GL 301 |
| Nun jauchzt dem Herren | EG 288/GL 474 |
| Nun saget Dank | EG 294/GL 269 |
| Du meine Seele, singe | EG 302 |
| Nun danket alle Gott | EG 321/GL 266 |
| O dass ich tausend Zungen hätte | EG 330 |
| Danket dem Herrn | EG 333 |
| Danket, danket dem Herrn | EG 336/GL 282 |
| Lobet und preiset, ihr Völker | EG 337/GL 282 |
| Ich weiß, mein Gott, dass all mein Tun | EG 497 |
| In Gottes Namen fahren wir | EG 498 |
| Gottes Geschöpfe, kommt zuhauf | EG 514 |
| Laudato si, o mi signore | EG 515 |
| Den Herren will ich loben | GL 261 |
| Nun lobet Gott im hohen Thron | GL 265 |
| Dich will ich rühmen, Herr und Gott | GL 274 |

## Didaktischer Entwurf zu Psalm 145

**Autor: Wolfgang Baur**

**Thematischer Schwerpunkt:**
**Die Bestimmung von Mensch und Schöpfung**

Ein Grundtext für glaubendes Leben – nicht einfach nur schön, sondern im wahrsten Sinn des Wortes notwendig: Der Bogen reicht von der Schöpfung bis zur Vollendung. Dazwischen spielt sich das Leben ab, das durchaus bedroht und erschreckt ist. Aber das Wissen von den guten Gründen des gesamten Kosmos und die Gewissheit, dass die Schöpfermacht alle Bedrohung bewältigen wird, prägt die Lebensperspektive:
Die positiven Erfahrungen sind wichtiger, als all das Negative, das Menschen erleben oder tun. So lässt sich von der Hoffnung Israels zur Reich Gottes-Botschaft Jesu eine Brücke schlagen.

**Vorbereitung / Materialien**

Eine große Decke oder ein Leintuch; aus Pappe ausgeschnittene Umrisse von Menschen, Pflanzen, Tieren; Kreise (etwa 10 cm Durchmesser) und gerissene scharfkantige Formen (quadratisch rechteckig, so, dass ein Begriff darauf geschrieben werden kann); eventuell Bauklötze oder (nicht zu schwere) Steine, Filzstifte oder Ähnliches; DINA6-Kärtchen, auf denen jeweils eine Vaterunser-Bitte steht (pro TN eine, wenn nötig, mehrere Kopien).

## Zur Gestaltung des Abends

**Liturgischer Beginn**

Lied: Ich singe dir mit Herz und Mund (EG 324)

**Öffnen – Text trifft Wirklichkeit**

*Gestaltungsphase:* Ein Bild unserer Welt.
Da in der Antike die Welt als Scheibe oder Fläche gesehen wurde, mag die Decke Symbol der Schöpfung sein.
Einige TN heben das Tuch auf und spannen die Schöpfung aus. Andere verteilen die von Gott gegebenen Schöpfungselemente darauf. Ein Idealbild entsteht – alles ausbalanciert, von allen Seiten gehalten.
Schnitt – die Welt heute: Die TN versuchen, die Welt heute darzustellen. Dazu können sie weitere Formen einsetzen: Kreise für Güter (beschriften mit Rohstoffen, Besitz, Möglichkeiten ...), die scharfkantigen Elemente für Probleme (Hunger, Armut, Angst ...). Auch Bauklötze oder Steine können als Symbol für Belastendes vorsichtig darauf gelegt werden.

*Rundgespräch:*
Die Balance ist verloren, die Schöpfung bekommt Schlagseite. Wie geht es nun weiter? Worauf bauen wir? Welche Perspektiven tragen uns? Wie sieht die Bilanz wohl am Ende aus? Wird sie noch zur Vision der ausbalancierten Schöpfung passen?
Das Schöpfungstuch wird vorsichtig in der Mitte abgelegt.

**Begreifen – Textlektüre und Textinformation**

Erstens: Der Text wird zunächst reihum laut gelesen.
Zweitens: In drei Untergruppen werden Textbeobachtungen anhand der Fragen im Teilnehmerheft durchgeführt:
Gruppe 1: Verben, die die Tätigkeit des Menschen betreffen.
Gruppe 2: Verben und Adjektive, die Gottes Handeln und Sein beschreiben.
Gruppe 3: die Worte alle, alle, alles ...
Jede Gruppe überlegt außerdem, welcher Satz die Hauptaussage des Teils enthält, wo seine Mitte zu finden ist.
Drittens: Gespräch im Plenum:
Der Text ist so überschwänglich mit Verben des Lobs gefüllt, dass sich die meisten darin schwerlich wieder finden. Hat es wohl jemals Menschen gegeben, deren Leben so angenehm und perfekt war, dass sie nichts als jubeln konnten? Das Bild der Beduinenfrau mag die Frage illustrieren.
In welcher Situation könnte es einem Menschen dann doch gelingen, solche Worte zu sagen?
Dasselbe gilt für die Erfahrung von Gottes Handeln: Nicht jeder Fallende wird aufgerichtet, nicht jeder Wunsch wird erfüllt, viele Schreie verhallen unerhört ... zumindest von der Öffentlichkeit.
Aber können die Aussagen wohl über das Loben des Menschen wie auch über das rettende Handeln Gottes als Ausdruck tiefer Hoffnung, ja Gewissheit verstanden werden? Am Ende wird alles gut ...

**Mitnehmen – Mit dem Text weitergehen – Was trägt der Text aus? (gleichzeitig liturgischer Abschluss)**

Der Psalm enthält viele Elemente des Vaterunsers. Die TN erhalten DINA6-Kärtchen, auf denen jeweils eine Vaterunser-Bitte steht. Sie werden eingeladen, einen Satz aus dem Psalm zu finden, der zu ihrer Bitte passt und diesen auf die Rückseite zu schreiben. Wer mag, kann diesen Satz auch noch durch eine persönliche Bitte ergänzen.
Wenn alle fertig sind, wird dies alttestamentlich erweiterte Vaterunser gemeinsam gebetet: Die Leitung

spricht jeweils eine Vaterunser-Bitte, die TN führen das Gebet jeweils mit dem entsprechenden Vers weiter, den sie zur Bitte ausgesucht haben – und eventuell einem persönlichen Gebetsgedanken.

Abschluss mit dem Lied: Wir haben Gottes Spuren festgestellt (EG 656).

**Man betet so sein Tischgebet.**
**Man betet, wenn man schlafen geht,**
**vor Gräbern und vor dem Altar.**
**Gut! Betet, wenn ihr's selber wollt.**
**Dann aber mutig und ganz wahr.**
**Und lasst euch keines Falles**
**dann sagen, was ihr beten sollt.**
**Gott kennt euch und weiß alles.**
**Vertraut ihm euer Herzeleid,**
**und dankt ihm, wenn ihr glücklich seid.**
**Und schämt euch nicht. Nein, lacht sogar.**
**Weil beten nützt, wenn's ehrlich war.**

*Joachim Ringelnatz*

# Literatur

## Forschungsübersichten

*Joachim Becker:* Wege der Psalmenexegese (Stuttgarter Biblische Studien 78), Stuttgart 1975.

*Hans Seidel:* Auf den Spuren der Beter, Berlin 1980. 1987[2].

*Frank-Lothar Hossfeld / Erich Zenger:* Einleitung zu ihrem Kommentar in NEB, Würzburg 1993, 5-43.

*Manfred Oeming:* Die Psalmen in Forschung und Verkündigung, VuF.

*Erich Zenger:* Psalmenforschung nach Hermann Gunkel und Sigmund Mowinckel, in: A. Lemaire / M. Sæbo (Hrsg.): Congress Volume, Oslo 1998 (VT.S 80), Leiden 2000, 399-435.

Themaheft Psalmen, *Bibel und Kirche* 56 (2001).

*Manfred Oeming:* An der Quelle des Gebets. Neuere Untersuchungen zu den Psalmen. In: Theologische Literaturzeitung 127 (2002), 367-384.

## Psalmenkommentare

*Leslie C. Allen:* Psalms 101-150: Word Biblical Commentary, Waco 1983. Thoroughly Revised Edition, Nashville 2002.

*Walter Brueggemann:* The Message of the Psalms: a Theological Commentary, Minneapolis 1984.

*Moses Buttenwieser:* The Psalms chronologically treated: The Library of Biblical Studies 6, New York 1969.

*Peter C. Craigie:* Psalms 1-50: Word Biblical Commentary, Waco 1983.

*Alfons Deissler:* Die Psalmen. Bd. 1-3, Düsseldorf 1966[3].

*Friedrich Delitzsch:* Biblischer Commentar über die Psalmen: Biblischer Commentar über das Alte Testament 4,1, Leipzig (Ndr. Gießen Basel) 1867 (Ndr. 1984).

*Bernhard Duhm:* Die Psalmen: Kurzer Handkommentar zum Alten Testament 14, Tübingen 1899; Tübingen 1922[2].

*Erhard Gerstenberger:* Psalms. Part I with an Introduction to Cultic Poetry: The Forms of the

Old Testament Literature 14, Grand Rapids, MI Band 1 1988, Band 2 2001.

*Erhard Gerstenberger / Konrad Jutzler / Hans Jochen Boecker:* Psalmen in der Sprache unserer Zeit, Neukirchen-Vluyn 1972.

*Marc Girard:* Les Psaumes redécouverts: De la structure aux sens, Vol. 1-3, Montréal / Quebec 1994-1996.

*Heinrich Groß / Heinz Reinelt:* Das Buch der Psalmen. Teil I (Psalm 1-72), Teil 2 (Psalm 73-150): Geistliche Schriftlesung AT 9,1+2, Düsseldorf 1978; 1979.

*Hermann Gunkel:* Die Psalmen: Handkommentar zum Alten Testament, Göttingen 1926[4].

*Hermann Gunkel / Joachim Begrich:* Einleitung in die Psalmen: Göttinger Handkommentar zum AT, Göttingen 1933.

*Samson Raphael Hirsch:* Die Psalmen übersetzt und erläutert, Frankfurt 1898-1923.

*Frank-Lothar Hossfeld / Erich Zenger:* Die Psalmen. Psalm 1-50 und 51-100: Die Neue Echter Bibel, Würzburg 1993 und 2002.

*Frank-Lothar Hossfeld / Erich Zenger:* Psalmen 51-100 und 100-150, Herders Theologischer Kommentar zum Alten Testament, Freiburg u.a. 2000 und 2009.

*Hans-Joachim Kraus:* Psalmen 1-59 und Psalmen 60-150: Biblischer Kommentar zum Alten Testament XV-1, 5., grundlegend überarb. u. veränd. Auflage, Neukirchen-Vluyn 1978.

*Manfred Oeming:* Das Buch der Psalmen. 1 und 2 (zusammen mit Joachim Vette), 2000 und 2010.

*Rashi's* Commentary on Psalms (hrsg. von M.I. Gruber) (Brill'S Reference Library of Judaism), Leiden 2004.

*Hans Schmidt:* Die Psalmen: Handbuch zum Alten Testament 1,15, Tübingen 1934.

*Klaus Seybold:* Die Psalmen: Handbuch zum Alten Testament 1,15, Tübingen 1996.

*Beat Weber:* Werkbuch Psalmen I. Die Psalmen 1 bis 72, Stuttgart u.a. 2001; Werkbuch Psalmen II. Die Psalmen 73 bis 150, Stuttgart u.a. 2003.

*Artur Weiser:* Die Psalmen. I 1-60: Das Alte Testament Deutsch 14, Göttingen 1955[4]. Die Psalmen. II 61-150: Das Alte Testament Deutsch 15, Göttingen 1955[4].

## Wichtige Monographien

*Lienhard Delekat:* Asylie und Schutzorakel am Zionsheiligtum. Eine Untersuchung zu den privaten Feindpsalmen, Leiden 1967.

*Dorothea Erbele-Küster:* Lesen als Akt des Betens. Eine Rezeptionsästhetik der Psalmen, Neukirchen-Vluyn 2001.

*Christine Forster:* Begrenztes Leben als Herausforderung: Das Vergänglichkeitsmotiv in weisheitlichen Psalmen, Zürich / Freiburg 2000.

*Michael D. Goulder:* The Psalms of the Sons of Korach (JSOT 20), Sheffield 1982.

*Magdalene L. Frettlöh:* Theologie des Segens. Biblische und dogmatische Wahrnehmungen, Gütersloh 2005[5].

*Thomas Hieke:* Psalm 80. Praxis eines Methoden-Programms; eine literaturwissenschaftliche Untersuchung mit einem gattungskritischen Beitrag zum Klagelied des Volkes, St. Ottilien 1997.

*Bernd Janowski:* Streitgespräche mit Gott. Eine Anthropologie der Psalmen, Neukirchen-Vluyn 2003.

*Othmar Keel:* Die Welt der altorientalischen Bildsymbolik und das Alte Testament am Beispiel der Psalmen, Zürich 1977.

*Hans-Joachim Kraus:* Theologie der Psalmen: Biblischer Kommentar zum Alten Testament XV-3, Neukirchen-Vluyn 1979.

*Corinna Körting:* Zion in den Psalmen (FAT 48), Tübingen 2006.

*Patrick D. Miller:* They Cried to the Lord. Form and Theology of Biblical Prayer, Minneapolis 1994.

*Claudia Süssenbach:* Der elohistische Psalter. Untersuchungen zu Komposition und Theologie von Ps 42-83 (FAT II/7), Tübingen.

*Hubert Tita:* Gelübde als Bekenntnis. Eine Studie zu den Gelübden im Alten Testament (Orbis Biblicus et Orientalis 181), Freiburg / Göttingen 2001.

*Claus Westermann:* Lob und Klage in den Psalmen. Erweiterte Auflage von: Das Loben Gottes in den Psalmen, Göttingen 1977[5].

*Erich Zenger:* Ein Gott der Rache? Feindpsalmen verstehen, Freiburg 1993.

# Medienempfehlungen zur Bibelwoche

Die Verwendung von audiovisuellen Medien kann die Erarbeitung der Bibelwochentexte nicht ersetzen oder abkürzen. Im allgemeinen wird es die HörerInnen überfordern, an einem Abend einen Film zu sehen und zugleich mit einem Bibeltext befasst zu sein. Aber die Filme konfrontieren mit gegenwartsbezogenen, dokumentierten, gespielten oder gezeichneten Situationen, die an einem anderen Abend vorgeführt werden können oder deren Inhalt nach den Begleittexten einbezogen werden kann. Dann können die Filme und Dias:

- uns in Bestätigung und Kontrast den Wirklichkeitsbezug des biblischen Worts verstehen helfen;
- aufdecken, inwiefern christlicher Glaube die im Film gezeigte Situation tiefer erschließt und gegebenenfalls der dort gezeigten Lösung widerspricht;
- veranschaulichen, was der Glaube sagen und tun kann;
- zu Gesprächen anregen, die zur Klärung, Selbstprüfung und Vertiefung der biblischen Aussagen führen.

**Leitmedium**
**Im Winter ein Jahr**
*Caroline Link*, Deutschland 2008
128 Minuten, farbig, Spielfilm
Eignung: ab 14 Jahren
Deutscher Filmpreis 2009

Die in München lebende Innenarchitektin Eliane gibt bei dem Maler Max Hollander ein Porträt ihrer Kinder Alexander und Lilli in Auftrag. Die verstörte Eliane will sich mit dem Porträt an Alexander erinnern, der sich vor knapp einem Jahr das Leben genommen hat, und stellt Max Bilder und Videos von Alexander zur Verfügung. Sie will, dass Lilli für das Porträt zu einigen Sitzungen bei Max erscheint, jedoch ist diese davon wenig angetan, da sie es abstoßend findet, ein Porträt ihres toten Bruders „als Deko“ an die Wand zu hängen.

Im Gegensatz zu ihrer Mutter, lebt die talentierte Lilli nicht diszipliniert und verliert ihre Hauptrolle an der Theaterakademie durch Auseinandersetzungen mit ihrer Lehrerin. In ihrer Beziehung mit dem Künstler Aldo versucht sie, Nähe und Intimität zu finden, die er ihr aber nicht geben will.

Bei den Sitzungen begegnet Lilli Max zunächst mit Vorbehalten, während dieser versucht, in sie hineinzublicken und ihren Charakter festzuhalten. Er erkennt die tiefe Beziehung zwischen den Geschwistern und versteht Lillis Gefühlswelt immer besser. Dabei findet er nach und nach Zugang zu unaufgearbeiteten Teilen seiner eigenen Geschichte, die ebenfalls persönliche Verluste enthält. Das Vertrauensverhältnis zwischen Maler und Modell vertieft sich, und sie nähern sich einander vorsichtig an.

Das fertige Porträt erfüllt Elianes Erwartungen nicht, jedoch bricht ihre innerliche Erstarrung auf, sodass sie sich auf Lilli zubewegt. Schließlich beginnt Eliane, den Tod ihres Sohns zu verarbeiten. Lilli hingegen schafft es, als sie dem wahren Grund seines Selbstmords auf die Schliche kommt, ihrem Bruder zu verzeihen.

● Anregungen und Fragen zur Diskussion:
- „Tränen und Brot“ ist der Titel dieses Buchs. Warum wurde Ihrer Meinung nach dieser Titel für die Auslegung der sieben Psalmen gewählt? Passt er zu den Psalmen? Wenn ja, warum?
- In den Psalmen kommen viele Bilder vor – Bilder von Gott, Bilder von Menschen. Sie beschreiben Beziehungen. Auch im Film geht es um unterschiedliche Beziehungen, und es geht ums Bilder-Malen, um Musik, Tanz und Tränen ... und um Gesichter. Könnte der Filmtitel auch „Tränen und Brot“ heißen? Wenn ja, warum?
- In den Psalmen ist in grandioser Sprache aufgeschrieben, wie der betende Mensch

mit Gott streitet und wie er sich vor Gott und vor den Menschen fühlt. Versuchen Sie, die Gefühle der Psalmbeter und die der Personen im Film zu beschreiben. Gibt es Gemeinsamkeiten? Der Psalmbeter spricht – trotz aller negativen Erfahrungen und Gefühle – immer wieder von seinem Vertrauen auf Gott. Wie wächst zwischen den Filmfiguren Vertrauen?

**Zu Psalm 13**
**Streit mit Gott**
*Max Kronawitter*, Deutschland 2004
29 Minuten, farbig, Dokumentarfilm
Eignung: ab 14 Jahren

Eigentlich war seine kirchliche Karriere vorprogrammiert: Studium in Rom, Promotion, Berufung zum Herausgeber einer Jugendzeitschrift, doch dann kam der Schock: Pfarrer Mayr sollte nie wieder laufen können. Er wollte es nicht glauben. Konnte Gott so grausam zu einem Priester sein? Seitdem traut Pfarrer Mayer Gott auch Schlimmes zu. Vom „lieben Gott" mag er nicht mehr reden. Dafür aber von einem Gott, der viel größer ist, als die Wünsche der Menschen. Der Film beschreibt, wie ein Schicksal das Gottesbild eines Menschen radikal in Frage stellen kann. Er macht aber auch deutlich, wie sich die Katastrophe eines Menschen in Kraft und Stärke verwandeln kann.

● Anregungen und Fragen zur Diskussion:
- Welche Veränderungen im Leben von Pfarrer Mayer beschreibt der Film?
- Welche Veränderungen / innere Bewegungen schildert Psalm 13?
- Wo gibt es Übereinstimmungen zwischen den Erfahrungen im Film und im Psalm?
- Welche Rolle spielten die Psalmen im Leben von Pfarrer Mayer? Warum konnten ihm genau diese Texte helfen?

**Zu Psalm 27**
**Sores & Sirin**
*Katrin Gebbe*, Deutschland 2008
23 Minuten, farbig, Kurzspielfilm
Eignung: ab 14 Jahren

Der Film beginnt 2003 in einer unwegsamen Gegend im irakischen Kurdistan. Zwei Geschwister, Sores und Sîrîn, flüchten aus dem Irak. In nächtlichen Bildern wird die beschwerliche Flucht gezeigt. Fünf Jahre später sieht man die inzwischen jugendlichen Geschwister in Hamburg bei einer deutschen Pflegemutter leben. Sie wirken in der neuen Umgebung sehr zufrieden. Sores (der Junge) möchte jedoch in seine Heimat zurück.

Der Großvater der beiden kommt nach Deutschland, um sie mit nach Hause zu nehmen. Sîrîn (das Mädchen) ist in ihr deutsches Umfeld so gut integriert, dass sie in Deutschland bleiben möchte. Der Großvater betont die Tradition der Familie und übergibt Sores einen alten Dolch, was als Zeichen der Übernahme von Verantwortung und Verteidigung der Familie zu verstehen ist. Sîrîn erhält ein seidenes Kopftuch der Mutter. Auch dies als Zeichen, dass die Tradition der Familie erhalten werden soll. Die Pflegemutter erhält eine Goldkette als Dank für die Betreuung. In der Schlussszene besteigen der Großvater und Sores den Bus, der sie in die Heimat bringen soll. Hier – in der letzten Minute – trennt sich der Weg der beiden Geschwister: Der Junge kehrt in den Irak heim, das Mädchen bleibt, mit dem Einverständnis des Bruders, in Deutschland zurück.

Von welcher Evangelischen oder Katholischen Medienzentrale das Material entliehen werden kann, muss jeweils erfragt werden. In der Regel werden die Filme innerhalb der Landeskirche/Diözese kostenlos, außerhalb dieser gar nicht ausgeliehen. Die Anschriften können wir in diesem Buch nicht abdrucken. Sie finden sie im Internet oder können sie bei Ihrer Landeskirche oder Ihrer Diözese erfragen.

● Anregungen und Fragen zur Diskussion:
- Der Psalmbeter will im Land der Lebenden sein. Auf den Film übertragen: Was ist für Sores das „Land der Lebenden“? Was ist es für Sîrîn? Warum?
- Im Psalm kommt eine tiefe Sehnsucht nach Ansehen bei Gott (und den Menschen) zum Ausdruck. Spielt das auch im Film eine Rolle? Ist Ansehen für Sores etwas anderes als für Sîrîn?
- Was ist für den Psalmbeter das größte Lebensglück? Was ist es für Sores? Was für Sîrîn?

**Zu Psalm 42**
**„Heute akzeptiere ich mich, so wie ich bin“ – Leben mit Depression**
*Gerhard Faul,* Deutschland 2002
32 Minuten, farbig, Dokumentarfilm
Eignung: ab 16 Jahren

Die Krankheit Depression bestimmt das Leben von vier Millionen Menschen in Deutschland. Allein 50.000 sind davon in Nürnberg betroffen. Wie sich das Leben – trotz Depression – positiv gestalten lässt, zeigt ein Film von Betroffenen für Betroffene: Gabi K. und Karl R. leiden seit Jahren unter Depressionen. Beide haben gelernt, mit ihrer Krankheit zu leben, kennen ihre Stärken und Schwächen, haben neue Freundschaften geknüpft, Hobbys begonnen und Ängste überwunden. Tatsächlich haben Gabi K. und Karl R. durch ihre Krankheit etwas gewonnen. Ihr Leben hat dadurch mehr Tiefe erlangt, ihre Freundschaften mehr Ehrlichkeit und Nähe, die Prioritäten haben sich verschoben. Sie möchten allen Betroffenen Mut machen, dass ein lebenswertes Leben – trotz Depression – möglich ist.

● Anregungen und Fragen zur Diskussion:
- Welche Zeilen in Psalm 42 passen zu den Beschreibungen der beiden Patienten?
- Welche Wege gab es für sie aus der Depression? Welche Wege beschreitet der Psalmbeter?
- Was können wir aus dem Film / Psalm für uns selbst lernen?

**Zu Psalm 71**
**Fast ein Gebet**
*Inka Friese / Simone Masarwah,*
Deutschland 2002
3 Minuten, farbig, Trickfilm
Eignung: ab 4 Jahren

Dem Film liegt ein Gedicht von *Reiner Kunze* zugrunde:

> Wir haben ein Dach
> und Brot im Fach
> und Wasser im Haus,
> da hält man's aus.

**Ein guter Film ist ein Fest der Sinne. Wie ein Gedicht von Rainer Maria Rilke die Sprache verdichtet und zu einem emotionalen Erlebnis macht; wie ein Gemälde von Caspar David Friedrich eine Naturerfahrung so adelt, dass einem das Herz höher schlägt; so kann auch ein Film-Kunstwerk als ein Tanz von Bildern, Worten, Geräuschen und Musik zu einer tiefen kulturellen, manchmal existenziellen Erfahrung werden. Wenn dann noch der Raum eröffnet wird, sich in einer Gruppe über das Gesehene und Gehörte auszutauschen, nachzufragen, Beobachtungen und Sichtweisen zusammenzutragen, dann entsteht im Gespräch ein größeres Ganzes, ein tieferes Verständnis für das Kunstwerk und sein Thema …**

(aus: *Thomas Damm und Sabine Schröder:* Kurzfilme im Gottesdienst. Anleitungen und Modelle für Gemeinde, Schule und Gruppen, inklusive DVD. 2011 Gütersloher Verlagshaus, Gütersloh, in der Verlagsgruppe Random House, München, Seite 7)

Und wir haben es warm
und haben ein Bett.
O Gott, daß doch jeder
das alles hätt'!

Eine dicke Katze und ein kleiner Vogel leben zusammen in einem schönen Haus und werden sich dankbar ihres Glücks bewusst.

● Anregungen und Fragen zur Diskussion:
- Hauptthema des Psalms ist die Gerechtigkeit Gottes. Wie kommt das Thema Gerechtigkeit im Film vor?
- Der Psalmbeter ist dankbar für sein ganzes bisher gelebtes Leben. Wie drückt er das aus? Die Teilnehmenden können herausarbeiten, was die „wohltuenden Dinge" in der Lebenswelt des Betenden sind und sich dann darüber unterhalten, was die „wohltuenden Dinge" im Film sind.
- Der Beter will seine Lebensbilanz an die nächste Generation weitergeben. Was wollen die beiden Filmfiguren „weitergeben"? Gibt es Unterschiede? Wenn ja, welche?

**Zu Psalm 118**
**Paul Gerhardt – ein Liederdichter der evangelischen Kirche**
*Hans S. Lampe,* Deutschland 1994
18 Minuten, farbig, Dokumentarfilm
Eignung: ab 12 Jahren

Der Film schildert das Leben und das dichterische Werk von Paul Gerhardt (1607-1676), der als Pfarrer in und bei Berlin wirkte. Mit seinen Kirchenliedern, die heute weit über den Raum der evangelischen Kirche hinaus verbreitet sind, wollte Paul Gerhardt den Menschen seiner Zeit nach dem Dreißigjährigen Krieg neuen Lebensmut geben.

● Anregungen und Fragen zur Diskussion:
Für die Bibelwochenarbeit ist es ausreichend, die ersten neun Minuten des Films zu sehen, natürlich kann auch der ganze Film gesehen werden.
- Welche Lieder, Verse aus Paul Gerhardts Gesängen sind Ihnen noch im Ohr? Haben Sie ein persönliches Lieblingslied? Welches?
- Wenn Sie die Lieder Paul Gerhardts und die Psalmen vergleichen – was ist ähnlich? Was beschreiben diese Lieder?
- Welche Berührungspunkte finden Sie zwischen Psalm 118 und den Liedtexten Paul Gerhardts in ihrer Entstehungszeit?

**Zu Psalm 127**
**Rain Is Falling**
*Holger Ernst,* Deutschland 2004
15 Minuten, farbig, Kurzspielfilm
Eignung: ab 8 Jahren
Max-Ophüls-Kurzfilmpreis 2005

In einem namenlosen fernen Land kümmert sich ein kleines Mädchen um seine kranke Mutter. Von weit her schleppt das Kind die schweren Wasserkrüge in das ärmliche Haus. Das Wasser ist in dieser von Dürre und Trockenheit geprägten Welt ein kostbares Gut, von dem kein Tropfen vergeudet werden darf. Als das Mädchen zuhause angekommen ist, beginnt es plötzlich heftig zu regnen. Nach und nach tropft es von der Decke. Überall stellt das Mädchen Gefäße auf, um das kostbare Regenwasser zu sammeln. Als es einen dicken Wassertropfen direkt über dem Kopf der schlafenden Mutter bemerkt, fängt es minutenlang mit einem Glas die Tropfen auf, damit die Mutter nicht geweckt wird.

● Anregungen und Fragen zur Diskussion:
Der Psalm 127 wird vor und nach dem Film vorgelesen. Es wird jeweils eine kurze Stille gehalten, bevor der Film angesehen wird und bevor die Fragen gestellt werden. Die Teilnehmenden erhalten den Psalm dann ausgedruckt ohne Überschrift mit den unten genannten zugehörigen Fragen. Die Teilnehmenden arbeiten erst zu zweit zu den Fragen, dann gibt es einen Austausch im Plenum:
- Welche Überschrift würden Sie dem Psalm, welche Überschrift dem Film geben?
- Welche Aussagen des Psalms passen zum Film? Was berührt Sie am Film / am Psalm?

**Zu Psalm 145**
**Die Nürnberger Tafel**
*Stefanie Knoll,* Deutschland 2003
11 Minuten, farbig, Dokumentarfilm
Eignung: ab 12 Jahren

Die Idee stammt aus Berlin und hat sich im Lauf der Jahre in ganz Deutschland verbreitet: Übrige Lebensmittel aus Supermärkten und Großhandlungen werden nicht einfach weggeworfen, sondern von ehrenamtlichen Helfern eingesammelt und an Bedürftige verteilt. Der Film zeigt die Umsetzung dieses Sozialprojekts in Nürnberg: Nach dem Ansturm der ersten Stunde hat sich die Tafel nun gut organisiert. Ein Film über leere Geldbeutel und volle Einkaufstaschen, Sprachprobleme und Tütensuppen mitten aus der Nürnberger Altstadt, wo das soziale Engagement eine menschliche Gestalt annimmt.

● Anregungen und Fragen zur Diskussion:
- Das Psalmgebet ist vollmundig. Der große Gott wird sogar zuständig für die Lebensmittel. Gott wird runterbuchstabiert in das kleine Leben der kleinen Leute. Im Film geht es um das Angebot der Tafeln für die „kleinen Leute“. Wie charakterisieren die befragten Personen ihr Leben, sich selbst?
- Wenn es im Psalm heißt „Aller Augen warten auf dich“, heißt das im Sinne der Tafeln auch: „Aller Augen warten auf mich.“ Teilen ist angesagt. Wie geschieht das im Film? Wie verstehen sich die Mitarbeitenden?
- Der Psalm ist eine Kurzform des Evangeliums. Er macht Zielaussagen auf das Reich Gottes hin. Sind die Tafeln Ausdruck des Reiches Gottes? Oder sind sie eher ein Zeichen dafür, dass das Reich Gottes noch Vision ist?

# Arbeitshilfen zur Bibelwoche 2011 / 2012

**Manfred Oeming / Rosemarie Micheel**
**Tränen und Brot**
Arbeitsbuch: Auslegungen, Gestaltungsvorschläge und didaktische Entwürfe zu sieben ausgewählten Psalmen und Material für den Gottesdienst am Bibelsonntag
Texte zur Bibel 27
kartoniert, mit vierfarbigen Abbildungen, 16,5 x 23,5 cm, 120 Seiten
ISBN 978-3-7615-5849-2, Best.-Nr. 155 849. € 14,90 (D) / € 13,30 (A) / sFr 20,50

**Wolfgang Baur / Jürgen Simon**
**Tränen und Brot**
Teilnehmerheft: Sieben ausgewählte Psalmen
geheftet, durchgehend vierfarbig, 16,5 x 24 cm, ca. 32 Seiten
ISBN 978-3-7615-5850-8, Best.-Nr. 155 850. ca. € 1,90 (D) / € 2,00 (A) / sFr 3,40 (Mengenpreise: ab 10 € 1,80 (D), ab 25 € 1,70 (D), ab 50 € 1,50 (D)

**Jörg Meuth (Text) / Uwe Appold (Bilder)**
**Bedroht und getragen**
Bilder und Meditationen zu sieben ausgewählten Psalmen
geheftet, mit vierfarbigen Abbildungen, 16,5 x 23,5 cm, 8 Seiten
ISBN 978-3-7615-5851-5, Best.-Nr. 155 851. ca. € 4,50 (D) / € 4,70 (A) / sFr 8,10

**Bilder und Materialien zur Bibelwoche**
Bilder von Uwe Appold und Materialien zu sieben ausgewählten Psalmen
Materialien und Impulse für die Bibelwoche und den Gottesdienst am Bibelsonntag
CD-ROM im Jewelcase
ISBN 978-3-7615-5852-2, Best.-Nr. 155 852. ca. € 16,90 (D) / € 17,30 (A) / sFr 25,95 (UVP)

**Klaus Teschner**
**„... denn ich werde ihm noch danken“**
Der Gemeinde zur Bibelwoche: Auslegungen zu sieben ausgewählten Psalmen
Geheftet, 14,8 x 21 cm, 48 Seiten
ISBN 978-3-7615-5853-9, Best.-Nr. 155 853. € 2,90 (D) / € 3,00 (A) / sFr 5,20
(Mengenpreise: ab 10 € 2,70 (D), ab 25 € 2,60 (D), ab 50 € 2,50 (D))

**Plakat zur Bibelwoche**
DIN A3, mit Platz für individuellen Eindruck
ISBN 978-3-7615-5854-6, Best.-Nr. 155 854. € 3,90 (D) / € 4,00 (A) / sFr 7,10

**Katharina Wiefel-Jenner**
**Atem unseres Betens**
7 Auslegungen zu ausgewählten Psalmen.
Gemeindeheft zur 74. Bibelwoche 2011 / 2012
Hrsg. vom Gemeindedienst der Evangelischen Kirche in Mitteldeutschland im Auftrag der Arbeitsgemeinschaft Missionarische Dienste, Berlin
31 Seiten; € 0,45 (Staffelpreise)

**Auslieferung über: Gemeindedienst der EKM**
**Zinzendorfplatz 3, 99192 Neudietendorf, Fon: 036202 / 7717-90, Fax: 036202 / 7717-98**
**E-Mail: gemeindedienst@ekmd.de, www.gemeindedienst-ekm.de**

**Bibel aktuell**
Impulse für lebensbezogene Bibelarbeit.
Sechs Psalmen der Bibelwoche finden sich in den Heften der Psalmenreihe:
Psalm 13: Gerrit-Willem Oberman, Heft 116 (2009)
Psalm 27: Werner Schmückle, Heft 118 (2009)
Psalm 42: Gerrit-Willem Oberman, Heft 120 (2010)
Psalm 71: Thomas Popp, Heft 121 (2010)
Psalm 118: Karl-Friedrich Schaller, Heft 124 (2011)
Psalm 145: Jens Plinke, Heft 126 (2011)
Hrsg. vom Amt für missionarische Dienste der Evangelischen Landeskirche in Württemberg, jeweils 4 € zzgl. Porto

**Zu beziehen bei:**
**Amt für missionarische Dienste, Grüninger Str. 25, 70599 Stuttgart,**
**Fon: 0711 / 45804-9402, Fax: 0711 / 45804-9407, E-Mail: Dagmar.Loncaric@elk-wue.de**

**Gerhard Begrich / Matthias Uhlig**
**Lebenshunger – Seelendurst**
**Ausgewählte Psalmen**
Eine Arbeitshilfe mit CD-ROM zur Bibelwoche 2011 / 2012
mit Auslegungen, Anregungen zur Umsetzung und Bibeltheater.
Die CD-ROM enthält Bild-Dateien und Texte zur Gestaltung von Bibelwochen-Abenden,
Beispiele für Szenen mit biblischen Erzählfiguren und die Bibeltheater-Stücke.
60 Seiten DIN A4, geheftet, 8,00 €, Mengenrabatt

**Zu beziehen bei:**
**Amt für Missionarische Dienste, Blumenstraße 1-7, 76133 Karlsruhe,**
**Fax: 0721 / 9175-25312, E-Mail: amd@ekiba.de, www.ekiba.de/amd**

# Gottesdienst zur Bibelwoche / zum Bibelsonntag 2012

Die Arbeitsgemeinschaft christlicher Kirchen (ACK) schlägt gemeinsam mit dem Katholischen Bibelwerk e. V. und der Deutschen Bibelgesellschaft vor, den letzten Sonntag im Januar als ökumenischen Bibelsonntag zu feiern. Der Gottesdienst zum Bibelsonntag, der am 29. Januar 2012 stattfindet, kann als Auftakt oder Abschluss der ökumenischen Bibelwoche begangen werden. Er steht unter dem **Motto: Gotteslob.**

Die biblischen Psalmen sind eine reiche Inspirationsquelle für die Gebetstradition im Judentum und im Christentum. Das zeigt in besonderer Weise der für den Bibelsonntag 2012 vorgeschlagene Text Jesus Sirach 43,27-33 (Einheitsübersetzung / Gute Nachricht Bibel) bzw. 43,29-37 (Lutherbibel – zur abweichenden Verszählung siehe Abschnitt Textüberlieferung). Es handelt sich um den Schluss eines Lobgesangs, der in der poetischen Sprache der Psalmen die Schöpfermacht Gottes preist. Verfasser des folgenden Vorschlags für Gottesdienst und Predigt zum Bibelsonntag ist *Dr. Alexander A. Fischer,* Theologischer Geschäftsführer der Württembergischen Bibelgesellschaft, Stuttgart.

# Gotteslob im Buch Jesus Sirach

## Einführung

Das Buch Jesus Sirach zählt zu den Spätschriften des Alten Testaments und wurde vom Enkel des Autors ins Griechische übersetzt (so im Vorwort des Buchs zu lesen). In dieser Form steht es im Kanon der Septuaginta (griechische Fassung des Alten Testaments) und gehört dadurch zur Heiligen Schrift der ersten christlichen Gemeinden, die es gelesen und zitiert haben. Im Neuen Testament finden sich zahlreiche Anklänge, die den Gebrauch des Buchs Jesus Sirach belegen. Heute jedoch wird es kaum mehr gelesen und ist vielen Christen unbekannt. Der ökumenische Bibelsonntag bietet deshalb die besondere Chance, dies biblische Buch wieder ins Gespräch zu bringen, das in seiner Weltoffenheit (Hinwendung zum Hellenismus) und seiner Empfehlung der Heiligen Schrift (Hinwendung zur Tora) einzigartig ist.

### Kanonischer Rang

Es ist ein Zeichen ökumenischer Verbundenheit, das Buch Jesus Sirach am Bibelsonntag in die Mitte zu rücken, obwohl sein kanonischer Rang in den christlichen Kirchen unterschiedlich beurteilt wird. In den orthodoxen Kirchen und in der römisch-katholischen Kirche gehört das Buch Jesus Sirach zum Kanon der Heiligen Schrift. Dabei rechnet es die römisch-katholische Kirche zu den so genannten Deuterokanonischen Schriften. Das sind die Bücher, die noch in die Griechische, aber nicht mehr in die Hebräische Bibel aufgenommen worden sind.

Die evangelischen Kirchen stellen Jesus Sirach dagegen zu den alttestamentlichen Apokryphen, die nicht als kanonisch gelten. Die Entscheidung der Reformatoren ist jedoch vornehmlich historisch zu sehen: Unter dem Einfluss der humanistischen Rückwendung zu den ältesten schriftlichen Quellen, haben sie nur die hebräisch überlieferten Bücher des Alten Testaments als kanonisch anerkannt. Freilich war Jesus Sirach ursprünglich auf Hebräisch geschrieben. Der jüdische Autor lebte im frühen 2. Jh. v. Chr. in Jerusalem. Die hebräische Fassung ist allerdings verloren gegangen, sie war daher den Reformatoren unbekannt.

Man muss jedoch betonen, dass das Buch Jesus Sirach durch die reformatorische Entscheidung keineswegs vom Bibellesen ausgeschlossen ist. Vielmehr hat Martin Luther die Apokryphen als „nützlich und gut zu lesen“ empfohlen.

Die meisten Bibeln aus dem evangelischen Bereich enthalten daher die Apokryphen als eigenen Teil zwischen dem Alten und Neuen

Testament. Darüber hinaus wurde über Sirach in lutherischen Gottesdiensten gepredigt, und es spielte im Pietismus eine bedeutsame Rolle in der evangelischen Erziehung.

**Textüberlieferung**
Das Buch Jesus Sirach ist durch eine griechische und syrische Fassung umfassend bezeugt. Dagegen blieb sein hebräischer Text – abgesehen von einigen rabbinischen Zitaten – bis zum Ende des 19. Jahrhunderts nahezu unbekannt. Dass wir heute über rund zwei Drittel des hebräischen Originals verfügen, verdanken wir der Entdeckung mittelalterlicher Handschriften in Kairo. Hinzu kommen einige wenige Fragmente aus den Höhlen von Qumran und Masada nahe dem Toten Meer, die das hohe Alter der hebräischen Fassung bezeugen.

Nicht nur die alten Versionen, sondern auch die modernen deutschen Übersetzungen weichen teilweise voneinander ab. Unter anderem beziehen sie sich auf unterschiedliche Textgrundlagen: Die Einheitsübersetzung greift auf den hebräischen Text zurück und füllt die vorhandenen Lücken aus der griechischen Version. Dagegen übersetzt die Gute Nachricht Bibel insgesamt die längere griechische Fassung. Martin Luther wiederum benutzte einen zu seiner Zeit vorliegenden Mischtext. Daraus resultieren Unterschiede in der Kapitel- und Verszählung.

Im vorliegenden Text wird auf die Zählung der Gute Nachricht Bibel bzw. Einheitsübersetzung Bezug genommen.

**Psalmentradition**
Gebete und Gebetselemente durchziehen das gesamte Buch. Darüber hinaus bietet Jesus Sirach zwischen seinen Lehrtexten auch Psalmgebete, die er selbst formuliert hat (Sir 18,1-14; 23,1-6; 24,1-22; 36,1-22; 39,12-31; 51,1-12 und 51,13-30). Dabei zeigt sich einerseits, dass Jesus Sirach mit der Gebetstradition der Psalmen eng verbunden ist und diese zu eigenen Dichtungen verarbeitet hat. Andererseits lässt sich beobachten, dass seine Psalmgebete durch eingestreute theologisch reflektierte Passagen stark verdichtet sind und dadurch sein umfassendes Gotteslob mit weisheitlichem Nachdenken verschmilzt. Diese Eigenart erklärt sich am besten durch seine große zeitliche und geistige Nähe zur Endredaktion des Psalters (vgl. die Einführung zu den Psalmen im vorliegenden Arbeitsbuch).

## Auslegung Sirach 43,27-33

Mit dem Hellenismus ist eine neue Zeit in Israel angebrochen. Die jüdischen Weisen bemühen sich wie die griechischen Philosophen um eine rationale Durchdringung der Welt. Im *Hymnus auf die Schöpfungswerke Gottes* (Sir 43,1-33) möchte auch Jesus Sirach seinen Zeitgenossen zeigen, dass Gottes Wirken in der Ordnung und Schönheit der Welt erfahrbar ist. Er gestaltet seinen Lobpreis im Rückgriff auf den priesterlichen Schöpfungsbericht 1 Mose/Genesis 1 und den Schöpfungspsalm 104. Doch in seiner Darstellung der Schöpfungswerke folgt er nicht der urgeschichtlichen Reihenfolge, sondern führt sie in einer gleichsam enzyklopädischen Schau vor Augen (Sonne, Mond, Sterne, Regenbogen, Wolken, Schnee, Berge, Land, Meer).

Dabei unterfüttert er durch Naturbeobachtungen das moderne Bild eines funktionierenden Ökosystems, dessen Wechselwirkungen eine in göttlicher Weisheit geschaffene Welt erahnen lassen. Die Überzeugung, dass die göttliche Vernunft insgesamt die Ordnung der Welt durchwaltet, teilt Jesus Sirach mit der stoischen Philosophie. Doch er zieht daraus einen anderen Schluss als diese. Sein Hymnus will keinen rationalen Gottesbeweis liefern, sondern ins Staunen über Gottes Macht führen, die kein Mensch umfassend ergründen kann.

**● Die Natur – ein großartiges Verweissystem auf den Schöpfer (43,27)**
Die theologische Summe, die Jesus Sirach in dem für den Bibelsonntag vorgesehenen Abschnitt zieht, beginnt mit einem bekannten

Stilmittel. Er bricht seinen Lobpreis der Schöpfungswerke unvermittelt ab. Vieles ließe sich noch nennen, was die Schönheit der Welt bezeugt. Doch das bereits Gesagte genügt, denn Gott ist überall am Werk! Alle weiteren Naturerscheinungen führen zu demselben Schluss: „Er ist alles!“

Damit vertritt Jesus Sirach keinen Pantheismus. Gott ist nicht in der Natur zu finden. Vielmehr ist die Natur ein großartiges Verweissystem auf den einen Schöpfer. Gott bleibt gegenüber der Welt eine transzendente Größe. So dient die Schau der Schöpfungswerke vornehmlich dem Ziel, das Vertrauen in Gottes Wirksamkeit zu stärken.

### ● Die Verborgenheit göttlicher Weisheit (43,28-30)

Die Verborgenheit göttlicher Weisheit ist ein festes Motiv biblischer Weisheitstheologie. Sie lässt sich nach zwei Seiten hin entfalten. Zum einen markiert sie die dem Menschen gesetzten Grenzen seiner Erkenntnisfähigkeit. Zum anderen führt sie ihn zur Ehrfurcht vor Gott. Denn der Mensch, der über die Vielfalt der Pflanzen- und Tierwelt staunt, kennt doch nur einen kleinen Abglanz der in göttlicher Weisheit geschaffenen Welt. Um wie viel mehr müsste er Gott loben, wenn er ihre Gesamtheit erkennen könnte.

Hier geht Jesus Sirach deutlich über seinen Lehrer Kohelet hinaus, der diese Unergründlichkeit stärker mit der dunklen Seite Gottes verrechnet hat und die Ambivalenzen der Welt in seinem Glauben auszuhalten versuchte. Jesus Sirach deutet diese Verborgenheit dagegen als Komplexität der Wirklichkeit, hinter der zuletzt eine alle Aspekte bedenkende göttliche Haushaltung sichtbar wird. In ihr hat der Schöpfer für alle Wechselfälle des Lebens und der Natur die geeigneten Mittel schon bereitgestellt.

Diese letzte Erkenntnis bezieht Jesus Sirach freilich nicht aus seiner eigenen Weltbetrachtung, sondern aus der Tora, die ihm den Schöpfer als einen barmherzigen und gütigen Gott offenbart.

### ● Die Grenzen menschlichen Erkennens (43,31-33)

Es sind gleichwohl die Schrecknisse der Natur und auch die Krankheiten, Katastrophen und Kriege, die den Zweifel nähren, ob Gottes Schöpfung wirklich gut geschaffen worden ist. Diese Zweifel aber werden an den Grenzen menschlicher Erkenntnis geboren. Denn der Mensch kann die Vorgänge in Natur und Geschichte immer nur in Teilen erkennen. Er erforscht zwar einzelne Phänomene mit Erfolg, aber das komplexe Zusammenspiel der gesamten Wirklichkeit – ein ausgesprochen moderner Gedanke – kann er nicht überschauen. Die verborgenen Faktoren sind zahlreicher als die bekannten (43,32).

Nur Gott verfügt über die notwendige Vorsehung. Entsprechend hat er alle seine Schöpfungswerke so eingerichtet, dass sie am bestimmten Ort und zur rechten Zeit zusammenwirken. Menschliche Erkenntnis bleibt dagegen Stückwerk: Wir sehen nur einen Funken und ein Spiegelbild (42,22).

Dieser Gedanke wird von Paulus in 1 Kor 13,12 aufgegriffen und auf die Differenz von Gegenwart und Zukunft hin ausgelegt. Für Paulus hat die Zukunft Gottes mit Christus schon begonnen, aber die Gegenwart ist noch nicht ausgesetzt. Der Mensch steht noch unter dem Kreuz. Er darf vertrauensvoll auf Christus blicken, vermag aber die Wirklichkeit von Ostern nicht umfassend zu begreifen. Sie bleibt seinem stückweisen Erkennen entzogen. So steht Jesus Sirach nicht zu weit von Paulus entfernt, wenn er den Schluss zieht: Der Mensch soll nicht über das spekulieren, was sich seinem Verstehen entzieht, sondern die Grenzen menschlichen Erkennens akzeptieren und sich an das halten, was ihm Gott offenbart.

Die Geheimnisse der Schöpfung sind Spuren Gottes in der Welt. Weil sie sich nicht umfassend erforschen lassen, bleibt ihre Deutung auf die Tora als normative Kraft angewiesen. Und trotzdem ist es schon viel, was der Mensch sehen darf (3,20-23).

## Gedanken zur Predigt

Aus der Exegese geht hervor, dass der Lobpreis Gottes bei Jesus Sirach nicht nur in einem frommen Imperativ gründet, sondern auch in einer ausgefeilten theologischen Reflexion. Sein Gotteslob ist nicht nur gottesdienstliches Gebet, sondern auch ein gegenüber seinen Zeitgenossen theologisch verantwortetes Bekenntnis zum Gott Israels.

**Gotteslob heute – bleibt nur der Urknall?**
Die Wissenschaften erforschen die Welt, als ob es Gott nicht gebe. Phänomene, die man früher auf Gott als Wirkursache zurückführte, können heute durch biochemische und physikalische Prozesse erklärt werden. Längst hat die Forschung den Erfahrungsbereich menschlicher Sinne verlassen und dringt in mikro- und makrokosmische Dimensionen vor (z.B. Entschlüsselung des menschlichen Genoms). Unsere Gesellschaft basiert auf diesen Fortschritten. Zugleich erzwingt die Ökonomie zunehmend eine Verwertbarkeit der Forschungsergebnisse und in deren Folge die Produktion einer „zweiten“ Natur. Sollen wir Gott loben – auch für die unter künstlichen Bedingungen angebaute Gen-Tomate? Sollen wir ihm danken – auch für die wohlschmeckende Speise, deren Aromata durch die Lebensmitteltechnik zugesetzt worden sind?

Man könnte meinen: Je mehr Dinge der Mensch seinem Schöpfer aus der Hand nimmt, desto weniger Grund gibt es für ihn zum Gotteslob. Am Ende bliebe nur noch der Urknall, der erste Anstoß eines sich selbst fortsetzenden Naturprozesses, für den man Gott als Urheber loben könnte.

Jesus Sirach, der ebenfalls in einer Zeit lebte, in der die Wissenschaften einen enormen Aufschwung nahmen, zieht genau den umgekehrten Schluss: Der Zuwachs an Wissen bedeutet keine Dekonstruktion des Gotteslobs, sondern dessen Konstruktion! Je mehr der Mensch die Wirkungsweise der Natur ergründet, desto mehr muss er über das Zusammenspiel dieses einzigartigen Systems staunen. Dass es funktioniert, gründet in Gott, der seine Schöpfung nicht nur geschaffen, sondern auch auf ihre Zukunftsfähigkeit hin ausgelegt hat.

**Ambivalenzen – alles ist gut?**
In seiner Schau der Schöpfungswerke verschweigt Jesus Sirach nicht, dass es dort auch Ambivalenzen gibt. Die Sonne ist Lebensspenderin, aber auch brennender Schmelzofen, der das bewohnte Land ausdörrt und versengt (43,4). Die Blitze sind Brandpfeile göttlichen Gerichts (43,13), Hagelsteine ballen sich in den Wolken zusammen (43,15). Die kalte Wetterfront aus dem Norden lässt Quellen erstarren und Teiche gefrieren (43,20) – Alles ist gut? „Und Gott sah alles an, was er gemacht hatte: Es war sehr gut“ (1 Mose1,31).

Lässt sich die Billigungsformel der Urgeschichte noch bejahen? Jesus Sirach hat sie bejaht, und zwar, ohne sie auf den Uranfang einzuschränken. Er hat sie sogar in einzigartiger Weise neu interpretiert. Alle Werke Gottes sind gut, weil jedes einzelne Werk für einen bestimmten Zweck geschaffen ist und ihn zu seiner Zeit erfüllen soll: Das eine ergänzt durch seinen Wert das andere (Sir 39,33; 42,25).

Wieder tritt deutlich hervor, dass Jesus Sirach die gesamte Schöpfung systemisch versteht. Auch der Mensch ist ein Teil davon und für einen bestimmten Zweck geschaffen. Doch erfüllt er auch seine Bestimmung? Alles ist gut? Der moderne Mensch, der sich gern selbst als ein Schöpfer sieht, wird unversehens an seinen Platz in die Schöpfung zurückgestellt. Zweifel an der Güte der göttlichen Schöpfungswerke verkehren sich in die ethische Frage an sein eigenes Tun. Mag er auch die technischen Fortschritte seiner Zeit preisen, Jesus Sirach hätte ganz nüchtern zurückgefragt: Wird der Mensch dadurch besser vor Gott und die Gesellschaft gerechter vor seinem Angesicht?

Der Mensch kann die Grenzen seiner Erkenntnis immer weiter hinausschieben, aber er kann sie nicht grundsätzlich aufheben. Er kann die Schönheit der Welt partiell erkennen, aber an den Grenzen seiner Erkenntnis verdunkelt sie sich. Dann kommt der Mensch nicht nur ins Staunen, sondern auch ins Erschrecken. Unheimlich erscheint ihm die göttliche Macht, die er im Hintergrund von Geschichte und Natur als wirksam glaubt. Jesus Sirach lässt sich dadurch nicht erschüttern. Vielmehr verstärkt er sein Engagement, Gott auch für die verborgene Seite seines Wirkens zu loben.

Das ist überaus kühn! Wie kommt er dazu? Der Grund steckt in einer bemerkenswerten Schriftauslegung, die er in seinem Buch entfaltet: Gott hat den Menschen nicht nur als sein Gegenüber geschaffen und ihn mit Erkenntnisvermögen ausgestattet. Er hat ihm auch die Tora geschenkt, in der alles steht, was der Mensch wissen muss, um ein erfülltes und verantwortliches Leben zu führen. Aus der Geschichte Gottes mit seinem Volk Israel lässt sich das Vertrauen schöpfen: Der in seiner Weisheit verborgene Gott handelt nicht anders als der offenbare Gott.

## Elemente für den Gottesdienst

Bei der Gestaltung wird man sich entscheiden, ob man die Gebetstradition der Psalmen oder das Buch Jesus Sirach stärker in den Mittelpunkt des Gottesdienstes rückt. Eine kurze Ansage im Eingangsteil sollte das Thema des Bibelsonntags (Gotteslob) aufleuchten lassen.

Als Wechselgebet empfiehlt sich Psalm 150 (EG 758 / GL 678 / EmK 718). Versteht man den Psalter als einen Gebetsraum, ist sein 150. Psalm wie das Tor hinaus in die Welt, das man mit dem Gotteslob auf den Lippen durchschreitet. Von hier aus lässt sich der Gottesdienst in beide Richtungen (Sirach / Psalmen) entwickeln.

Der neutestamentliche Horizont findet in der Schriftlesung seinen Ort. Zwei Texte aus der frühchristlichen Hymnentradition sind zu empfehlen: Epheser 1,3-14 oder Kolosser 1,15-20.

**Impulse vor der Predigt**

*Variante 1:* Hat man sich bei der Gottesdienstgestaltung für die Gebetstradition der Psalmen entschieden, lässt sich der Raum vor der Predigt mit einigen modernen Psalmgebeten füllen. Anregungen dazu findet man in Bibel und Kirche 56/1 (2001), S. 46-51, und auch in der Übertragung biblischer Psalmen in die Gegenwartssprache von *Arnold Stadler* oder in der modernen Psalmendichtung des Exil-Iraners *Said* (siehe Literaturhinweise).

*Variante 2:* Möchte man das Buch Jesus Sirach zu Gehör bringen, empfiehlt sich schon allein von der poetischen Sprache her die Lesung des Lobgesangs Sir 43,1-26, der dem Predigttext unmittelbar vorausgeht. Eine abschnittsweise Lesung mit verteilten Sprechern könnte meditativ durch ein „Atemzeichen" gegliedert werden, das sich durch einen Gong, durch eine Tonreihe auf dem Xylophon oder eine kurze Akkordfolge der Orgel füllen lässt. Sind Projektionsmöglichkeiten vorhanden, lässt sich die Lesung mit einer Bildmeditation kombinieren (Material unter www.wuebg.de/bibelsonntag).

**Fürbittengebet**

Jesus Christus, du bist das Licht für unsere Welt:

Wir danken dir für die Helle, die du in unser Leben bringst. Wir danken dir für die Klarheit, die du uns durch dein Wort schenkst. Wir danken dir für deine Nähe – jeden Tag, auch wenn wir sie nicht immer spüren. Wir danken dir, dass du mit uns gehst in unserem täglichen Hin und Her.

Jesus Christus, du bist das Licht für unsere Welt:

Wir beten für unseren Lebensraum, dass wir die Gefahren einer unbegrenzten technischen Entwicklung erkennen und bannen, dass wir durch unser Tun und Lassen das Klima unserer Erde schützen, dass wir Tiere und Pflanzen nicht als Waren behandeln, sondern mit Ehrfurcht anschauen.

Wir beten für die Christen in allen Teilen der Erde. Erhalte ihnen die Hoffnung, dass die Welt friedlicher und menschlicher wird / und dass es nicht vergeblich ist, laut von dir zu reden oder auch leise nach deinem Wort zu handeln.

Wir beten für unsere Gemeinden, dass sie vor Ort wachsen und deine Botschaft weitertragen; und wir beten für die Menschen, die bei dir einfach nur Stille und Erholung suchen für Leib und Seele.

Gib deiner Kirche, was sie braucht: Mut zur Wahrheit, Kraft in der Verkündigung, und Gelassenheit im Umgang mit denen, die anders denken und anders glauben.

Wir beten für Menschen, die sich schwer tun in ihrem Leben, sich verlassen fühlen von Gott und der Welt. Lass uns da sein für die, die uns ihr Leid anvertrauen; lass uns offen sein für die, die um unsere Freundschaft bitten; und lass uns tätig sein für alle, die auf unser Gebet warten.

(weitere Fürbitten) – Amen.

**Liedvorschläge**

*(GL = Gotteslob, Kath. Gebets- und Gesangbuch; EG = Evang. Gesangbuch /R = Regionalteil; EmK = Gesangbuch der Evang.-methodistischen Kirche)*

- Nun danket alle Gott (EG 321; GL 266; EmK 70) – *Der Liedtext von Martin Rinckart ist eine Nachdichtung von Sir 50,22-24 (Luther-) bzw. Sir 50,24-26 (Einheitsübersetzung).*
- Singt das Lied der Freude über Gott (EG 305; GL 272; EmK 67)
- Solang es Menschen gibt auf Erden (EG 427; GL 300; EmK 91)
- Wer nur den lieben Gott lässt walten (EG 369,1.2.7; GL 296/295,1-3; EmK 367,1.2.6)
- Du meine Seele singe (EG 302,1-3.8; EmK 76,1-3.7)
- Himmel, Erde, Luft und Meer (EG 504; EmK 52)

**Vorschlag für den Opferzweck**

Die Lectio divina (lateinisch: „göttliche Lesung") ist eine Methode der regelmäßigen Schriftlesung, die in betende Meditation übergeht. Sie prägte den Umgang mit der Heiligen Schrift in der katholischen Kirche wie auch im protestantischen Pietismus und wird gegenwärtig von Neuem entdeckt und praktiziert. Seit etwa drei Jahren engagieren sich deshalb die Bibelgesellschaften weltweit und verstärkt für diese Form der meditativen Schriftlesung. Vor allem in mehrheitlich katholischen Ländern werden die Lectio Divina-Broschüren der Bibelgesellschaften für die interkonfessionelle bibelmissionarische Arbeit eingesetzt.

In Europa gibt es in 13 Ländern entsprechende Lectio Divina-Programme. Der Weltverband der Bibelgesellschaften fördert darüber hinaus die Lectio Divina-Bemühungen der Kirchen und Bibelgesellschaften in einem Joint Venture mit dem Vatikan. Mit der Kollekte am Bibelsonntag bitten wir Sie um Unterstützung dieses ökumenischen Projekts in Europa, das neue Impulse für den Umgang mit der Bibel setzt (weitere Informationen unter www.wuebg.de/bibelsonntag).

Überweisungen bitte an Deutsche Bibelgesellschaft – Aktion Weltbibelhilfe, 70567 Stuttgart, **Spendenkonto**: 415375 bei der Evangelischen Kreditgenossenschaft Kassel (EKK), BLZ 520 604 10.

**Literaturhinweise**

*Otto Kaiser*: Weisheit für das Leben. Das Buch Jesus Sirach übersetzt und eingeleitet, Stuttgart 2005.

*Christoph Gellner*: „Geheiligt werde dein zugefrorener Name ..." Moderne Psalmgedichte – spirituell gelesen, Zeitschrift „Bibel und Kirche" 56/1 (Stuttgart 2001), S. 46-51.

*Said:* Psalmen, München 2007.

*Arnold Stadler:* „Die Menschen lügen. Alle" und andere Psalmen, Frankfurt a. M. 1999.

# Zu den Bildern

## Bedroht und getragen

Die Bildreihe von Uwe Appold lädt dazu ein, den spirituellen Schatz des Psalters neu zu entdecken. Zusammen mit den Materialien der CD, vermittelt diese künstlerische Arbeit von Uwe Appold ungewohnte und dadurch überraschende Impulse. Wesentlich ist freilich, dass wir den Psalmen nur dann wirklich nahe kommen, wenn wir sie auch für uns selbst wieder zu dem machen, was sie sind, nämlich zu Gebeten. Bei den Juden nennt man das: „Psalmen sagen". Das fängt mit lautem Lesen an und geht dann irgendwann so weiter, dass den Beterinnen und Betern in ihrem ganz unspirituellen Alltag, dort, wo sie gefordert und manchmal auch am Rand ihrer Kraft sind, Psalmverse einfallen, die auf treffende Weise in ihr Leben hinein sprechen. Sie werden eigene Erfahrungen in den Gebeten entdecken, die im Psalter Aufnahme fanden, und werden auch dort, wo manches sehr fremd klingt, wahrnehmen können, wie diese seit Jahrtausenden lebendigen Gebete des Gottesvolks auch von uns und unserem Dasein handeln, in dem wir jeden Tag neu bedroht und getragen sind.

*Uwe Appold,* geboren 1942 in Wilhelmshaven, wollte als Junge Vulkanbauer werden, lernte Bildhauer. Die Werk-Kunstschule Flensburg war für ihn erst Ort des Lernens, später des Lehrens. Die großen Themen der abendländischen Kultur und des christlichen Glaubens prägen sein künstlerisches Schaffen (Steinplastik, Malerei, Stahlstrukturen, Buntglaskompositionen). Mit besonderem Engagement setzt er sich überall dort ein, wo Kunstwerke Menschen im Raum der Kirche und darüber hinaus miteinander ins Gespräch bringen können (siehe auch www.uwe-appold.de).

*Jörg Meuth,* geboren 1944 in Freudenstadt, wollte Ingenieur werden. Bevor er zu den Ingenieuren ging, um Brücken bauen zu lernen, studierte er Theologie, um zu erfahren, wozu man sie baut. Da blieb er hängen. Er war reformierter Pfarrer (1971-1975 in Schopfheim / Baden, bis 1985 in Hunzenschwil / Aargau, bis 1997 in Glarus, bis Juli 2009 in Vallon Pont d'Arc / Frankreich). Nun pflegt er seine technische Ader und baut ein Haus. Seit 1979 bringt er sein besonderes Interesse an Beiträgen bildender Kunst für die christliche Verkündigung in die Arbeit am Bibelwochenmaterial der Arbeitsgemeinschaft Missionarische Dienste ein.

*Jörg Meuth*

# Wie lange?

## Psalm 13

Es gibt Durststrecken des Lebens. Wie dichter Nebel liegt Mühsal auf der Seele. Da scheint kein Sonnenstrahl bis zu mir zu gelangen. Quälende Fragen drücken auf das Gemüt und rauben alle Lebenskraft. Es scheint, als habe Gott selbst sich weg gewendet. Mein Gebet ist ein Ruf ohne Antwort.

In einer solchen Not lässt sich der Beter des Psalms jedoch nicht in depressive Dunkelheit fallen, sondern ruft den an, der schweigt, der sich entfernt zu haben scheint. Wenn Gott GOTT ist, kann er nicht fern bleiben. Dann wird er mich hören und mich aus diesem Kreisen um mich selbst, dem ich mit eigener Kraft nicht entkommen kann, herausholen.

Uwe Appold sieht diesen Psalm von der vierfachen Frage geprägt: „Wie lange?“ Der Betende findet sich nicht mit der Dunkelheit ab, die ihn umgibt. Er schreit seine Erwartung Gott entgegen. Darum die vier Balken, die sich aus dem Dunkel in den helleren Bereich aufrichten. Wie in einer Liebesbeziehung, darf auch der Glaubende damit rechnen, dass Gott, mit dem ihn eine intensive Geschichte von Ruf und Antwort, von Begleitung und Bewahrung verbindet, nicht unversehens ein anderer geworden sein kann. Darum beruft er sich auf das, was war. Im Bild wird das durch Textfragmente angedeutet, die nicht zu entziffern sind. Aber sie sind vorhanden. Sie prägen den Raum der Dunkelheit und auch den der Erwartung, in den „von oben“ ein glänzendes Kreiselement eingreift: Symbol für die Gegenwart Gottes, die größer ist als alles, was wir wahrzunehmen vermögen.

Und Gott bleibt nicht fern! Er wendet sich dem Betenden neu zu und schenkt ihm vertiefte Gewissheit. So gipfelt dies Gebet im Jubel: Ich will dem HERRN singen, dass er so wohl an mir tut.

## Höre meine Stimme

### Psalm 27

Auch die Existenz des Glaubenden ist angefochten und ungesichert. Die Erinnerung an Erfahrungen der Gewissheit erlaubt es aber, nicht beim ersten Gegenwind schon aufzugeben. Gott war mir nahe. Er wird sich wieder als der tragende Grund meines Lebens erweisen. Gewiss: Gottes Hilfe ist immer neu überraschend – damit wir uns auf ihn allein gründen und nicht auf uns selbst. So bleibt jeder neue Schritt ein Wagnis, aber eines, das sich lohnt. Der Beter fällt nicht in eine ungewisse Tiefe, sondern hat ein Gegenüber, mit dem er rechnen darf. Er weiß sich getragen.

Der Maler hat vier prägende Begriffe dieses Psalms ins Bild gesetzt: den Fels, den Krieg, das Zelt und das Licht. Dabei wagt er es, konkretes Material in die Komposition einzubeziehen: Der Stein oben links lag in einer Tropfsteinhöhle der Ardèche, die schwarze Asche im Bildelement daneben kommt aus Island. Jedes dieser Fundstücke bringt ein Stück „Bodenhaftung" ins Bild.

Auf spannende Art werden die Begriffe und ihre Symbole miteinander in Beziehung gesetzt, auch wenn wir uns Fragen stellen: Warum stehen Fels und Zelt als Metaphern für Gott sozusagen auf einer Ebene mit dem Krieg? Für unsere Lebenserfahrung gibt es eine Entsprechung: Es handelt sich um Wirklichkeiten, um spirituelle Kräfte, die den Erfahrungshorizont des einzelnen Menschen unendlich übersteigen. Und der Künstler zeigt zugleich: Als das Licht des Lebens legt Gott eine kraftvolle, Neues ermöglichende Spur in die Welt und in mein Dasein. Sie ist bedeutungsvoller als alles, was mich und andere lähmen oder belasten mag.

II Darum: Harre des HERRN! Sei getrost und unverzagt und harre des HERRN!

# Meine Seele dürstet

**Psalm 42**

Wie oft hat der glaubende Mensch das quälende Gefühl, auf verlorenem Posten zu stehen? „Die anderen" leben scheinbar leichter. Sie haben das Recht der Mehrzahl auf ihrer Seite. Aber wehleidig werden gilt nicht. Habe ich nicht auch schon erfahren dürfen, wie mir innerer Rückenwind geschenkt worden ist? Und die schwierigeren Wegstrecken haben noch immer den Zugang zu neuem Segen eröffnet. Wie ein steiler Aufstieg, ohne den der atemstockend schöne Ausblick in die Ferne nicht zu haben ist … Ich bin nicht auf mich allein gestellt. Ich darf mich dem anvertrauen, der mir seine Nähe verheißen hat. Ich darf zu ihm rufen. Und er hört mich.

Uwe Appold steht nicht in Gefahr, biblische Bilder, wie das vom lechzenden Hirsch, nochmals abzubilden. Er gestaltet im Blick auf Psalm 42 eine Seelenlandschaft, in der Wassermangel ebenso bedrohlich wird wie Wassernot. Von Weitem gesehen mag das nasse Element dynamisch wirken und Leben verheißen, aber wenn es einem den Boden unter den Füßen wegspült, wenn es einen ergreift und in nicht enden wollender Ruderwache bedroht, ist es nicht weniger existenzgefährdend als die wüstenhaften Durststrecken, die zuzeiten zu durchmessen sind.

Der Künstler hat in beide Bereiche – Wassernot und Wüstennot – Zeichen der Vergewisserung eingetragen: weil auch der lebensfeindlichste Ort noch Raum der Zuwendung Gottes ist. So finden sich im Wüstenteil zwei Steine und ein textiles Element, die alle auf Gott verweisen. Auch wenn ich im Augenblick nur mein Bedroht-Sein wahrnehme, Gott ist alles andere als fern.

Darum: Harre auf Gott; denn ich werde ihm noch danken, dass er meines Angesichts Hilfe und mein Gott ist.

## Verlass mich nicht im Alter

**Psalm 71**

Man redet zwar nicht darüber, aber das Alter ist keine einfache Sache. Das hat im Psalm 71 einen nachdenklich machenden Niederschlag gefunden. Gewiss waren Gefährdetsein und Bedrohtsein für alt gewordene Menschen nicht nur in biblischen Zeiten, sondern noch in nicht allzu ferner Vergangenheit schon im vordergründig-materiellen Bereich sehr viel intensiver und augenfälliger als heute. Man muss heute selbst alt werden, um manche der Nöte, die im Psalm angesprochen werden, überhaupt wahrzunehmen. Allerdings verliert sich der betende alte Mensch hier nicht in Klagen. Er kennt und nennt Nöte und Schwächen, die das Alter bringt, er weiß sich aber auch jetzt von Gott getragen.

Auch der Künstler sieht das Alter nicht einfach als Phase zunehmender Defizite. Er symbolisiert den alten Menschen nicht ohne Selbstironie als ein faltig gewordenes, nicht mehr unbeschriebenes Blatt. Der dunkle Hintergrund erinnert an die zunehmende Gegenwart des Todes: Immer wieder gilt es, Abschied zu nehmen von Weggenossen, die uns ins unbekannte Dunkel voran gegangen sind. Aber die Komposition weist darauf hin, dass die Dunkelheit nicht das letzte Wort behalten kann. Auch sie ist von Zeichen geprägt. Und hinter ihr erscheint ein keineswegs hoffnungsleerer Hintergrund: Noch das, was vielen als das Letzte erscheinen mag, ist seinerseits getragen.

Und dann ist in der rechten unteren Ecke, dort, wo man bei einem Kunstwerk die Signatur erwartet, ein Bildelement mit unerwartet lebhaften, warmen Farben. Nicht ohne Lächeln nehmen wir wahr, dass dem sogar die alte Haut und das Todesdunkel Raum geben müssen. Ein dreieckiger Marmorbrocken erinnert an Gott, meinen Fels. Er trägt eine goldene Kreisform, die dem oben erkennbaren silbernen Quadrat als Symbol der Schöpfung korrespondiert. Er liegt auf orangenem Grund, der lebhafte Zeichen aufweist, Spuren vergangener Freuden.

 Meine Lippen und meine Seele, die du erlöst hast, sollen fröhlich sein und dir lobsingen.

# Gottes Güte hört nicht auf

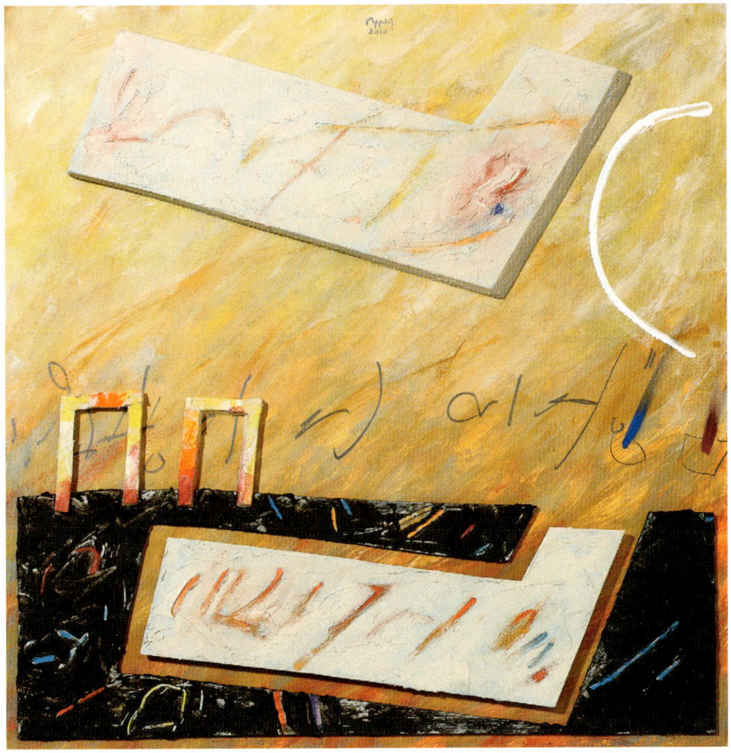

**Psalm 118**

Gottes Güte können wir uns anvertrauen – aber es gibt Momente, in denen wir uns das neu in Erinnerung rufen müssen, um nicht im Treibsand stecken zu bleiben. Gewiss, Gott ist uns nah, auch wenn wir selbst davon zuzeiten gar nichts merken. Und er hat uns seine Treue zugesagt, ohne zuvor nach der unseren zu fragen. Es gibt sogar Augenblicke der Schwachheit, in denen unser Herz so leer wird, dass wir nicht mehr beten können. Wie heilsam, wenn dann andere für uns beten.

Der Psalm 118 mit seinem Refrain „Seine Güte währet ewiglich" scheint genau dafür geschaffen. Im schlimmsten Fall geht das Gebet um mich herum weiter, auch wenn ich selbst nicht mehr kann. Und Seine Güte bleibt in Ewigkeit.

Uwe Appold hört aus Psalm 118 vor allem die Zuversicht heraus: Gottes Güte kann nicht aufhören. Darum sind alle Aufrufe und Einladungen zum Gebet in der Zuversicht gebündelt, dass ich als Beter nicht in Gottesferne ausgeschlossen bleibe. Vielmehr darf ich damit rechnen, durch die Tore der Gerechtigkeit ins Heiligtum einzuziehen und mit ihm, meinem Heil, verbunden zu werden.

Darum ist das Bild von den beiden Toren geprägt, die ans Zelt der Begegnung erinnern, und vor allem vom „Eckstein", den die Bauleute verworfen haben: Er ist wie ein solides Fundament in die Dunkelheiten eingelassen, die uns umgeben und unsicher machen. Zugleich schwebt er als Gottes Gabe von oben herab, wie das himmlische Jerusalem. So wird deutlich: Der Eckstein ist nicht unser Werk, sondern Gottes Geschenk. Er trägt eine Inschrift, die wir heute noch nicht entziffern können, und die doch Botschaft ist, also gelesen werden kann.

Darauf vertrauen wir: Du bist mein Gott, und ich danke dir, mein Gott, ich will dich preisen.

# Nicht umsonst sorgen

## Psalm 127

Hier geht es nicht um jene bedauernswerten Zeitgenossen, die sich so oft selbst im Weg stehen mit ihren Sorgen und Ängsten und Unsicherheiten. Wir alle stehen immer wieder in der Gefahr, vor der ungewissen Zukunft zu erzittern und vieles zu ersorgen, was unserem Zutun entzogen ist. Psalm 127 spiegelt demgegenüber die Zuversicht, dass Gott das Geschick des einzelnen Menschen ebenso wie das des Gemeinwesens mit seiner Treue begleitet.

Diesen zuversichtlichen Grundton nimmt die Komposition von Uwe Appold mit seinem grünen Hintergrund auf. Allerdings hat der Künstler sich weder vom Hausbau noch von den Turmwächtern inspirieren lassen. Er thematisiert dagegen das Tor und die „Pfeilsöhne", die er ganz konkret ins Bild holt, wenn auch nicht im Köcher, sondern eingepflanzt in den Sand vor der Stadt.

Das Tor kommt mit seiner vielfältigen Symbolik im Werk Appolds häufig vor. Hier hat es seine Bedeutung nicht allein als Ort des Übergangs zwischen drinnen und draußen. Es dient der Kleingerichtsbarkeit, letztlich also dem Lebensrecht und der Würde des Einzelnen. Darum ist es folgerichtig, wenn der Künstler es mit nahezu denselben Farben gestaltet, die auch den Untergrund des Bilds prägen. Wieder fallen uns Schriftzeichen auf, die nicht zu entziffern sind. Botschaften, die uns ansprechen, auch wenn wir sie nicht zu lesen vermögen. Es können nur Worte des Zuspruchs und der Hoffnung sein.

 Denn: Den Seinen gibt's der HERR im Schlaf.

# Ich will dich täglich loben

**Psalm 145**

Unsere Psalmenreihe schließt mit einem Loblied, das auch in der deutschen Übersetzung noch erahnen lässt, mit welch großer Sorgfalt es als Akrostichon komponiert wurde: Ebenso wie geübte Hände und ein geschulter Blick Blüten und Gräser, Treibgut und Steine zu einem herzerwärmenden Gesteck im Altarraum der Kirche werden lassen, das den Gottesdienst begleiten und prägen wird, sammelt der betende Mensch Dankbarkeit und Geborgensein, Hingabe und Vertrauen zu einem Gedicht, das weit über die Erfahrungen des Einzelnen hinaus bezeugt, dass und wie wir zu aller Zeit mit Gottes treuer Zuwendung rechnen dürfen.

Uwe Appold hat sich zu diesem Schlussakkord der Bildreihe vom Paradiesgarten inspirieren lassen. Die beiden Ströme, die sich überkreuzen, erinnern an die vier Flüsse des Paradieses. Hier haben wir das Blau des Wassers, ohne das kein Leben möglich wäre, und im zweiten Strom, der den ersten überlagert, warme Farben des Lichts, der Gnade und der Liebe, ja sogar das Feuer des Geistes. Beide Ströme vermitteln dem Hintergrund Kraft und die Lebensfülle einer Blumenwiese.

Und noch einmal begegnet uns ein Schriftzug. Wir sind nicht mehr beunruhigt, ihn nicht entziffern zu können, zumal er auf drei Zeichen zuläuft, die wir im aufmerksamen Betrachten der Arbeiten von Uwe Appold zu lesen gelernt haben: Da ist ein weißer Kreis, der auf Gottes Nähe weist. Er schließt und erschließt sich. Und dann ist da, als bräche es aus der Erde, das Feuer, das von Liebe glüht, und das Tuch, Werk menschlicher Hände, das das Wasser des Lebens bewahrt. Beides wirkt mit am Gotteslob, das den Psalm durchwirkt:

Alles Lebendige lobe seinen heiligen Namen immer und ewiglich.